Sozialismus und Arbeiterbewegung

Wie jedes andere Buch ist auch dieses hier nicht denkbar ohne die Hilfe, Anregungen, Vorarbeiten und Ideen einer ganzen Reihe von Menschen.

Die umfangreiche Literatur zum Thema, aus der ich viele Thesen übernommen habe, ist jeweils in Text und Literaturverzeichnis angegeben.

Zusätzlich danken möchte ich einer ganzen Reihe von Freunden und Freundinnen, die mir im direkten Gespräch Anregungen gaben, Konzepte mit mir diskutierten und einzelne Teile oder gar das ganze Manuskript Korrektur gelesen haben.

Vielen Dank für diese Solidarität an Kathrin Peele, Michael Hewener, Dörte Lerp, Jens Dobler, Christiane Leidinger, Anne Grunewald sowie an Reiner Zilkenat und das kleine, aber feine Colloquium, das er zusammengeführt hat.

Für Rat und Hilfe bei der Zweitauflage danke ich Christoph Jünke, Mariel Bois sowie Paul Sandner und dem geduldigen Team des Schmetterling Verlages

Ralf Hoffrogge, Jg. 1980, Studium der Geschichte, Psychologie und Politik an der Freien Universität Berlin und der Washington University in St. Louis. 2008 Magisterarbeit zur Biographie des Novemberrevolutionärs Richard Müller (1880–1943), 2013 Dissertation an der Universität Potsdam zur Biographie des KPD-Politikers Werner Scholem (1895–1940).
Aktuell Habilitationsprojekt an der Ruhr-Universität Bochum zur Gewerkschaftsgeschichte

**Ralf Hoffrogge**

# Sozialismus und Arbeiterbewegung in Deutschland und Österreich

## Von den Anfängen bis 1914

Reihe
**theorie.org**

**Schmetterling Verlag**

Bibliografische Informationen der Deutschen Nationalbibliothek
Die Deutsche Nationalbibliothek verzeichnet diese Publikation in der Deutschen Nationalbibliografie; detaillierte bibliografische Daten sind im Internet über http://dnb.d-nb.de abrufbar.

**Schmetterling Verlag GmbH**
Lindenspürstr. 38b
70176 Stuttgart
www.schmetterling-verlag.de
Der Schmetterling Verlag ist Mitglied von aLiVe,
der assoziation Linker Verlage.

ISBN 3-89657-691-7
2., erweiterte Auflage 2017
Printed in the Czech Republic

Satz und Reproduktionen: Schmetterling Verlag
Druck: EuroPB, Pribam

# Inhalt

*Vorwort zur zweiten Auflage (2017)* ... 7

**Einleitung – Warum Sozialismus?** ... **8**

**Kapitalismus und Fortschritt als Voraussetzung?** ... **14**

Die Bauernkriege – ein Vorläufer der Arbeiterbewegung? ... 17
Arbeiterbewegung – Versuch einer Definition ... 18
Sozialismus – Versuch einer Definition ... 19
Entwicklungsländer: Die deutschen Kleinstaaten auf dem Weg vom Mittelalter zur Industrialisierung ... 22
Die Krise des Feudalismus ... 25

**Maschinenstürmer und Handwerkerkommunismus: Vorindustrielle Arbeiterbewegung in Deutschland** ... **28**

Handwerker und Pöbel ... 28
Maschinenstürmer ... 30
Der schlesische Weberaufstand 1844 ... 33
Wilhelm Weitling und der Handwerkerkommunismus ... 34
Marx und Engels stoßen zur Arbeiter-bewegung ... 38
Das Kommunistische Manifest ... 41

**Trennung von Liberalismus und Sozialismus 1848–1875** ... **46**

Die aufgegebene Revolution: 1848 in Deutschland ... 46
Die allgemeine deutsche Arbeiter-verbrüderung ... 49
Marx und der Kölner Arbeiterverein ... 52
Die Niederlage der Revolution ... 53
Die Reaktion der 1850er Jahre ... 54
Ferdinand Lassalle und die Neugründung der Arbeiterbewegung ... 57
August Bebel, Wilhelm Liebknecht und die Eisenacher SDAP ... 64
Gemeinsamkeiten und Gegensätze zwischen Lassalleanern und Eisenachern ... 67
Die Erste Internationale ... 71

**Zuckerbrot und Peitsche: die Sozialdemokratie zwischen Verbot und Integration 1871–1890** ... **74**

Machtverhältnisse: Wirtschaft und Politik im Kaiserreich ... 74
Unterdrückung der Bewegung – Die Sozialistengesetze 1878–1890 ... 76
Bismarcks Sozialgesetze und die Entstehung des Sozialstaates ... 78
Bewaffneter Kampf oder Anpassung? Sozialistische Politik in der Illegalität ... 81

Radikalisierung der Sozialdemokratie und die Entstehung des Marxismus ..... 85
Die Frau und der Sozialismus: Gendertrouble in der Arbeiterbewegung ..... 87
Radikalisierung oder Verbalradikalismus? ..... 95
Der Bergarbeiterstreik 1889 und das Ende der Verbotszeit ..... 97
Die andere Arbeiterbewegung – Ein Exkurs zum Verhältnis von Basis und Organisation ..... 99
Alkohol und Sozialismus – Ein Exkurs zu Lebenswelt und Politik ..... 103

**Stärkste der Parteien? Die Sozialdemokratie 1890–1914 ..... 111**
Neugründung der Sozialdemokratie und Erfurter Programm ..... 111
Homosexualität und Sozialismus: noch mehr Gendertrouble in der Arbeiterbewegung ..... 114
Neugründung und Aufstieg der Gewerkschaften ab 1890 ..... 117
Lokalismus, Syndikalismus, Zentralismus – Strömungen in der Gewerkschaftsbewegung ..... 124
Linke Opposition: Die Revolte der Jungen ..... 128
Anarchismus in Deutschland ..... 133
Die Zweite Internationale ..... 138
Rosa Luxemburg vs. Eduard Bernstein: Der Revisionismusstreit ..... 143
Die Massenstreikdebatte als Konflikt zwischen Partei und Gewerkschaften ..... 151
Kolonialismus und Friedenspolitik: ..... 158
Zum Verhältnis von Sozialismus und Internationalismus ..... 158
Antisemitismus und Universalismus ..... 176
Sozialdemokratie und Sozialismus im Kaiserreich ..... 186

**Anspruch und Wirklichkeit einer Bewegung ..... 194**

**Sozialismus und Arbeiterbewegung in Österreich bis 1914 ..... 199**
Österreichische Verhältnisse ..... 199
Vormärz ..... 201
Die Revolution von 1848 ..... 204
Erste Arbeitervereine ab 1867 ..... 208
Krise und Spaltung 1873–1886 ..... 209
Victor Adler als Übervater der Partei ..... 211
Einigung und Hainfelder Programm 1886–1889 ..... 212
Der 1. Mai 1890 ..... 213
Partei und Gewerkschaften ..... 214
Arbeiterinnenbewegung ..... 215
Der Kampf um das Wahlrecht ..... 219
Sozialdemokraten, Christsoziale und Antisemitismus ..... 221
Die Kleine Internationale – Sozialismus und Nationalismus ..... 223
Fazit ..... 226

**Literatur zum Weiterlesen ..... 228**

**Daten und Fakten zur Geschichte des Sozialismus ..... 236**

## *Vorwort zur zweiten Auflage (2017)*

Sechs Jahre nach der Erstauflage wäre über einige Feststellungen aus der Einleitung neu nachzudenken. Die 2011 kaum absehbare Entwicklung der «Finanzkrise» zu einer ausgewachsenen Weltwirtschaftskrise weckte neue Zweifel am Kapitalismus, das Unbehagen in der «Abstiegsgesellschaft» des Neoliberalismus und die jüngsten Erfolge des Rechtspopulismus gerade bei Arbeitslosen und Lohnabhängigen haben das Interesse an Klasse und Klassenkämpfen wieder geweckt. Beide Begriffe, die lange sperrig klangen, werden heute in sozialen Bewegungen neu diskutiert. Und auch in der Geschichtswissenschaft erschienen neue Titel zur Geschichte der Arbeit und Arbeiterbewegung. Es stimmt also nicht mehr, daß «keine Auseinandersetzung» stattfindet – sonst hätte es wohl auch keine Zweitauflage dieses Buches gegeben. Dennoch ist festzustellen, daß die neuen Debatten um «Klasse» meist auf dem Feld der Theorie, der Sozialwissenschaft oder journalistisch geführt werden – also im Abstrakten und in der jüngsten Gegenwart. Analysen über Organisierung und «Neue Streiks» in Kitas und Kliniken kommen ohne historische Vergleiche aus, bestenfalls reicht der Blick in den Fordismus der 1970er.

Statt einer neuen Einführung habe ich deshalb die Zweitauflage genutzt, um einer Anregung des Rezensenten Günter Benser nachzukommen: In einem Buch zur deutschsprachigen Arbeiterbewegung im 19. Jahrhundert dürfe Österreichs nicht schon vor 1848 ausscheiden. In der Tat ist dies ein Versäumnis, das in einem neuen Kapitel korrigiert werden soll. Aus Platzgründen ist leider nur eine Skizze in groben Zügen möglich, auch die Zeittafel konnte nicht mit allen Schlüsseldaten zum Habsburgerstaat Österreich-Ungarn aktualisiert werden. Dennoch ist nun der Blick geweitet auf eine Bewegung, die aus den selben Ursprüngen kommend andere Wege gehen mußte, um in einem Vielvölkerstaat zu wirken. Dies stützt das Anliegen, die universalistische Dimension der sozialistischen Bewegung freizulegen.

# Einleitung – Warum Sozialismus?

Eine Beschäftigung mit der Geschichte des Sozialismus und der Arbeiterbewegung erscheint heute vielen als überflüssig. Während bis in die 1980er Jahre in der politischen Linken, an den Universitäten und in der medialen Öffentlichkeit intensive Debatten dazu stattfanden, leidet das Thema heute an einem doppelten Bedeutungsverlust in Wissenschaft und Gesellschaft.

Unübersehbare, wenn auch nicht alleinige Ursache ist die Epochenwende von 1989. Während des Kalten Krieges standen die Begriffe Sozialismus und Arbeiterbewegung gerade in Deutschland im Zentrum eines breiten Legitimationsdiskurses. Dies war mehr als ein Streit zwischen SED und SPD um Vergangenheit und Traditionen: Es ging um den grundsätzlichen Konflikt zwischen Sozialstaat und Staatssozialismus.

In Westdeutschland gab es jedoch gleichzeitig bedeutende Beiträge einer undogmatischen Linken, die sich jenseits der mit zunehmend vorhersehbaren Argumenten geführten Kontroverse zwischen westdeutscher Sozialdemokratie und marxistisch-leninistischer DDR-Geschichtswissenschaft positionierten. Diese Ansätze waren sehr divers, sie reichten von Linkssozialismus und linker Sozialdemokratie bis ins autonome Spektrum. Gemeinsam war ihnen eine Abkehr von der eindimensionalen Legitimationsgeschichte. Stattdessen versuchten sie den Blick auf die Eigenaktivität der Arbeitenden zu lenken – auf die kollektive Aktion von unten, die Traditionen der Krawalle, Streiks und Aufstände (Roth/Behrens 1974, Meyer 1999), auf die Rätebewegung und die Geschichte der zahlreichen Splittergruppen und Dissidenten (Müller 1975, Müller 1985).

Man könnte meinen, diese undogmatischen Ansätze würden nach dem Ende des Kalten Krieges die Diskussion dominieren, angespornt auch durch die Öffnung der Archive in Osteuropa mit ihrem reichen Quellenmaterial und bereichert um neue methodische Ansätze, etwa aus der Kulturwissenschaft. Stattdessen ist festzustellen, daß die Debatte zur Geschichte von Sozialismus und Arbeiterbewegung ins Abseits gedrängt wurde, sowohl bei politisch Aktiven als auch in der akademischen Geschichtswissenschaft.

Die in der alten BRD so wichtige Erzählung von der sozialen Marktwirtschaft als Erbe der Arbeiterbewegung hatte spätestens dann ausgedient, als auch die SPD sich vom Sozialstaat verabschiedete. Die offizielle Erfolgsgeschichte des vereinigten Deutschlands ergibt sich heute einzig aus einer Negativ-Geschichte der DDR, der legitimatorische Diskurs über das Soziale wurde durch einen abstrakten Freiheitsdiskurs ersetzt. Aus dieser abstrakten Freiheit lassen sich keine materiellen Ansprüche mehr ableiten, und das ist so gewollt.

Erstaunlich ist deshalb, daß auch unter Aktivistinnen und Aktivisten die sozialistische Arbeiterbewegung kein Diskussionsthema mehr ist. Die Ursache dafür liegt in der Bewegungsgeschichte selbst. Die Zerschlagung der Arbeiterbewegung und ihrer Gegenkultur 1933, die Restauration unter Adenauer im Westen und die Verstaatlichung des Sozialismus im Osten bedeuteten in Deutschland einen viel stärkeren kulturell-politischen Bruch als in Italien oder Frankreich, wo kommunistische und sozialistische Parteien auch in der Nachkriegszeit das öffentliche Leben aktiv mitbestimmten.

Die Renaissance der Linken in Westdeutschland Ende der 1960er Jahre bezog sich zwar auf das sozialistische Erbe, blieb aber eine mehrheitlich studentische Bewegung und Jugendrevolte. Sie verlief parallel zu oder im offenen Konflikt mit der sozialdemokratisch dominierten Arbeiterbewegung. Solche Konflikte gab es 1968 auch in Frankreich und Italien – aber Entfremdung und Generationenkonflikt waren in Deutschland weit größer als anderswo. Die Verbindung zur eigenen revolutionären Tradition wurde auch hier gesucht und neue historische Debatten angestoßen. Der Bezug der deutschen 68er zur Geschichte blieb dennoch oft fragwürdig und schematisch – am schrillsten in der Rhetorik und dem politischen Gestus der K-Gruppen und Kleinparteien, die alle historischen Strömungen des Sozialismus samt ihrer Kämpfe untereinander als Farce wiederaufleben ließen. Autoritarismus und Sektierertum der 70er Jahre wirkten daher abschreckend auf eine neue Generation von politisch Aktiven und ließen den Bezug auf die sozialistische Arbeiterbewegung erneut fragwürdig erscheinen.

Die Folge ist, daß ein Großteil der heute politisch aktiven Gruppen und Bewegungen abseits von Linkspartei und Gewerkschaften in ihrer politischen Aktivität keinen Bezug mehr zur Geschichte des Sozialismus hat – eine Tatsache, die angesichts der politischen Schwäche der Gewerkschaften um so mehr hervorsticht.

Die politischen Wurzeln der heutigen außerparlamentarischen Linken liegen in den Neuen Sozialen Bewegungen der 1960er und 1970er Jahre. Eine nächste Generation von Aktiven führte diese Ansätze in den 1990er Jahren mit der Anti-Globalisierungsbewegung zu einer neuen Synthese. Deren bisheriger Höhepunkt in Deutschland waren die Proteste gegen den G8-Gipfel im Sommer 2007, an denen sich zehntausende Menschen beteiligten und die für eine nachwachsende Generation von Aktiven zum politischen Schlüsselerlebnis wurden. Ähnliche Strahlkraft entwickelten die Proteste der Anti-Atomkraft-Bewegung gegen die Castortransporte seit 1997. Beide Bewegungen schafften es, mehrere Generationen im Protest zu vereinigen. Organisatorische Konsequenzen entstanden daraus freilich kaum. Die sozialen Bewegungen in Deutschland sind lebendig, aber amorph und mißtrauisch gegenüber festen Strukturen. Am erfolgreichsten sind sie da, wo sie große Anti-Koalitionen bilden können. Anders als beim Thema Atomkraft gelang dies jedoch auf dem Gebiet sozialer Kämpfe kaum. Seit dem Zusammenbruch der überwiegend in Ostdeutschland präsenten Montagsdemonstrationen gegen die Hartz-IV-Reformen 2004/2005 ist keine breitere Mobilisierung mehr gelungen. Mit dem gescheiterten Widerstand gegen die Einführung von Hartz IV ist im Rückblick eine historische Chance verpasst worden – und zwar gerade, weil spontaner Protest, die neue Linke der sozialen Bewegungen und die «alte Linke» der Gewerkschaften nicht zusammenfanden.

Obwohl der heutige Zustand der außerparlamentarischen Linken ein eindeutiger Reflex auf die Über-Organisation und die daraus resultierende Unbeweglichkeit der alten Arbeiterbewegung ist, wird diese Tatsache selten politisch oder historisch reflektiert. Auch in der Gewerkschaftsbewegung gibt es heute immer weniger Geschichtsbezüge, selbst die Geschichtsseminare in der gewerkschaftlichen Bildungsarbeit werden mehr und mehr gekürzt. Obwohl es bitter nötig wäre, findet keine Auseinandersetzung mit den vergangenen Fehlern und Erfolgen statt.

Hier soll dieses Buch Hilfe zur Selbsthilfe bieten. Es richtet sich an politisch Aktive und Interessierte aller Strömungen, in-

und außerhalb von Parteien und Gewerkschaften, angesichts der Marginalisierung der Geschichte der Arbeiterbewegung in den Universitäten auch an kritische Studierende.

Denn die soziale Frage, die der klassischen Arbeiterbewegung zugrunde lag, ist in Zeiten von Reallohnsenkungen, Arbeitszeitverlängerungen und Sozialabbau drängend wie nie. Strategien gegen diese Politik müssen heute anders ausfallen als im 19. und 20. Jahrhundert.

Dennoch offenbart ein Blick in die Geschichte erstaunliche Parallelen zu heutigen Debatten. Etwa die wiederentdeckte Frage nach der Organisation, Legalität und Reichweite politischer Generalstreiks. Oder aber die Debatte um Prekarität und soziale Rechte: In anderen Worten wurde dieser Zusammenhang bereits anläßlich der Bismarckschen Sozialgesetze in den 1880er Jahren diskutiert. Statt *prekär* sagte man damals *proletarisch,* gemeint war im Kern dasselbe: die existenzielle Unsicherheit von Lohnarbeitenden, die heute nicht wissen, wie sie morgen ihren Lebensunterhalt bestreiten sollen.

Weil die soziale Frage heute aktueller denn je ist, wäre es absurd, die Erfahrungen der Arbeiterbewegung nicht zur Kenntnis zu nehmen. Jedes Abschneiden der Erinnerung an vergangene soziale Kämpfe ist fatal, denn Klassenbewußtsein stammt nicht nur aus der eigenen Erfahrung, sondern ist ein historisches Produkt langer Dauer. Ein kollektives Gedächtnis *von unten* ist wesentlich für die Mobilisierung und den Widerstand gegen die immer neuen Enteignungen seitens der Herrschenden. Nicht nur der Repressionsapparat hat ein langes Gedächtnis, sondern auch die öffentliche Durchsetzung von Politik wird immer wieder historisch legitimiert – mit dem Scheitern der DDR, mit der Alternativlosigkeit der Marktwirtschaft, mit der angeblichen historischen Gleichheit von Nationalsozialismus und Kommunismus. Eine Gegen-Erinnerung an soziale Kämpfe ist wesentlich, um Denkalternativen zu eröffnen und Widerstandsformen weiterzuentwickeln.

Kämpfe um das Soziale, Klassenkämpfe waren immer die Kernfrage, aber nie die einzige Frage der Arbeiterbewegung. Anders als oft angenommen, beschäftigte sie sich schon im 19. Jahrhundert mit Geschlechterverhältnissen, kämpfte gegen rassistische Diskriminierung und Antisemitismus, setzte sich als erste politische Bewegung überhaupt gegen die Kriminalisierung von Homosexualität ein. Diese Breite der zeitgenössischen Diskussionen zu reflektieren, ist ein weiteres zentrales Anliegen – die Frage nach der Verbindung von Klassenkampf und anderen Herrschaftsverhältnissen ist etwas, was in bisherigen Einführungen zur Arbeiterbewegungsgeschichte überwiegend fehlt. Hin und wieder ist die proletarische Frauenbewegung Thema, aber das war es dann schon. Daher sollen hier etwas ausführlicher historische Beispiele geliefert werden, wie in der Vergangenheit verschiedene Kämpfe um Emanzipation zusammengeführt wurden – oder auch scheiterten.

Die Darstellung ist dabei auf eine politische Geschichte und das Nachzeichnen politischer Debatten zugespitzt. Sozial- und alltagsgeschichtliche Fragestellungen werden in verschiedenen Exkursen angeschnitten – weil sie den eigentlichen Boden alles «Politischen» bilden und für die Untersuchung z. B. der Geschlechterverhältnisse unverzichtbar sind. Eine Einleitung muß jedoch notwendigerweise einiges weglassen und anderes betonen. Ich habe mich angesichts dieses Dilemmas für den Zugang über die politischen Debatten entschieden, weil sich hier der Aktualitätsbezug am besten herstellen lässt.

Denn diese Einführung möchte trotz organisatorischer und kultureller Brüche die Gegenwart und Relevanz der Fragestellungen von Arbeiterbewegung und sozialistischer Theorie betonen. Arbeiterbewegung und Sozialismus werden dabei als zunächst getrennte Phänomene dargestellt, die im 19. Jahrhundert zu einer geschichtsmächtigen Einheit fanden. Der vorliegende erste Band behandelt diese Findungsphase von der Herausbildung einer arbeitenden Klasse, ihrer Politisierung und ihren Richtungsstreits bis in die Hochzeit der organisierten Bewegung am Vorabend des Ersten Weltkrieges. Ein Folgeband wird die Zeit von 1914–1933 beschreiben. Dort geht es dann um Novemberrevolution und Rätebewegung, die Spaltung zwischen Sozialdemokratie und Kommunismus sowie die Entstehung des Stalinismus und den erfolglosen Kampf der Arbeiterbewegung gegen den Faschismus. Das Jahr 1933 markiert für Deutschland einen Endpunkt der «klassischen» sozialistischen Bewegung, deren Erfahrungen hier für die Gegenwart aufbereitet werden sollen.

Unter dem Begriff Sozialismus sollen vor allem die antikapitalistischen, also auch die anarchistischen und syndikalistischen

Strömungen der Arbeiterbewegung dargestellt werden. Es ist ein besonderes Anliegen, diese in allen bisherigen Einleitungen als Sackgassen vernachlässigten Seitenäste und Alternativen kritisch zu würdigen. Aus der Darstellung ausgeklammert werden die ebenfalls minoritären christlichen und liberalen Strömungen der Arbeiterbewegung, weil sie von einer Harmonie von Kapital und Lohnarbeit ausgingen. Sie gehören zwar zur Geschichte der Arbeiterbewegung, aber nur am Rande bzw. als Kontrastfigur zu einer Geschichte des Sozialismus.

Obwohl die Arbeiterbewegung und der Sozialismus globale Phänomene sind, konzentriert sich diese Einführung auf Deutschland (mit einem Extrakapitel zu Österreich in der 2. Auflage). Das geschieht aus Platzgründen, ist aber auch dadurch gerechtfertigt, daß die deutsche Bewegung im 19. und 20. Jahrhundert eine Vorreiterrolle im internationalen Sozialismus innehatte. Dies ermöglicht es, an ihrem Beispiel Probleme exemplarisch zu behandeln, die auch international diskutiert wurden. Auf Unterschiede und Gemeinsamkeiten wird dabei gegebenenfalls hingewiesen. Eine Globalgeschichte des Sozialismus kann jedoch hier nicht geleistet werden – unter anderem deshalb, weil die Forschungen dazu noch in den Anfängen stecken (Geary 1983, Droz 1972, Van der Linden 2008).

Zum Schluß ein Wort zur Sprache: Trotz der Benutzung feststehender Begriffe wie «Arbeiterbewegung» soll hier nicht dem Mythos vom weißen, männlichen Fabrikarbeiter als Subjekt der Geschichte gehuldigt werden. Vielmehr möchte ich zeigen, daß auch schon in vergangenen Zeiten die Arbeiterklasse multi-ethnisch zusammengesetzt war, Geschlechterkonflikte kannte, diese politisch diskutierte und auch sonst manchem Stereotyp zuwiderlief. Sprachlich schlägt sich dies darin nieder, daß, wann immer angebracht, von «Arbeitern und Arbeiterinnen» oder «Arbeitenden» die Rede ist. Lediglich bei Komposita wie «Arbeiterbewegung» wird die überkommene Schreibweise verwendet, ebenso bei Gruppen, die rein männlich zusammengesetzt sind wie etwa «Fabrikanten» oder «Handwerker». Bei Komposita geschieht dies einerseits aus Konvention – vor allem aber, weil Bezeichnungen wie «ArbeiterInnenbewegung» oder «FabrikantInnen» die reale Marginalisierung von Frauen im 19. und beginnenden 20. Jahrhundert eher beschönigen würden, anstatt den Blick auf Geschlechterhierarchien zu schärfen.

# Kapitalismus und Fortschritt als Voraussetzung?

Die meisten Erzählungen zur Geschichte der deutschen Arbeiterbewegung beginnen im Ausland. Dafür gibt es zwei Gründe. Einerseits entfalteten sich Industrialisierung und der Widerspruch von Lohnarbeit und Kapital zuerst in England. In Frankreich hingegen wurde ab 1789 in einem langen Prozeß von Revolution und Gegenrevolution die Demokratie begründet. Oder, um es frei nach Marx zu sagen: Es begann die direkte politische Herrschaft der bürgerlichen Klasse.

England und Frankreich bildeten daher lange Zeit die Modelle zur Erklärung moderner Geschichte überhaupt, ein Paradigma auch für die Geschichte der Arbeiterbewegung.

Die deutschen Kleinstaaten Anfang des 19. Jahrhunderts wurden vor dem Hintergrund dieses Modells als Sonderfall eingestuft: Ökonomisch zurückgeblieben und politisch zerrissen erreichten sie ökonomische und nationale Einigung erst «spät», nämlich mit der Gründung des deutschen Reiches 1871.

Der zweite Grund für den Beginn der Erzählung im Ausland liegt in der Organisationsgeschichte: Es war in Paris und in der Schweiz, wo sich Anfang der 1830er Jahre deutsche Exilanten und wandernde Handwerksgesellen erstmals zu sozialistisch orientierten Vereinigungen zusammenschlossen. Insbesondere der von Marx und Engels inspirierte «Bund der Kommunisten», entstanden aus dem 1836 in Paris gegründeten «Bund der Gerechtigkeit»,[1] gilt als Vorläufer aller späteren deutschen Arbeiterorganisationen. Eine homogene *Arbeiterklasse* gab es damals in Deutschland jedoch noch nicht, weshalb manchmal auch erst die Gründung erster Arbeiterorganisationen im Revolutionsjahr 1848 als Ursprung der deutschen Arbeiterbewegung angesehen wird. Denn während es in Frankreich eine lange Tradition frühsozialistischer Philosophie gab und in England

1 In der Mehrheit der Literatur «Bund der Gerechten», die Eigenbezeichnung war aber wohl «Bund der Gerechtigkeit». Vgl. Joachim Höppner, Waltraud Seidel-Höppner, Der Bund der Geächteten und der Bund der Gerechtigkeit, Teil 1, in: Jahrbuch für Forschungen zur Geschichte der Arbeiterbewegung, Heft 3/2002, S. 70 f.

die Arbeiter und Arbeiterinnen mit dem Chartismus[2] bereits in den 1830er Jahren eine Massenbewegung besaßen, war beides in den deutschen Staaten nicht vorhanden.

Was genau waren die Voraussetzungen für eine Arbeiterbewegung? Eduard Bernstein definierte sie 1910 folgendermaßen: «Erst in der Epoche des entfalteten Kapitalismus ist eine Arbeiterbewegung mit eigenen politischen und sozialpolitischen Tendenzen möglich, deren Merkmal es ist, daß die vom Kapitalismus bewirkte Umwälzung der Produktionsweise als notwendiger Faktor des sozialen Fortschritts anerkannt und zum Ausgangspunkt der Neuorganisation des Wirtschaftslebens auf demokratischer Grundlage genommen wird» (Bernstein 1910: 16).

Trotz aller Differenzen übernahm die Forschung aus Ost und West dieses Paradigma, das nicht nur den *objektiv* vorhandenen industriellen Kapitalismus, sondern auch die *subjektive Akzeptanz* der daraus folgenden «sozialen Umwälzungen» zur Voraussetzung einer jeden Arbeiterbewegung erklärte. Die Arbeiter*partei*, im Grund die deutsche Sozialdemokratie des Kaiserreichs, stand Modell für diese Definition. Arbeiter und Arbeiterinnen, die diese Akzeptanz nicht aufbrachten, die sich als «Fortschrittsfeinde» verhielten, weil sie militant gegen jede Verschlechterung ihrer sozialen Situation protestierten, wurden auf diese Weise aus der Abeiterbewegung hinausdefiniert oder bestenfalls als Vorläufer erwähnt. Ein Paradebeispiel sind die Maschinenstürmer, von denen später noch die Rede sein wird.

Es erscheint sinnvoll, den Begriff Arbeiterbewegung auf die Bewegung von Lohnarbeitenden im Kapitalismus zu beschränken, denn sonst müßte man ihn inflationär auf die große Mehrheit aller Protestbewegungen in der Menschheitsgeschichte anwenden. Die Bedingung der Akzeptanz eines vermeintlichen historischen Fortschritts durch die Betroffenen ist jedoch unangebracht. Bei genauerem Hinsehen zeigt sich nämlich, daß die Orientierung an Vergangenheit und Tradition, am «alten Recht», an einer dem Mittelalter verhafteten «moralischen Ökonomie» in der Anfangsphase der Arbeiterbewegung immer wieder politisierend und radikalisierend wirkte (Geary 1983: 25). Die Vorstellung einer Verletzung überkommener Rechte

---

2 Ausgehend von einer 1836 formulierten «Peoples Charter» setzte sich diese Bewegung für Arbeitszeitverkürzungen und Wahlreformen ein. Die Bewegung zerfiel um 1848.

mündete nicht notwendigerweise in reaktionäre politische Auffassungen, sondern lief oft parallel zur Entwicklung auf die Zukunft orientierter sozialistischer Vorstellungen.

Aber auch die Bedingung eines entwickelten industriellen Kapitalismus als Voraussetzung von Arbeiterbewegung ist keineswegs so eindeutig, wie es scheint. In der überkommenen Lesart bedeutet dies, daß es für Deutschland erst Mitte des 19. Jahrhunderts eine Arbeiterbewegung geben kann, was gut zur klassischen Organisationsgeschichte passt.

Neuere Diskussionen zur Entwicklung des Kapitalismus haben jedoch mit der Vorstellung gebrochen, dieser habe sich in England entwickelt und dann mit zeitlicher Verzögerung über den Globus ausgebreitet. Ansätze wie die *Weltsystemtheorie* und die *postcolonial studies* gehen stattdessen davon aus, daß die Entwicklung des Kapitalismus gleichzeitig mit der Entstehung des Weltmarktes im 16. Jahrhundert erfolgte (Wallerstein 2004, Conrad 2002). Der Kapitalismus ist also älter als Industrialisierung und Dampfmaschine. Er entstand zwar unter der Herrschaft Englands, ist aber gekennzeichnet als Etablierung eines globalen Herrschaftssystems, das sowohl die Handels- und späteren Industriezentren in Europa als auch die kolonisierten Gebiete in Übersee umfasste.

Technische Voraussetzungen dieses Prozesses waren die Neuentwicklungen in der Seefahrt – damit wurde die durch Kolumbus eingeleitete Ausbeutung der Rohstoffe aus Nord- und Südamerika möglich. Die Goldtransporte der Spanier und Portugiesen erlaubten es seit dem 16. Jahrhundert, daß sich in Europa die Geldwirtschaft endgültig gegen die Naturalwirtschaft durchsetzte. Im 18. und 19. Jahrhundert waren der transatlantische Sklavenhandel und die Baumwollplantagen im Süden der USA Voraussetzung für den Boom der Textilindustrie in England und die Durchsetzung der Industrialisierung. Sklaverei in den Goldminen und auf den Baumwollfeldern der «Neuen Welt» sind Phänomene, die zwar das Gegenteil der «freien» Lohnarbeit im Kapitalismus darstellen. Sie waren dennoch integraler Bestandteil des kapitalistischen Weltsystems.

Es ist davon auszugehen, daß etwa seit dem 16. Jahrhundert ein kapitalistisches Weltsystem mit entwickelten Geld- und Warenströmen bestand – auch wenn die Produktion fast aller Alltagsgüter noch lokal stattfand. Das hegemoniale Zentrum dieses Systems wanderte von Spanien und Portugal über die Niederlande und dann nach England, dem Musterland des industriellen Kapitalismus (Arrighi 1994). Erst nachdem sich ein globaler Handelskapitalismus etabliert hatte, folgte die Durchsetzung eines Produktionskapitalismus, zunächst in der englischen Landwirtschaft, dann in der Textilindustrie und im Handwerk, das Konkurrenz durch Manufakturen bekam. Es gab also schon sehr früh keine völlig unberührten «vorkapitalistischen» Gebiete mehr. Der Weltmarkt hatte ökonomische und politische Auswirkungen auch in Zeiten und Regionen, in denen Kapitalismus noch nicht die alle Lebensbereiche dominierende Wirtschaftsweise war. Diese Veränderungen produzierten Widerstand und Kämpfe, deren Existenz in einer Geschichte der Arbeiterbewegung zumindest erwähnt werden sollte.

## *Die Bauernkriege – ein Vorläufer der Arbeiterbewegung?*

Die Akteure dieser frühen Kämpfe waren keine Lohnarbeiter und Arbeiterinnen, sondern kamen aus der Bauernschaft und dem Handwerk, umfassten auch Vagabunden und städtische Unterschichten. Sie protestierten nicht als Lohnarbeiter oder Arbeiterinnen, sondern gegen die Lohnarbeit. Soziale Kämpfe dieser Schichten gab es das ganze Mittelalter hindurch immer wieder. Handwerksgesellen protestierten für bessere Arbeitsbedingungen, Bauern empörten sich gegen ihre Herren, die Armen auf der Straße kämpften gegen den Rat der Stadt.

Eine neue Qualität erhalten diese Proteste mit den deutschen Bauernkriegen der Jahre 1524/25. Die Umwandlung von Naturalsteuern in Geld, eine Kommerzialisierung der Religion durch den Ablaßhandel, die Privatisierung von bäuerlichem Gemeinschaftsland zugunsten der Herren und die Zentralisierung territorialer Herrschaft in den Kleinstaaten zuungunsten der traditionellen bäuerlichen Rechte führten in den deutschen Territorien zu einem Aufstand, an dem sich mehrere Hunderttausend Menschen beteiligten. Die Rebellion wurde brutal niedergeschlagen, keine ihrer Forderungen erfüllt. Jedoch wirkte die Angst vor einer Wiederholung unter den Herrschenden für Generationen nach. Die Forderungen der Aufständischen wurden erhoben im Namen des «gemeinen Mannes» und über Flugblätter. Zum ersten Mal in der deutschen Geschichte wurde ein sozialer Konflikt überregional ausgekämpft. Erstmals bildete sich mit dem Begriff vom «gemeinen Mann» eine kollektive soziale Identität als Träger von Protest heraus, weshalb der Historiker Peter Blickle den Bauernkrieg als «Revolution des gemeinen Mannes» bezeichnet (Blickle 2006). Das Wort «Revolution» ist sinnvoll, denn im Gegensatz zu allen früheren Rebellionen gab es hier erstmals Programme und Forderungskataloge, die eine völlig neue soziale Ordnung verlangten. Die Stoßrichtung ging gegen die Kommerzialisierung traditioneller Lebensbereiche. Geleitet von der Idee der christlichen Nächstenliebe wurden vom Reformator Thomas Müntzer Forderungen geäußert, die auf eine Abschaffung ständischer Hierarchien und die Vergesellschaftung der landwirtschaftlichen Produktionsmittel hinausliefen.

Dennoch war dies keine Arbeiter-, sondern eine Bauernbewegung. Sie richtete sich auch nicht primär gegen das bereits hochentwickelte Handelskapital, sondern gegen den Adel. Es handelt sich hier um den Auftakt einer Zwischenphase, in der Proteste von Arbeitenden sich teilweise utopisch-kommunistische Forderungen zu eigen machten, teilweise jedoch die Wiederherstellung eines «alten Rechtes» verlangten, in beiden Fällen jedoch gegen feudale politische Strukturen kämpfen mußten. Sie protestierten nicht gegen die schlechte Lage der Lohnarbeitenden, sondern kämpften dagegen, überhaupt zur Lohnarbeit gezwungen zu werden: ein Protest gegen die Etablierung des Kapitalismus als Gesellschaftsordnung. Erst nachdem dieser Kampf verloren war, in einer Niederlage, die auf Jahrhunderte nachwirkte, konnten sich im Rahmen der neuformierten Gesellschaft die klassische Arbeiterbewegung und der moderne Sozialismus heranbilden.

## *Arbeiterbewegung – Versuch einer Definition*

**A**rbeiterbewegung im Sinne dieser Darstellung sind Proteste von Lohnarbeitenden, die zum Erhalt ihres Lebensunterhaltes auf den Verkauf ihrer Arbeitskraft angewiesen sind. Es geht um Menschen, die nicht mehr oder nur noch marginal landwirtschaftlich tätig sind, über kein Eigentum als sonstige Einkommensquelle verfügen. Ihre Existenz hängt von einem Arbeits-Markt ab, auf dem sie ihre Dienste anbieten können. Als Tagelöhner und Vagabunden sind diese Gruppen bereits im Mittelalter Teil der sozialen Ordnung. Sie bilden jedoch eine schlecht angesehene Minderheit. Dies ändert sich im deutschsprachigen Raum erst mit der Revolution des Jahres 1848 durch die Gründung eigener Arbeiter-Organisationen. Plötzlich verwandelt sich der negativ besetzte Begriff des «Arbeiters» in eine positive Protest-Identität, aus der soziale Forderungen abgeleitet werden.

Dieser Prozeß ist die Entstehung von Klassenbewußtsein. Das Wort «Klasse» bedeutete ursprünglich nichts anderes als «Gruppe» oder «Kategorie». Schon lange vor 1848 gab es eine *Kategorie* von abhängig Arbeitenden. Sie äußerte hin und wieder auch schon Klassenbewußtsein, in Form von lokalen Bewegungen und Protesten. Diese entstehende Klasse konnte jedoch noch lange nicht geeint in landesweite soziale Kämpfe einschreiten. Doch ihre Kleinkämpfe und Proteste waren erbittert und alles andere als wirkungslos. Durch die bisher eher enge Definition von Arbeiterbewegung liegen jedoch vergleichsweise wenige Untersuchungen über diese Zwischenphase vor, in der Proteste von Arbeitenden sich häuften, nicht mehr in den Mustern des Mittelalters verliefen, aber noch nicht die Form einer organisierten Arbeiterbewegung annahmen. Diese Zwischenphase ist jedoch Teil einer Geschichte der Arbeiterbewegung.

## *Sozialismus – Versuch einer Definition*

**E**in Versuch, das Phänomen des Sozialismus zeitlich und räumlich einzugrenzen, stößt auf zahlreiche Widersprüche und Ungereimtheiten. In der von dem Franzosen Jacques Droz herausgegebenen «Geschichte des Sozialismus», verfolgt dieser die Ideengeschichte sozialistischen Denkens bis ins antike Sparta und das goldene Zeitalter Athens (Droz 1972a). In der marxistischen Theorie ist sogar von einem «Urkommunismus» die Rede, einer Periode der Vorgeschichte, in der es kein Eigentum an Grund und Boden oder anderen Produktionsmitteln gab (MEW 26.3: 414f). Demzufolge wären kommunistische und sozialistische Ideen so alt wie die Menschheit selbst – sie wären gar ein ursprünglicher, unverdorbener Zustand, den es nur auf höherer Ebene wiederherzustellen gilt.

Im Gegensatz dazu bezeichnet der ideengeschichtliche Begriff des «Frühsozialismus» nicht die Urzeit, sondern eine Reihe von utopischen Gesellschaftsbeschreibungen, deren früheste und den Begriff prägende Thomas Morus´ Schrift «Utopia» aus dem Jahre 1516 ist. Später verließen diese Ideen den Bereich der Literatur, trennten sich von religiösen Vorstellungen und drangen in die Ökonomie vor. Sie entwickelten sich zu differenzierteren, als politisches Programm verstandenen Gesellschaftsvisionen. Seine Hochphase hatte der Frühsozialismus im Frankreich des 18. und frühen 19. Jahrhunderts mit Autoren wie Babeuf, St. Simon und Proudhon (Droz 1972b). Auch das Wort «Sozialismus» stammt nicht aus der Urgeschichte, sondern wurde erst Anfang des 19. Jahrhunderts populär, ungleichzeitig in den verschiedenen Sprachen Europas. Gemeinsam mit dem Adjektiv «sozialistisch» bezeichnete es eine *politische* Ideenlehre und war damit abgegrenzt zum Adjektiv «sozial», mit dem ganz allgemein Formen von Kooperation oder ganz vage die Interaktion von mehreren Personen bezeichnet werden.

Der Inhalt der frühen sozialistischen Ideensysteme variierte breit, ihre Ideen widersprachen sich nicht selten. Die Systematisierung und kohärente Formulierung des Sozialismus wird mehrheitlich Karl Marx und Friedrich Engels zugeschrieben. Als Schlüsseltext und Scharnier zwischen dem utopischen Frühsozialismus und dem «wissenschaftlichen» Sozialismus gilt das «Manifest der Kommunistischen Partei» aus dem Jahre 1848 (Kool/Krause 1972: Bd. 1, S. 7). Diesen Anspruch würden allerdings die Vertreterinnen und Vertreter des Anarchismus heftig bestreiten. Auch sie sehen sich als Teil der sozialistischen Bewegung und berufen sich auf frühsozialistische Autoren, bestreiten allerdings die Stellung der Marxschen Theorie als grundlegende Definition des Sozialismus (Degen/Knoblauch 2008).

Aus dem Kommunistischen Manifest ergibt sich eine weitere Begriffsverwirrung – zwischen Sozialismus und «Kommunismus». Beide Worte haben im «Manifest» weitgehend dieselbe Bedeutung. Ihre Trennung begann erst siebzig Jahre später, als sich im Gefolge der Oktoberrevolution kommunistische Parteien gründeten. Vorher hatten sich auch Lenin und Trotzki Sozialisten genannt, beide waren gar Mitglied der «Sozialdemokratischen Arbeiterpartei Russlands». Die Sozialdemokratie – sie ist das letzte der zahlreichen Synonyme für den Sozialismus. Bis zum Ersten Weltkrieg meinte *sozialdemokratisch* dasselbe wie *sozialistisch*, danach war der Begriff umstritten. Noch heute ist das Wort *sozialistisch* in Namen und Programmen sozialdemokratischer Parteien vorhanden, auch wenn diese nicht mehr den Sturz des Kapitalismus anstreben, weder durch Reformen noch durch Revolutionen. Denn dies wurde zum wesentlichen Unterschied zwischen Sozialdemokratie und Kommunismus: Erstere predigte die Reform, letzterer die Revolution

Unabhängig von der gewählten Kampfform ist eine Stoßrichtung gegen den entstehenden oder ausgereiften Kapitalismus mit seiner Trennung von arm und reich, von Lohnarbeit und Kapital gemeinsames Kennzeichen aller sozialistischen Bewegungen. Ihr Ziel ist bis heute eine kollektive, herrschaftsfreie oder zumindest herrschaftsarme Organisation der gesellschaftlichen Produktion. Der einzelne Privatkapitalist ist in dieser Ordnung nicht vorgesehen, Genossenschaften und Kollektive, allenfalls Kleineigentümer ohne eigene Angestellte sollen die Träger einer solchen Gesellschaft sein.

Mit dem Begriff Sozialismus wird also einerseits der von Sozialisten und Sozialistinnen angestrebte *Idealzustand* beschrieben, oft mit einer Abstufung zwischen sozialistischer Übergangsphase und utopisch-kommunistischem Endziel. Andererseits nennen sich auch die *Bewegungen und Organisationen,* welche diesen Zustand anstreben, sozialistisch.

Letztere sind Gegenstand dieser Darstellung. Sie behandelt den Sozialismus als eine *politische Bewegung* und nicht als einen in der Vergangenheit vermuteten oder für die Zukunft angestrebten Zustand. Die hier zusammenfassend dargestellte *sozialistische Bewegung* entstand aus dem Zusammenkommen Arbeiterprotesten mit den Ideengebäuden sozialistischer Philosophen. Dieses Zusammentreffen ergab sich für Deutschland erstmals durch die radikalen Handwerkerbünde der 1830er Jahre. Sowohl die Proteste von Arbeitern und Arbeiterinnen als auch kollektivistische Sozialphilosophie sind älter. Beide sind zudem überregional und interkulturell – Proteste von Arbeitenden und kollektivistische Ideen finden sich auf dem ganzen Globus und in fast allen Epochen (Droz 1972: Bd. 1–17). Das

Zusammentreffen einer auf die Zukunft gerichteten politischen Sozialphilosophie mit einem radikalen Protest der Arbeitenden fand jedoch erstmalig in Europa statt und wurde erst später zum Modell für andere Regionen und Kulturen.

Es waren jedoch die äußeren Ränder des Kapitalismus, das agrarische Rußland und die Mongolei, die erstmals sozialistische Regierungen an die Macht brachten. Getragen wurden die Revolutionen dort mehrheitlich von analphabetischen Bauern, wie später auch in China. Die von Eduard Bernstein und anderen Autoren als zwingend angenommene Abfolge von Industrialisierung, Arbeiterbewegung und Sozialismus erscheint vor diesem Hintergrund als historischer Idealtyp, keinesfalls als allgemeingültiges Prinzip.

## *Entwicklungsländer: Die deutschen Kleinstaaten auf dem Weg vom Mittelalter zur Industrialisierung*

**D**ie organisierte Arbeiterbewegung in Deutschland entstand Anfang des 19. Jahrhunderts aus dem Niedergang des Handwerks. Ihre ersten Regungen begannen mit Gesellenprotesten und standen in der Tradition des Zunftsystems. Eine weitere Wurzel der Arbeiterbewegung sind die zahlreichen, immer wieder vorkommenden Krawalle der Tagelöhner und städtischen Unterschichten.

Um zu einer eigenständigen Arbeiterbewegung zu werden, mußten sich jedoch beide Gruppen objektiv und subjektiv aus der feudalen Ordnung des Mittelalters lösen, um sich gemeinsam als neue Klasse zu formieren (dazu Kocka 1990). Für die Tagelöhner war das nicht schwierig. Sie standen bereits am Ende der sozialen Hierarchie. Und wenn sie keine Arbeit fanden, waren sie als Vagabunden und Obdachlose gänzlich aus der Gesellschaft ausgestoßen. Die Handwerker hingegen standen in der Mitte der feudalen Gesellschaft. Sie lebten meist in Städten, hatten mit den Zünften feste Strukturen und Regeln und waren stolz auf ihre Tätigkeit. Ökonomisch waren sie abgesichert, weil ihr Fachwissen gefragt war, für Berufsanfänger und die Gesellen auf Wanderschaft gab es soziale Einrichtungen zur materiellen Unterstützung in Form von Herbergen und Gaststätten.

Die Handwerker hatten also zunächst keinen Grund aufzubegehren. Erst die Krise des Feudalismus seit dem 16. Jahrhundert und sein letztendlicher Zerfall im Übergang zum 19. Jahrhundert änderten dies.

Die Rede vom «Zerfall» des Feudalismus bedeutet nicht, daß diese Ordnung ein statisches System darstellte, das über Jahrhunderte stabil war. Im Gegenteil: Der Feudalismus war ein hoch dynamisches System, das sich ständig veränderte und diverse Krisen durchlief – etwa die Pestepidemien Mitte des 14. Jahrhunderts und die daraus resultierende Zerrüttung sozialer Zusammenhänge. Diese Krise wurde jedoch innerhalb des Systems gelöst, mit einer Reformulierung seiner Strukturen, die im Folgenden idealtypisch beschrieben werden sollen.

Feudalismus kommt vom lateinischen feudum, das Lehen. Lehen bezieht sich auf die Praxis des Verleihens von Land durch einen Herren an einen Untergebenen. Lehensstrukturen und Kontrolle über die landwirtschaftliche Produktion waren der Kern des Feudalismus. Bauern bekamen das Land von einem lokalen Adeligen als Lehen und mussten dafür einen Teil ihrer Ernte abgeben bzw. Frondienste, also Arbeitsdienste, leisten. Als Gegenleistung schützte der Lehensherr seine Vasallen vor Überfällen und äußerer Gewalt. Ein Staat, der diese Aufgabe hätte übernehmen können, existierte im Mittelalter nicht. Das Gewaltmonopol lag beim Adel, ebenso das Kriegsrecht und die Gerichtsbarkeit. Besonders im «Heiligen Römischen Reich deutscher Nation» war das Kaisertum schwach und hatte so gut wie keinen Einfluss auf das Geschehen vor Ort, während in England und Frankreich schon früh starke königliche Zentralgewalten entstanden.

Die Dienste und Abgaben der Bauern waren festgeschrieben durch Urkunden oder mündliche Überlieferung. Sie wurden religiös gerechtfertigt durch die Kirche, die in Form von Klöstern oder Kirchenfürsten auch selbst als Lehensherrin auftrat. Vor allem aber gab sie ihren Segen dazu und stellte durch ideologische Konstruktionen wie dem Gottesgnadentum des Kaisers den Konsens der Beherrschten gegenüber dem System sicher. Jedoch nützte den Herrschenden auch die Macht der Kirche nichts, wenn die unmittelbaren Lebensinteressen der Bauernschaft verletzt wurden. Immer wieder gab es im Mittelalter erbitterte Aufstände, wenn die Bauern und Bäuerinnen sich durch die Abgabenlast in ihrer Existenz gefährdet sahen – oder aber wenn ihnen neue Abgaben als ungerechtfertigt erschienen (Blickle 2010). Die so entstehenden Proteste richteten sich jedoch selten gegen die feudale Ordnung an sich, sondern appellierten meist an das «alte Recht», ein als gerecht empfundenes Miteinander von Herrschern und Beherrschten. Sie waren also im Kern konservativ und versuchten, eine idealisierte Ordnung zu bewahren.

Die Städte hatten im feudalen System eine Sonderstellung. Hier gab es keine Fürsten, sondern kollektive Herrschaft in Form eines Rates, der entweder korporatistisch von verschiedenen Gruppen und Assoziationen der Stadt besetzt oder aber patrizisch von einer Gruppe reicher Familien bestimmt wurde. Proteste äußerten sich hier als Gruppenkonflikte um die Herrschaft der Stadt, blieben aber fast immer lokal begrenzt. Die starke Gruppenidentität der Handwerker und ihrer Zünfte sorgte für eine ständige vertikale Integration, also für eine Einbindung der Arbeitenden in die Herrschaftsstrukturen – ähnlich wie die Kirche für eine Einbindung der Bauern in das System sorgte.

Horizontale Solidarität, das heißt eine Solidarität nicht mit den Oberen der eigenen Gruppe oder der lokalen Autorität, sondern mit Leuten gleicher Stellung *gegen* die Autorität, kam auch vor. Sie blieb aber die Ausnahme. Etwa, wenn Gesellen gegen schlechte Behandlung durch die Handwerksmeister protestierten. Auch hier war das traditionelle Gerechtigkeitsempfinden der Maßstab. Obwohl der Feudalismus nicht statisch war, sah er sich selbst als eine endgültige, von Gott gestiftete Ordnung. Jede Änderung wurde daher mit der Vergangenheit gerechtfertigt: mit alten Urkunden, dem Gewohnheitsrecht oder der Bibel. Selbst die Reformation, die den Bauernkrieg hervorbrachte und den Feudalismus sprengte, war im Ursprung konservativ gedacht: als Re-Formatio, als Wieder-Herstellung eines in der Vergangenheit vermuteten Idealzustandes.

Auch die frühen Arbeiterbewegungen argumentierten in Deutschland lange als Verteidiger eines alten Rechts, das im Kern auf einer Prämisse beruhte: In einer gerechten Gesellschaft müsse jeder und jede mit seiner Arbeit die Grundbedürfnisse befriedigen können. Diese Gerechtigkeitstheorie, damals konservativ situiert, wurde mehr oder weniger unverändert in die sozialistische Arbeiterbewegung übernommen. Die elementare Argumentation für existenzsichernde Arbeitsbedingungen steht bis heute im Zentrum jeder Debatte um soziale Gerechtigkeit.

## *Die Krise des Feudalismus*

Der Niedergang des Feudalismus in Deutschland hatte seinen Ursprung in einer seit dem 16. Jahrhundert währenden Dauerkrise. Zunehmende Geldwirtschaft machte die alten Strukturen unattraktiv für die lokalen Gewalten, es begann ein langsamer Prozess der Machtkonzentration auf regionaler Ebene – zuungunsten der Bauern und der Kleinadeligen. Nachdem der verlorene Bauernkrieg diesen Prozess nicht aufhalten konnte, stärkte die Reformation die mittleren Reichsfürsten, die sich durch die neue Lehre von der Kirche unabhängig machten und nicht selten deren Vermögen beschlagnahmten. Sie festigten ihre Macht auch nach innen, schalteten untere Instanzen aus und versuchten, ihre Herrschaft unmittelbar gegenüber den Untertanen durchzusetzen. Dies bedeutete den Aufbau von Bürokratie und Verwaltung, von einem Justizapparat und einheitlichen Rechtsnormen. Der moderne Staat wurde geboren. Anders als in Frankreich jedoch nicht als Zentralstaat, sondern als eine Summe von Klein- und Kleinststaaten, die sich gegenseitig Konkurrenz machten (Kocka 1990: 13ff).

Dies war der große Nachteil der deutschen Staaten im frühkapitalistischen Weltsystem. Sie hatten keine zentrale Instanz, um ihre politische und ökonomische Macht zu bündeln, keinen gemeinsamen Markt, um ihre Industrie zu entwickeln. Auch und gerade Preußen, gemeinsam mit Österreich dominante Macht im deutschen Sprachraum, konnte immer nur reagieren. Preußens aufgeklärter Despotismus war beeinflußt vom Ideal des Französischen Absolutismus und getrieben von der ökonomischen Überlegenheit der Nachbarn.

Am deutlichsten zeigte sich dies in den sogenannten preußischen Reformen, mit denen ab 1807 wichtige Grundlagen für die politisch-ökonomische Modernisierung gelegt wurden, die aber auch erhebliche soziale Verwerfungen mit sich brachten. Vorausgegangen war die totale Niederlage Preußens gegen die napoleonische Armee im Jahre 1806. Der französische Sieg bedeutete ein vorläufiges Ende der preußischen Großmachtambitionen, erdrückende Tributzahlungen und erhebliche Gebietsverluste. Um sich von diesem Schlag zu erholen, leitete das Königreich unter den Ministern Stein und Hardenberg eine Reihe von Reformen im Verwaltungs-, Justiz-, Bildungs- und

Militärwesen ein, die gezielt die vielfach noch erhaltenen feudalen Privilegien und Abhängigkeiten beseitigten, jedoch die soziale Stellung des Adels durch Entschädigungen und andere Maßnahmen absicherten. Eine der ersten und folgenreichsten Reformen war das Oktoberedikt des Jahres 1807, mit dem die Leibeigenschaft abgeschafft wurde.

Die Bauern waren nun persönlich frei, also nicht mehr zu Frondiensten und Abgaben verpflichtet. Sie brauchten keine Zustimmung des Gutsherren für Eheschließungen, konnten ihren Beruf frei wählen und auch ihren Wohnort wechseln.

Diese Rechte verwandelten sich jedoch schnell in Pflichten, denn die hohen Entschädigungszahlungen trieben viele Bauern in den Ruin. Sämtliche verbliebenen Allmenden und Gemeinschaftsflächen wurden aufgelöst und überwiegend zugunsten der Gutsbesitzer privatisiert. Alle Schutzvorschriften gegen das sogenannte Bauernlegen, also die Vertreibung der Bauern von gutsherrlichem Land, wurden durch die Reform gegenstandslos.

Während in den Jahrhunderten vorher nur langsam und in Schüben eine Bevölkerungswanderung vom Land in die Städte eingesetzt hatte, war nun mit einem Schlag eine riesige Bevölkerungsgruppe von ihren Lebensgrundlagen abgeschnitten und gezwungen, in den Städten neue Beschäftigung zu suchen. Neben dieser relativen Umschichtung stieg auch die absolute Zahl der Bevölkerung im Laufe der folgenden Generationen in noch nie gesehener Höhe an. Lebten im Jahre 1780 noch 21 Millionen Menschen auf dem Gebiet des späteren deutschen Reiches, so waren es 1825 schon 28 Millionen und 1875 bereits 43 Millionen (Kocka 1990: 37f). Ursachen waren der Wegfall von Heiratsbeschränkungen – aber auch gestiegene wirtschaftliche Unsicherheit, die eine hohe Kinderzahl als erstrebenswert für die eigene Absicherung im Alter erscheinen ließen.

Die Schicht der Tagelöhner, Vagabunden und Armen stieg bis in die 1840er Jahre enorm an, ein Phänomen, das von den Gebildeten unter dem Begriff des «Pauperismus» sorgenvoll diskutiert wurde – «pauper» stammt aus dem Lateinischen und bedeutet nichts anderes als «arm».

Die Angehörigen der mittellosen Unterschicht bezeichnete man als Pauper oder – in Verballhornung des französischen «peuple» – als «Pöbel». Sie waren nichts anderes als die LohnarbeiterInnen jener Zeit. Diese Pauper blieben meist ohne Gelegenheit zu geregelter Arbeit, denn die Industrialisierung mit ihrem großen Arbeitskräftebedarf steckte noch in den Kinderschuhen. Um sich vom Pöbel zum Proletariat aufzuschwingen, fehlten den unfreiwilligen Lohnabhängigen des frühen 19. Jahrhunderts zwei Dinge: die Fabrik und die Gewerkschaft.

Nicht, daß die Armen jener Zeit mit Freuden in die Fabriken geströmt wären. Die Industriebetriebe blieben der Unterschicht lange Zeit als Arbeitshäuser verhaßt. Fabrikdisziplin und geregelte Lohnarbeit mußten im 19. Jahrhundert in allen sich industrialisierenden Staaten erst durch neue Armengesetze, Fabrikordnungen, einen zentralisierten Justizapparat und ganz neue Definitionen von Legalität und Illegalität erzwungen werden (Meyer 1999: 113ff, Wirtz 1982). Ein Beispiel hierfür sind die Gesetze zum Holzdiebstahl, die der junge Karl Marx in seinen ersten politischen Schriften heftig kritisierte (MEW 1: 109–147). Das Holzsammeln als klassische Tätigkeit der Armen, die auf der Praxis der Allmende und der Vorstellung von Gemeineigentum an der Natur basierte, wurde im Zuge der Agrarreformen zum Diebstahl umdefiniert.

Der pure Hunger trieb die Pauper auch ins Verbrechen. Eigentumsdelikte häuften sich, teilweise kam es zu Hungerunruhen, Erpressung von Lebensmitteln durch bewaffnete Banden und zu Brandstiftungen (Meyer 1999: 115). Insbesondere aber der Diebstahl blieb eine erzwungene Konstante im Leben der neuen Unterschichten. Er lief lange Zeit parallel zum Arbeitslohn, der infolge mangelnder Arbeitsgelegenheit nicht immer ein verläßliches Einkommen darstellte. Erst die Entmischung von Armut und Verbrechen machte aus den Paupern ein Proletariat. Voraussetzung dafür waren die Existenz der Fabrikarbeit und ihre Erhebung zur Norm durch eine proletarische Arbeitsmoral. Diese Arbeitsmoral war zunächst im Interesse der Unternehmer und wurde von oben durchgesetzt. Mit der Entstehung von Arbeiterorganisationen wurde sie jedoch zunehmend auch von den Arbeitenden selbst propagiert, mit dem Ziel, ihre soziale Stellung zu festigen und Gehör für ihre Forderungen zu finden.

# Maschinenstürmer und Handwerkerkommunismus: Vorindustrielle Arbeiterbewegung in Deutschland

## *Handwerker und Pöbel*

**O**bwohl die Pauper zweifellos die Frühform einer Arbeiterklasse in Deutschland bildeten, liegt der Blickpunkt von Darstellungen zur Geschichte der Arbeiterbewegung meist auf den Handwerkern. Denn während der Widerstand von Paupern und Pöbel amorph blieb und sich in den moralisch suspekten Formen von Verbrechen und Verweigerung äußerte, bildeten die Handwerker einen eigenen Ehrenkodex aus und gründeten darauf basierende Organisationen wie die Zünfte. Sie waren somit nicht nur faßbarer für die Geschichtswissenschaft, sondern auch als Untersuchungsobjekt respektabler.

Auch das Handwerk erlebte mit den Preußischen Reformen einen Einschnitt, da mit der Gewerbefreiheit von 1810 der Zunftzwang aufgelöst wurde: Die Mitgliedschaft in einer Zunft war von nun an freiwillig. Obwohl die Zünfte nicht über Nacht verschwanden und die Gewerbefreiheit in anderen deutschen Staaten erst weit später verwirklicht wurde (1861 in Sachsen, 1869 im Norddeutschen Bund), änderten sich doch langfristig die wirtschaftlichen Strukturen. Die Deregulierung, aber auch das Hineindrängen der freigesetzten Bauern und ihrer Nachkommen in die Handwerksberufe führte zu einer Überbesetzung vieler Gewerbe. Zwar konnten einige Gruppen wie etwa Schmiede oder Buchdrucker sich im Zuge der Industrialisierung zu Facharbeitern entwickeln und ihren sozialen und ökonomischen Status halten. Viele Berufe gingen jedoch einem Niedergang entgegen.

Handwerksgesellen, die in der Vergangenheit noch gute Aussichten hatten, später selbst als Meister einen Betrieb zu führen, waren nun zunehmender Prekarisierung ausgesetzt. Sie wurden im Ausbildungsbetrieb nicht übernommen und fanden auch anderswo nur schwer Beschäftigung. Die Gesellenwanderung, einst eine Institution zur Qualifikation und zum Sammeln von Erfahrungen, verlängerte sich und wurde zum Dauerzustand einer Schicht von handwerklichen Wanderarbeitern. Aber auch vor Ort bildeten sich Gruppen von verheirateten Gesellen, die keinen eigenen Betrieb führen konnten und faktisch Lohnarbeiter waren. In der Zunftwelt des Mittelalters war die Heirat ein Privileg des Meisters gewesen, «Junggeselle» ist noch heute die gängige Bezeichnung für einen unverheiraten Mann. Erst mit der Auflösung der Zunftwelt wurden beruflicher und familiärer Status entkoppelt. Der Status des Lohnarbeiters war keine Ausbildungsphase der Junggesellen mehr, sondern ein Dauerzustand.

Die Auflösung der Zunftregeln machte theoretisch auch den Weg frei für eine gleichberechtigte Teilnahme von Frauen am Erwerbsleben, denn in der patriarchalen Zunftwelt durften Frauen keine Berufe erlernen. Allenfalls der Witwe eines Handwerksmeisters wurde gestattet, dessen Beruf weiterzuführen – ansonsten blieb nur die Rolle als Hausfrau. Ein solcher Weg der Gleichberechtigung wurde jedoch kaum beschritten, Frauenarbeit blieb Hausarbeit oder ungelernte Arbeit ohne das Sozialprestige des ausgebildeten Handwerkers bzw. Facharbeiters. Die im Mittelalter praktizierte geschlechtsspezifische Arbeitsteilung setzte sich bis weit ins 20. Jahrhundert fort. In Krisenzeiten nahm die Erwerbstätigkeit von Frauen zu, in besseren Zeiten wurden sie wieder aus dem Erwerbsleben verdrängt, nicht selten unter aktiver Mitwirkung von Gewerkschaften und Arbeiterorganisationen.

Neben der Überbesetzung bedrohten technische und organisatorische Erneuerungen die Grundlage vieler Handwerksberufe. Die Manufaktur mit ihrer Zerlegung von Arbeitsvorgängen entwertete die Qualifikation der Handwerker, in der Textilindustrie machten immer mehr verbesserte Webstühle schon lange vor der Dampfmaschine die Menschen überflüssig.

Die Krise des Handwerks hatte also drei Ursachen: Überbesetzung und Arbeitslosigkeit, zunehmende Macht der Auftraggeber in Form von Verlegern oder Kaufleuten und das schlichte Überflüssigwerden eines Berufes infolge neuer Technologie. Nicht nur die Pauper, sondern auch die ersten ortsfesten Arbeiter und Arbeiterinnen konnten sich von ihrer Arbeit nicht ernähren.

Es ist verständlich, daß sich unter diesen Umständen eine Sehnsucht nach der alten «Zunftherrlichkeit» breitmachte, genauso wie die Bauern in der langen Krise des Feudalismus in ihren Protesten oftmals die Vergangenheit idealisierten. Diese Nostalgie vertrug sich durchaus mit radikalen Formen des Widerstands. Der Historiker Dick Geary stellte in einer vergleichenden Studie fest, daß in ganz Westeuropa gerade aus der Schicht der absteigenden Handwerker immer wieder radikale Bewegungen entstanden, die sich nicht selten durch spontanen und gewaltsamen Protest auszeichneten (Geary 1983). Die Keime der späteren Gewerkschaften und Arbeiterparteien entstanden jedoch nicht aus diesen verelendeten Schichten, sondern aus jenen Handwerkerkreisen, die den Übergang zum Facharbeiterdasein geschafft hatten. Sie schlossen sich aus einer Position der Stärke heraus zusammen, um Lohnverhandlungen zu führen und eigene Bildungsbestrebungen zu verwirklichen.

## *Maschinenstürmer*

**P**aradebeispiel für den gewaltsamen Protest der absteigenden Handwerker und Pauper sind die Maschinenstürmer. Diese Bewegung war vor allem in England stark, wo die Industrialisierung früh einsetzte und einen langsameren Verlauf nahm. Aber auch im deutschsprachigen Raum gab es in den 1820ern vereinzelt Fälle von Maschinensturm, die einiges an Aufsehen erregten. So wurden etwa im April 1821 in der Stadt Eupen durch eine Gruppe von Scherern eine neu angelieferte Schermaschine der Firma Stolle bereits vor der Aufstellung zerstört. Im zeitgenössischen Bericht des zuständigen Landrates wurde der Vorfall beschrieben: «Euer Hochlöblichen Regierung beehre ich mich in aller Eile anzuzeigen daß, soeben [...] sich eine Menge Scherer zusammen gerottet und versucht haben, jene Maschine in Stücken zu schlagen [...] Die herbeigeeilte Polizei hat es umsonst versucht, die Rotte zu zerstreuen; diese hat sich vielmehr durch den Zulauf von einigen Hundert Menschen so vermehrt, daß ein förmlicher Aufstand und Tumult vorhanden sind [...].» Die Arbeiter sammelten sich im Hof der Firma, wo «die in dem

Hofe gestandenen Kisten mit Maschinen gewaltsamer Weise erbrochen und die Maschinen zerstört und solche ins Wasser geworfen» wurden. Über den Nachgang des Maschinensturms berichtete der Schreiber: «Zwar haben die Rotten sich wieder verlaufen; da sie indessen jetzt in den Wirtshäusern zerstreut sind und starke Getränke zu sich nehmen, so steht zu befürchten, daß die statt gehabten Auftritte sich erneuern werden» (zit. nach Henkel/Taubert 1979: 33).

Unter dem Eindruck solcher Quellen aus Sicht der Obrigkeit galten die Maschinenstürmer lange Zeit als irrationale, gewalttätige und undisziplinierte Radaubrüder. Von marxistischen und sozialdemokratischen HistorikerInnen wurde ihr Protest zudem als rückwärtsgewandt charakterisiert: Eine Bewegung, die unüberlegt und vergeblich versuchte, den Fortschritt der Industrialisierung aufzuhalten, anstatt ihn in sozialistischer Weise umzugestalten. Ihr Weg galt daher als politische Sackgasse. Unter dem Einfluss der britischen Historiker E.P. Thompson, Eric Hobsbawm und der von ihnen mitbegründeten *New Labour History* änderte sich jedoch in den 1960ern dieses Bild. Es wurde nachgewiesen, daß die Maschinenstürmer keineswegs unorganisiert handelten, sondern in England hocheffiziente Geheimgesellschaften unterhielten, die von Polizei und Fabrikanten nie aufgedeckt oder unterwandert werden konnten – im Gegensatz zu den späteren, angeblich höher organisierten Arbeiterparteien. Auch das von Rolf Taubert und Martin Henkel untersuchte Eupener Beispiel zeigt, daß die Protestierer kein unorganisierter Mob waren: Sie zerstörten zunächst nüchtern und planvoll die Maschinen, erst danach zerstreuten sie sich in die Wirtshäuser.

Auch der Vorwurf der Irrationalität erübrigt sich bei genauerem Hinsehen. Die Handwerker handelten durchaus rational, indem sie sich die Konkurrenz der Maschinen vom Halse schafften und so ihre Lebensgrundlage gegen eine unmittelbare Bedrohung verteidigten. Abgesehen davon, daß auch heute Gewerkschaften zur Verteidigung ihrer Arbeitsplätze oft Widerstand gegen technische Neuerungen und Rationalisierungen leisten, stellte Hobsbawm am englischen Beispiel die These auf, daß die Maschinenstürmer nicht grundsätzlich gegen technische Erneuerung auftraten. Er erkannte in zumindest einigen Fällen von Sabotage und Maschinensturm eine Form von «bargaining by riot», zu deutsch «Verhandlung durch Aufruhr»

(Hobsbawm 1964). Gewalt und Sachbeschädigung wurden hier sehr kalkuliert eingesetzt, um die Unternehmer ökonomisch unter Druck zu setzen und den Lohnforderungen der Arbeitenden Nachdruck zu verleihen. Die Zerstörung der Maschinen war dabei effizienter als ein klassischer Streik. Sie verursachte sofort hohen Sachschaden, während die Verluste des Unternehmers durch Produktionsausfälle erst nach Tagen oder Wochen ein kritisches Ausmaß erreichten. Angesichts der ärmlichen Lebensbedingungen frühindustrieller Arbeiter und Arbeiterinnen fanden sich innerhalb dieser Zeit jedoch genug Leute, die bereit waren, aus purem Hunger die Arbeit wieder aufzunehmen. Dieses Problem lösten die Maschinenstürmer: Waren die Maschinen erst einmal zerstört, blieb die Produktion unterbrochen, ein Streikbruch war schlicht unmöglich.

Die Tatsache, daß 1811 in England 12.000 Soldaten nötig waren, um einen Maschinenstürmer-Aufstand in Nottingham niederzuschlagen, zeigt, daß die Maschinenstürmer eine reale Bedrohung für das Kapital waren. Im «Frame-Breaking Act» von 1812 wurde für das Zerstören von Webstühlen die Todesstrafe verhängt – gleichzeitig wurden wesentliche Forderungen der Bewegung erfüllt. In Deutschland erreichte die Maschinenstürmerei jedoch nie derartige Dimensionen, es blieb bei vereinzelten Vorfällen (Spehr 2000).

Ein Beispiel aus jüngster Vergangenheit zeigt, daß das von den Maschinenstürmern praktizierte «Verhandeln durch Aufruhr» auch heute noch sehr effizient sein kann: In Frankreich besetzten im Jahr 2009 entlassene Arbeiter eine Zulieferfirma des Autoherstellers Renault. Sie stapelten Gasflaschen in den Fabrikhallen und drohten, den ganzen Betrieb in die Luft zu sprengen. Eine Rücknahme der Entlassungen wurde nicht erreicht, aber die Belegschaft konnte eine Abfindung von 12.000 Euro pro Person erkämpfen, die sie sonst wohl kaum erhalten hätte (Spiegel online 13.7.2009).

Der Maschinensturm besaß also seine ganz eigene Rationalität, auch wenn diese der späteren, in Parteien und Gewerkschaften organisierten Arbeiterbewegung fremd war.

Traditionsstiftend waren stattdessen Proteste wie die schlesischen Weberaufstände des Jahres 1844. Die dort geäußerten Forderungen nach menschenwürdigen Lebensbedingungen blieben ein historischer Bezugspunkt für folgende Generationen.

## Der schlesische Weberaufstand 1844

Die Kämpfe der Weber und Weberinnen in Schlesien 1844 sind das bekannteste Beispiel für frühindustrielle Arbeiterunruhen in Deutschland (Kuhn 2004: 30–33). Heinrich Heines Gedicht «Die schlesischen Weber» von 1844 und das eine Generation später entstandene Drama «Die Weber» von Gerhart Hauptmann schufen den Aufständischen Denkmäler in Lyrik und Literatur.

Der Weberaufstand begann im Juni 1844 im schlesischen Peterswaldau als Protest gegen Lohnkürzungen. Die Weber hier waren nicht mehr selbständige Handwerker, sondern abhängig von Aufträgen lokaler Fabrikanten, die Weiterverarbeitung und Vertrieb monopolisiert hatten. Ihren Lohn erhielten sie oft nicht in Geld, sondern in Waren niedriger Qualität – «Trucksystem» nannte sich diese Methode.

Vor der Villa eines Fabrikanten demonstrierten die Weber zunächst mit Gesängen gegen die schlechte Behandlung. Mangelnde Verhandlungsbereitschaft und die Verhaftung eines Webers sorgen für zusätzliche Anspannung. Als Protestierende dann bei einem weiteren Aufmarsch aus den Fenstern einer Villa mit Ziegeln beworfen wurden, eskalierte die Situation. Das Haus wurde von der Menge gestürmt, wobei Kaufmannsbücher und Warenvorräte vernichtet wurden. Der Aufstand griff um sich, Weber verschiedener Orte beteiligten sich gemeinsam mit ihren Frauen am Aufstand. Es kam zu Kämpfen mit dem Militär und zu Plünderungen. Die Obrigkeit brauchte 600 Soldaten und 112 Verhaftungen, um für Ruhe zu sorgen – 11 Aufständische wurden vom Militär getötet.

Interessant ist, daß sich der Protest zunächst nicht gegen die Obrigkeit richtete, sondern lediglich gegen die «Ungerechtigkeit» einiger Fabrikanten. Denn nicht alle Unternehmer wurden geplündert, es blieben alle «guten Fabrikanten» verschont, die sich durch Geldgeschenke, freien Alkoholausschank oder Lebensmittel das Wohlwollen der Menge sicherten.

Es war also vor allem die harte und ungeschickte Reaktion der Fabrikanten und die Brutalität des Militärs, welche die Bewegung zum Aufstand eskalieren ließen. Der Protest selbst hatte seinen Ursprung noch ganz in der «moralischen Ökonomie» traditioneller Gerechtigkeitsvorstellungen. Die Menge wollte keinen Klassenkrieg, sondern dachte in rein lokalen

Zusammenhängen. Die Weber und ihre Frauen wollten einen «gerechten», d. h. existenzsichernden Lohn und machten ihr Begehren zunächst ganz traditionell durch Gesänge kund – womit sie die soziale Stellung und Ehre des Fabrikanten symbolisch angriffen.

Dieser Verlauf war typisch für vor- und frühindustrielle Proteste, die in der Geschichtsschreibung daher meist von späteren überregionalen Streiks abgegrenzt werden und nicht selten als «unpolitisch» oder rückwärtsgewandt beschrieben wurden. Der Verlauf des Weberaufstandes zeigt jedoch die Verbindung von traditioneller Moral und radikalem Protest. Neu an diesen Protesten war die Solidarisierung eines linken Intellektuellen wie Heine, der das soziale Elend der Weber und ihrer Familien im ganzen Land bekanntmachte. Die soziale Frage war damit für Deutschland gestellt und verband sich mit dem Streben des Bürgertums nach demokratischer Verfassung und Überwindung der Kleinstaaterei. Die Weberaufstände wurden zur Vorgeschichte der Revolution von 1848.

## *Wilhelm Weitling und der Handwerkerkommunismus*

**D**aß es in Deutschland vor 1848 nicht zu größeren politischen Vereinigungen der Arbeitenden kam, lag nicht nur an der Dominanz des Handwerkes und seiner traditionell lokal orientierten Denkweise, sondern auch am politischen Klima. Mit den Karlsbader Beschlüssen des Jahres 1819 hatten die deutschen Fürsten sich auf eine staatenübergreifende Verfolgung jeder Form von politischer Dissidenz geeinigt. In seltener Einigkeit beschlossen die sonst so zerstrittenen Territorialherrscher die Einschränkung der Pressefreiheit sowie die Überwachung der Universitäten und aller verdächtigen Vereine einschließlich der liberalen Turnvereine. Das Verbot stand noch ganz unter dem Eindruck der Französischen Revolution und richtete sich vor allem gegen die bürgerlich-demokratische Opposition. Es verhinderte aber auch auch jede politische Vereinigung der Arbeiterklasse.

So kam es, daß die ersten sozialistischen Organisationen Deutschlands als Geheimbünde im Ausland entstanden. Hier kam erstmals die sozialistische Theorie mit den Organisations- und Kampfformen der Handwerker zusammen.

Als Katalysator für eine Reihe von Organisationsgründungen in den 1830er Jahren diente eine Abfolge von politischen Umwälzungen in Europa: In Frankreich wurde in der Julirevolution des Jahres 1830 die Dynastie der Bourbonen gestürzt und das Bürgertum übernahm die politische Macht, in England entstand mit dem Chartismus ab 1836 eine Massenbewegung zur Erkämpfung des Wahlrechts auch für die Arbeiterklasse, in Deutschland kam es mit dem Hambacher Fest des Jahres 1832 zu einer großen Manifestation der demokratischen und nationalen Bewegung (Abendroth 1985: 41ff). Deren Ziele, nämlich die Entmachtung der deutschen Territorialherrscher zugunsten eines demokratischen Einheitsstaates, wurden lange auch von der Arbeiterbewegung vertreten. Während in Frankreich und England der Nationalstaat bereits eine unhinterfragbare Größe war und sich politische Fragen vor allem um Macht und Teilhabe *innerhalb* dieses Nationalstaates drehten, war es in Ländern wie Deutschland und Italien Anfang des 19. Jahrhunderts noch unklar, ob und wie die politische Verfassung in Zukunft aussehen würde.

Angesichts der wirtschaftlichen Überlegenheit Frankreichs und Englands, die in beiden Ländern verbunden war mit demokratischeren Strukturen, übte das Modell des Nationalstaats große Anziehungskraft auch unter den Arbeitenden aus. Viele Organisationen der Arbeiterbewegung entstanden daher als Abspaltungen national-demokratischer und liberaler Vereinigungen, die Durchsetzung bürgerlicher Demokratie blieb bis 1918 eine drängende Forderung in der deutschen sozialistischen Bewegung.

Der entstehende Nationalismus des 19. Jahrhunderts war jedoch keine einige und ungeteilte Bewegung, sondern ein diffuses Feld von Ideen und Ideologien. Während einerseits das liberale Modell der demokratischen Republik mit der rechtlich fixierten und staatlich geschützten Gleichheit aller Bürger eingefordert wurde, gab es eine Gegenströmung, welche die Nation als Selbstzweck in den Mittelpunkt stellte. In Deutschland war diese besonders stark, völkisches Gedankengut und eine diffus-essentialistische Idee vom «Deutschtum» waren ihre Kennzeichen.

Neben dem Unwillen von Teilen des Bürgertums, die Macht mit den arbeitenden Klassen zu teilen, war vor allem die Erfahrung der «Befreiungskriege» gegen Napoleon in den Jahren 1814/1815 prägend für die reaktionäre Stoßrichtung des deutschen Nationalismus. Denn die ersten Regungen der deutschen Nationalbewegung waren in den Befreiungskriegen nicht für, sondern *gegen* die Errungenschaften und die Symbolik der Französischen Revolution mobilisiert worden. Das Auseinanderfallen von Nation und Demokratie sollte den deutschen Liberalismus später dauerhaft spalten in einen nationalen und einen demokratischen Flügel.

In Paris entstand 1832 der deutsche Volksverein, der sich aus wandernden Handwerkern und Intellektuellen im Exil zusammensetzte. Der Verein kämpfte für eine Republik in Deutschland und war zunächst selbst demokratisch organisiert, bis ihn eine Verschärfung der Vereinsgesetze in Frankreich 1834 in die Illegalität zwang. Die Gruppierung organisierte sich unter dem Namen «Bund der Geächteten» neu. Nach dem Vorbild jakobinischer Geheimgesellschaften strebte er für Deutschland die Organisation der Revolution durch eine geheime und hierarchisch gegliederte Verschwörergruppe an. Nach internen Fraktionskämpfen wurde die Gruppe 1836 noch einmal umbenannt und ihre Struktur wieder leicht demokratisiert. In diesem «Bund der Gerechtigkeit» stieg nun der Schneider Wilhelm Weitling zum Hauptagitator und Theoretiker auf.

Weitling vertrat in seiner ersten Schrift «Die Menschheit wie sie ist und wie sie sein sollte» den Entwurf einer kommunistischen Gütergemeinschaft. Gleichheit sollte seiner Auffassung nach nicht nur in der Sphäre der Politik herrschen, wie es die Demokraten verlangten, sondern auch in der Wirtschaft. Indem er sich mit dieser Forderung durchsetzte, löste er die Gruppe endgültig aus dem bürgerlichen Liberalismus und gab ihr einen sozialistischen Charakter.

Weitling war als Schneider ein klassischer Autodidakt. Geboren im Jahr 1808 als unehelicher Sohn eines Dienstmädchens und eines französischen Soldaten wuchs er in ärmlichen Verhältnissen auf und machte sich auf seiner Gesellenwanderung im Selbststudium mit der radikalen Literatur seiner Zeit vertraut. Sein Verdienst war es insbesondere, die Gedanken des französischen Frühsozialismus einem deutschen Publikum zugänglich zu machen. Er war beeinflusst von den traditionellen literarischen Utopien von Thomas Morus und Tommaso Campanella, die wiederum in Anlehnung an Platon einen radikalen, aber autoritären Gleichheitskommunismus vertraten (Hofmann 1970: 76). Weitling kombinierte dies mit dem linken Radikalismus von Autoren wie Gracchus Babeuf oder Auguste Blanqui, die von der Französischen Revolution inspiriert waren. In anderen Schriften wie dem «Evangelium des Armen Sünders» argumentierte er auch biblisch und suchte die christlichen Gebote der Armut und Nächstenliebe in sozialistischem Sinne zu interpretieren. Weitling forderte die Aufhebung des Eigentums und die Abschaffung des Geldes in einer zukünftigen sozialistischen Ordnung. Er verlangte Arbeitspflicht, gleichzeitig sollte jedoch eine Sicherung der existenznotwendigen Bedürfnisse durch den Staat erfolgen. Mittels in «Kommerzbüchern» verrechneter zusätzlicher Arbeit sollten die Bürger zudem Luxusgüter und Urlaubsansprüche erwerben können. Für den Übergang zu einer solchen Gesellschaft orientierte sich Weitling auch hier, dem antiken Platon folgend, am Gedanken der Erziehungsdiktatur.

Obwohl Weitlings Theorien weitgehend eine Synthese bekannter Vorstellungen waren, dominierten sie in den 1830er Jahren die radikalen Kreise des deutschen Exils auch in London und in der Schweiz, wo ähnliche Strukturen wie in Paris entstanden waren. Anders als in Frankreich gab es in Deutschland keine breite frühsozialistische Literatur am linken Rand des Bürgertums. Erst Weitling machte den Begriff des Kommunismus populär, zu dem sich dann auch Marx und Engels bekannten. Obwohl seine Organisation international agierte, blieb der «Bund der Gerechtigkeit» doch eine verhältnismäßig kleine Gruppe von mehreren hundert Mitgliedern, von denen die meisten wandernde Handwerker waren. Die Handwerker waren durch den Niedergang ihres sozialen Status offen für radikale Ideen. Auch die traditionelle Gesellenwanderung, die mit zunehmender Arbeitslosigkeit zum Dauerzustand wurde, förderte ihre Weltoffenheit. Gleichzeitig konnten sie sich durch ihre Mobilität den Behörden entziehen und mußten als unverheiratete Männer keine Rücksicht auf familiäre Bindungen nehmen. Vor allem aber waren sie durch das Zunftwesen und Gesellenbünde an den Gedanken der Organisation und kollektiven Interessenvertretung gewohnt (Schildt 1996: 7). Der Handwerkerwiderstand, der in den vergangenen Generationen zwar oft radikal, aber stets *lokal* gehandelt hatte und an den Gerechtigkeitsidealen der *Vergangenheit* orientiert war, änderte nun seinen Charakter. Er wurde zu einer *international* vernetzten Bewegung, deren Ziele explizit auf die *Zukunft* gerichtet waren.

## Marx und Engels stoßen zur Arbeiterbewegung

**A**ls Marx und Engels in den 1840er Jahren im Pariser Exil die politische Bühne betraten, war der Handwerkerkommunismus im Stile Weitlings zwar schon umstritten, aber noch nicht durch eine neue Leitidee abgelöst. Als Organisationsform dominierte weiterhin der Geheimbund (Abendroth 1985: 61).

Marx und Engels selbst kamen nicht aus proletarischen Verhältnissen. Friedrich Engels, geboren 1820 in Barmen bei Wuppertal, war der Sohn eines Textilfabrikanten (Hirsch 1968). Er hatte schon früh einen Blick für die soziale Realität der Arbeiter und Arbeiterinnen, gelenkt nicht zuletzt durch das wohltätige Engagement seiner christlich geprägten Familie. Die soziale Realität des Kapitalismus, den Engels von der kapitalistischen «Innenseite» als auch von der proletarischen «Außenseite» kannte, aber auch sein Ringen mit dem Christentum und die damit verbundenen philosophischen Auseinandersetzungen brachten ihn in politisches Fahrwasser. In Vorlesungen an der Berliner Universität schloß er sich den Junghegelianern an, einem Club intellektueller Rebellen, welche die Philosophie Hegels von der Verwirklichung der Vernunft revolutionär wenden wollten. Auch Marx wurde von diesem Kreis geprägt. Beide brachen jedoch mit den Junghegelianern, deren Kritik das Reich der Ideen nicht verließ. In den Jahren 1842–1844 beendete Engels in Manchester seine Ausbildung als Kaufmann. Er lernte dort nicht nur die soziale Realität eines entwickelten Kapitalismus kennen, sondern knüpfte auch erste Kontakte mit englischen Sozialisten. Das Resultat war die 1845 erschienene Studie «Die Lage der arbeitenden Klassen in England», eine einzigartig dichte Beschreibung der sozialen Realität des Manchester-Kapitalismus. Engels war es, der sich zuerst intensiv mit Ökonomie beschäftigte und Marx in dieser Richtung beeinflußte.

Karl Marx, geboren 1818 in Trier, entstammte einer alten Rabbinerfamilie (Mehring 1974). Sein Vater konvertierte jedoch schon vor Marx´ Geburt zum Christentum, um sein in der Zeit der napoleonischen Regierung angetretenes Amt als Justizrat weiter auszuüben. Unter preußischer Verwaltung wäre ihm als Jude die Bekleidung eines staatlichen Amtes verboten gewesen. Sein Sohn Karl wurde im Alter von sechs Jahren getauft. Marx war der Kommunismus nicht in die Wiege gelegt, sein Hintergrund war bürgerlich wie auch sein Bildungsstand. Anders als Weitling schlossen Marx und Engels beide das Gymnasium mit dem Abitur ab, damals ein noch elitäreres Klassenprivileg als heute. Beide versuchten sich in ihren Jugendjahren als Dichter, kamen dann zur Philosophie und darüber zur sozialistischen Theorie. Beide folgten dem Bildungsweg ihrer Eltern: Engels mit seiner Kaufmannslehre, Marx mit dem Studium von Jura und Philosophie. Die beiden trafen sich zum ersten Mal in Köln im Jahre 1842, ihre eigentliche Zusammenarbeit begann jedoch ab 1844 in Paris. Marx war inzwischen zum Doktor der Philosophie promoviert, hatte jedoch wegen seiner radikalen Ansichten den Gedanken an eine akademische Karriere aufgeben müssen. In Paris traf er sich mit anderen exilierten Intellektuellen – unter anderem mit Engels, der auf der Rückreise aus London hier Station machte.

Mit der Kritik am Junghegelianismus hatten die beiden ein gemeinsames philosophisches Projekt, das später in eine intensive politische Zusammenarbeit und eine lebenslange Freundschaft mündete. Marx gab in Paris zusammen mit Arnold Ruge eine Zeitschrift namens «Deutsch-Französische Jahrbücher» heraus, in der auch Engels publizierte. Zwar erschien von der großangelegten Zeitschrift nur ein einziges Doppelheft, das jedoch Geschichte schrieb. Marx publizierte hier seinen Aufsatz «Zur Judenfrage» und die «Einleitung zur Kritik der Hegelschen Rechtsphilosophie» (beide in MEW Bd. 1).

Beides waren Schlüsseltexte, in denen sich Karl Marx unter dem Eindruck des französischen Materialismus endgültig von der Philosophie des Deutschen Idealismus abwandte. In der «Judenfrage» erweiterte er die Kritik der mangelnden Rechte der Juden im bürgerlichen Staat zu einer allgemeinen Staatskritik und forderte die Abschaffung des Privateigentums als Voraussetzung einer allgemeinen, menschlichen Emanzipation. Das Wesen dieser Emanzipation bezeichnete Marx in seiner «Einleitung» als «*categorischen Imperativ, alle Verhältnisse umzuwerfen, in denen der Mensch ein erniedrigtes, ein geknechtetes, ein verlassenes, ein verächtliches Wesen ist*».

Während Marx die Philosophie für den Sozialismus nutzbar machte, steuerte Engels mit den «Umrissen zu einer Kritik der Nationalökonomie» erste Überlegungen zu einer ökonomischen Kapitalismuskritik bei – ein Projekt, das wiederum Marx zwanzig Jahre später in seinem Hauptwerk «Das Kapital» zu einem vorläufigen Abschluß führte.

Als die erste und einzige Nummer der Jahrbücher erschien, war jedoch der intellektuelle Einfluß des später so berühmten Gespanns noch höchst begrenzt. Auch ihr Kontakt zu den Organisationen der werdenden Arbeiterbewegung war bestenfalls lose. Dies änderte sich drei Jahre später in London. Auf wiederholte Interventionen der preußischen Regierung war Marx aus Paris ausgewiesen worden und hatte schließlich hier Exil gefunden, während Engels geschäftlich in England weilte. Obwohl der «hündische Kommerz», wie er es einmal selbst ausdrückte, keinesfalls sein Traumberuf war, blieb Engels doch lange Jahre darauf angewiesen, im Geschäft des Vaters mitzuarbeiten, um seinen Lebensunterhalt zu sichern. Marx profitierte von diesem Realismus seines Freundes, der ihn mit regelmäßigen Zuwendungen jahrelang über Wasser hielt und so Marxens wissenschaftliche Arbeit überhaupt ermöglichte.

1847 war auch der «Bund der Gerechtigkeit» nach London übergesiedelt, wo seinerzeit die Bedingungen für politische Aktivität günstiger waren als in Paris. Bereits ein Jahr zuvor war Marx in Brüssel in einer Diskussion öffentlich gegen Wilhelm Weitling angetreten. Marx und Engels versuchten, ihre Philosophie in die Bewegung zu tragen und hatten schnell Erfolg.

Inhaltlich lagen die Unterschiede zu Weitling vor allem in der Methode der Kritik, was jedoch auch politische Folgen hatte. Während Weitling noch im Stile der frühneuzeitlichen Utopien eine Idealgesellschaft entwarf, verfolgte Marx den materialistischen Ansatz der Negation, also der Herausarbeitung der realen Bedingungen und Gesetze der kapitalistischen Ökonomie. Erst aus der Kritik dieser Bedingungen erarbeitete Marx dann einen Begriff von Emanzipation und Befreiung, anstatt ihn in der Tradition des Idealismus vorauszusetzen. Politisch bedeutete dies, daß die Revolution sich aus den ökonomischen Widersprüchen durch eine Massenbewegung des Proletariats *von unten* entwickeln musste, anstatt durch den Putsch einer Verschwörergruppe *von oben* durchgesetzt zu werden. Auch die Zukunftsgesellschaft konnte nicht durch eine aufgeklärte Elite entworfen werden, sondern musste erst in den Kämpfen der breiten Massen entwickelt werden.

Marx` und Engels` Vorstellungen brachen mit der Geheimbündelei und zeichneten sich durch eine grundsätzlich demokratische Natur aus. Ihr politisches Verhalten war jedoch nicht immer dementsprechend. Wolfgang Abendroth charakterisierte Marx` politischen Stil in bezug auf die Auseinandersetzung mit Weitling als den typischen «Richtigkeitsfanatismus» eines Intellektuellen – eine Tendenz, die auch in späteren Auseinandersetzungen mit dem Anarchisten Michail Bakunin und Ferdinand Lassalle, dem Gründer der deutschen Sozialdemokratie, immer wieder zum Tragen kam (Abendroth 1985: 48).

Letztendlich setzten sich Marx und Engels durch. Sie traten dem «Bund der Gerechtigkeit» bei und drängten Weitling und seine Anhänger hinaus. Der Bund änderte 1847 seinen Namen in «Bund der Kommunisten». Marx und Engels verfassten ein neues Programm, das 1848 unter dem Titel «Manifest der Kommunistischen Partei» erschien.

## *Das Kommunistische Manifest*

**D**as Kommunistische Manifest wurde zum Maßstab aller späteren sozialistischen Parteiprogramme. Es vereinte einen analytischen Teil zu den Widersprüchen der kapitalistischen Gesellschaft mit einer programmatischen Zusammenfassung kommunistischer Politik sowie einer Reihe von revolutionären Übergangsforderungen. Insbesondere der erste Teil ist in vielen Bereichen geradezu prophetisch. Diverse Passagen über den Aufstieg der Bourgeoisie erlebten gerade in den 1990er Jahren, als alles Kommunistische in der öffentlichen Debatte entweder Spott oder Verbitterung auslöste, ein einzigartiges Revival. Ursache war die Diskussion um die «Globalisierung» der Weltwirtschaft. Diesen Effekt schienen Marx und Engels vorhergesagt zu haben, wenn sie schrieben: «Das Bedürfnis nach einem stets ausgedehnteren Absatz für ihre Produkte jagt die Bourgeoisie über die ganze Erdkugel. Überall muß sie sich einnisten, überall anbauen, überall Verbindungen herstellen. Die Bourgeoisie hat durch ihre Exploitation des Weltmarkts die Produktion und Konsumtion aller Länder kosmopolitisch gestaltet. Sie hat zum großen Bedauern der Reaktionäre den nationalen Boden der Industrie unter den Füßen weggezogen. Die uralten nationalen Industrien sind vernichtet worden und werden noch täglich vernichtet. Sie werden verdrängt durch neue Industrien, deren Einführung eine Lebensfrage für alle zivilisierten Nationen wird, durch Industrien, die nicht mehr einheimische Rohstoffe, sondern den entlegensten Zonen angehörige Rohstoffe verarbeiten und deren Fabrikate nicht nur im Lande selbst, sondern in allen Weltteilen zugleich verbraucht werden» (MEW 4: 465f).

Marx und Engels waren jedoch keine Wahrsager, sondern wendeten im Manifest ihre materialistische Geschichtstheorie an. Sie erklärten Geschichte als eine Geschichte von Klassenkämpfen, Triebkraft waren nicht große Männer oder Ideen, sondern ökonomische Konstellationen und Verteilungskämpfe. Ökonomie verstanden sie als ein System von Arbeitsteilung, das eine Spaltung der Gesellschaft in Herrschende und Beherrschte, Arbeitende und Nichtarbeitende zur Folge hatte. Der Widerspruch von Kapital und Arbeit war in den Augen von Marx und Engels nur die jüngste Ausformung dieses langen Konfliktes.

Während jedoch alle vergangenen herrschenden Klassen konservativ gewesen seien in dem Sinne, daß sie die bestehende Gesellschaftsordnung statisch bewahren wollten, sei das Kapital zu einer permanenten Revolutionierung gezwungen. Die Jagd nach Profit, die gegenseitige Konkurrenz, der daraus resultierende Zwang zur Anwendung technischen Fortschrittes würde notwendigerweise die kapitalistische Gesellschaftsordnung unterhöhlen, Krisen verursachen, ein immer zahlreicheres Proletariat hervorbringen und mittelfristig zur Weltrevolution führen. Deren Ergebnis wäre das Ende des Klassengegensatzes: «An die Stelle der alten bürgerlichen Gesellschaft mit ihren Klassen und Klassengegensätzen tritt eine Assoziation, worin die freie Entwicklung eines jeden die Bedingung für die freie Entwicklung aller ist» (MEW 4: 482).

Marx und Engels gaben die utopische Stoßrichtung des Frühsozialismus also nicht auf, integrierten sie jedoch in ein politisches Programm und ein historisches Kontinuum. Dadurch wurde die Utopie einerseits vager und unschärfer, denn auf ein genaues Ausmalen der kommunistischen Gesellschaft, wie Weitling es noch betrieben hatte, verzichteten Marx und Engels. Andererseits wurde die Utopie greifbarer, ihr Eintreten geradezu unvermeidlich. Die Erklärung des Klassengegensatzes aus den sich verschärfenden historischen Widersprüchen verlieh der proletarischen Revolution einen Anschein von Unvermeidlichkeit. Dies deckte sich mit den Erfahrungen der Zeitgenossen. Allerorten spitzten sich die Widersprüche zu, verlorene Kämpfe waren keine endgültigen Niederlagen, sondern nur Rückschläge in einer gesellschaftlichen Dynamik, gegen die die alten Mächte des Kontinents stets vergeblich anrannten. In Frankreich, dem Musterland des Aufruhrs, ereigneten sich zwischen 1789 und 1848, in der Zeitspanne eines Menschenlebens, gleich drei Revolutionen – nicht zu reden von zahllosen kleineren Aufständen, Streiks und Unruhen. In dieser Sturm- und Drangzeit, die Eric Hobsbawm nicht zu Unrecht als «Zeitalter der Revolutionen» bezeichnete, war nicht nur der lange Sturz der feudalen Ordnung beendet worden. Auch die neue bürgerliche Ordnung sah sich, kaum daß sie ihre Herrschaft gefestigt hatte, unter immer stärkerem Druck der arbeitenden Massen.

Die Einordnung der Kämpfe des Proletariats in ein geschichtliches Kontinuum verlieh diesen ein völlig neues Selbstbewußtsein. Die ungelernten Arbeiter und Arbeiterinnen, lange als Pauper aus der Gesellschaft ausgestoßen, rückten nun ins Zentrum. Der Rand wurde zur Mitte, zur Basis, die zumindest in den städtischen Gebieten längst die Mehrheit der produktiven Arbeit verrichtete. Marx und Engels stellten dieses Proletariat, das vorherige Außen- und Gegenbild einer jeden kultivierten Gesellschaft, an die Spitze des allgemeinen Menschheitsfortschrittes.

Das materialistische Geschichtsbild verlieh jedoch nicht nur den aktuellen Kämpfen Legitimation, es war auch geeignet, die eigenen historischen Kampfbedingungen besser zu reflektieren. Anstatt des klassischen *Voluntarismus*, der Radikalität aus dem bloßen Willen heraus forderte, rückte nun die ökonomische Situation in den Vordergrund. Die Gleichmacherei des Kapitals, die Zerstörung der feudalen Strukturen von Zunft und Handwerk erschien nicht mehr rein destruktiv, sondern konnte als Vorbedingung der Entstehung einer homogenen Arbeiterklasse positiv gewendet werden. Dies ermöglichte es auch, den Widerstand der Arbeitenden als eine *internationale* Bewegung zu konzipieren. Die einzelnen Berufsidentitäten, lokalen Besonderheiten und nationalen Egoismen traten in den Hintergrund gegenüber den Interessen einer einzigen und vereinten globalen Klasse von Arbeitenden, die sich unter dem berühmten Schlußwort des Manifests sammeln sollte: *Proletarier aller Länder, vereinigt euch!*

Auch die patriarchale Geschlechterordnung, wie sie im Bürgertum und der Welt des Handwerks herrschte, sahen Marx und Engels in Bewegung. Sie sagten deren Auflösung durch zunehmende Frauen- und Kinderarbeit voraus und forderten, diesen Prozeß positiv zu wenden durch die Abschaffung der Familie in ihrer bisherigen Form.

Stattdessen verlangten sie eine gesellschaftliche Kindererziehung, die Befreiung der Frauen von ihrer Stellung als bloßes Produktionsinstrument, egal ob diese nun in der Fabrikarbeit oder in der Geburt und Erziehung von Kindern bestehe. Das war ein unerhört radikales Programm, wie es in der Gedankenwelt des Handwerkerkommunismus kaum entstanden wäre.

Historische Perspektive, die Nutzbarmachung der Philosophie für den politischen Kampf und der radikale emanzipatorische Universalismus auch in Bereichen, die das vermeintlich Private betrafen, waren Stärken des Manifests und der Marxistischen Theorie.

Daneben standen im Manifest jedoch Aussagen, die einer Emanzipation entgegenliefen. Denn obwohl Marx und Engels immer die subjektive Seite, die Bildung von Klassenbewußtsein, das aktive politische Handeln betonten, so brachte ihre Einführung von objektiven historischen Tendenzen in die Theorie des Klassenkampfs auch Probleme mit sich. Denn sie konnten auch zur Passivität verführen. Wenn die Geschichte sowieso auf der Seite des Proletariats stand, die Revolution unvermeidbar war, genügte es dann nicht, abzuwarten, bis einem der Sieg ohne größeres Risiko in den Schoß fiel? Gleichzeitig ließ der abstrakte Blick aus der Perspektive des vermeintlich überhistorischen Beobachters manche Kämpfe aus dem Blick fallen. Da waren zum Beispiel die Arbeitslosen und städtischen Unterschichten, der Pöbel, einer der Ursprünge des Proletariats überhaupt – Marx und Engels bezeichneten solche Leute nur abfällig als «Lumpenproletariat», als «passive Verfaulung der untersten Schichten der alten Gesellschaft» (MEW 4: 472). Noch problematischer als diese Polemik war ihre Sicht auf Widerstände, die nicht *innerhalb* des Kapitalismus, sondern *gegen* die Durchsetzung einer kapitalistischen Ordnung geführt wurden. Diese vermeintlich fortschrittsfeindlichen Bewegungen hatten im Marxismus keinen Platz – was die jahrzehntelange Vernachlässigung der Maschinenstürmer durch die marxistische Geschichtsschreibung erklärt. Martin Henkel und Rolf Taubert wiesen in ihrer Kritik an der marxistisch-leninistischen Geschichtswissenschaft pointiert darauf hin, wem diese Interpretation nützte: «Der Topos von der Maschinenstürmerei soll die DDR-Arbeiter mit dem sozialistischen Fließband versöhnen» (Henkel/Taubert 1979: 13).

Genauso problematisch war die Sicht des Manifests auf den Kolonialismus. Wenn, wie es im Manifest hieß, ein historisches Verdienst der Bourgeoisie war, eine globale Gesellschaft samt Weltmarkt und Weltliteratur hergestellt zu haben – war dann nicht die Zerstörung der außereuropäischen Kulturen eine historische Notwendigkeit?

Diese Frage wurde in den 1840ern kaum diskutiert, war aber sechzig Jahre später einer der drängenden Streitpunkte in der Zweiten Internationale.

Das Manifest der Kommunistischen Partei hatte eine enorme Langzeitwirkung. Seine unmittelbare Wirkung war jedoch gering. Das Wort «Partei» im Titel des Dokuments verwies keineswegs auf eine existierende sozialistische Massenpartei mit Tausenden von Mitgliedern. Es bedeutete in diesem Zusammenhang lediglich soviel wie «Richtung» oder «Gruppe» und konnte auch nichts anderes meinen. Denn trotz ihres Selbstbewußtseins waren die Anhänger des einige hundert Mitglieder umfassenden Bundes der Kommunisten eine kleine Minderheit in den politischen Kämpfen ihrer Zeit. Einige davon nahmen zwar in der Revolution von 1848 bedeutende Rollen ein. Aber sie handelten dabei gerade nicht auf Anweisung des Bundes, sondern als Teil eines allgemeinen Aufbruchs, in dem die kleine Gruppe der Kommunisten geradezu unterging. Marx` und Engels` Ideen, die mit dem Manifest die Gestade der Philosophie verließen und einen ersten großen Auftritt in der Arbeiterbewegung wagten, setzten sich in Deutschland erst vierzig Jahre später als verbindliche Theorie des Sozialismus durch.

# Trennung von Liberalismus und Sozialismus 1848–1875

## *Die aufgegebene Revolution: 1848 in Deutschland*

**D**ie 1840er Jahre gehören zur Vorgeschichte der Industrialisierung in Deutschland, die sich erst ab 1850 und dann noch einmal nach der Reichsgründung 1871 in Schüben entfaltete. Eine konzentrierte Arbeiterschaft gab es vorher nur an den großen Eisenbahnbaustellen, wo sich riesige Kolonnen von Arbeitern sammelten. Bei diesem gigantischen Infrastrukturprojekt waren mehrere zehntausend Menschen gleichzeitig beschäftigt (Meyer 1999: 127–137). Aufgrund der rigiden Arbeitsbedingungen mit bis zu 16-stündigen Arbeitstagen und einem harten Akkordregime gab es zahlreiche Streiks – etwa an der Köln–Mindener Eisenbahn, wo 1845 über 2.000 Arbeiter gleichzeitig in den Ausstand traten. Im Gegensatz zu den Weberaufständen von 1844 waren dies keine Handwerkerproteste und natürlich auch keine Bauernaufstände. Es handelte sich um die ersten «klassischen» Arbeiterproteste in Deutschland. Sie waren jedoch in ihrer Zeit Ausnahmen, denn der Eisenbahnbau war ja erst die Voraussetzung für die Entwicklung des Kapitalismus. Er schuf die Transportmöglichkeiten für den überregionalen Warenverkehr, nachdem im Rahmen des 1834 gegründeten «Deutschen Zollvereins» der zollfreie Handel im deutschsprachigen Raum möglich wurde. Quasi nebenher konzentrierte der Eisenbahnbau erstmals größere Heere von Arbeitenden auf engem Raum – eine Keimform des Massenproletariats späterer Jahre.

Ahlrich Meyer betont in seinem Werk «Die Logik der Revolten» die Rolle des Staates bei der gleichzeitigen Herstellung von Kapitalismus und Arbeiterklasse (Meyer 1999). Die Etablierung kapitalistischer Verhältnisse in Deutschland war eine von oben dirigierte Politik der «nachholenden Entwicklung», während z. B. in England vor allem private Akteure die Industrialisierung vorangetrieben hatten. Dort war auch die «Befreiung» der Bauern kein staatlicher Akt, sondern private Initiative des sich agrarkapitalistisch entwickelnden Landadels. Man vertrieb die

Bauern von ihren Ländereien, um diese in Form von Schafsweiden großflächiger zu bewirtschaften. Auch der Eisenbahnbau verlief in England als Privatunternehmen. Das war zwar in Preußen zunächst genauso, jedoch schob der Staat die notwendige Konzentration von Kapital durch Zinsgarantien und die erstmalige Legalisierung von Aktiengesellschaften massiv an. Eine größere Nachfrage nach Transportmöglichkeiten war vor dem Eisenbahnboom nicht vorhanden – man erhoffte sich diese erst von der zukünftigen Wirtschaftsdynamik. Diese von Ökonomen wie Friedrich List propagierte Politik sollte am Ende aufgehen – vorher jedoch suchte eine Wirtschaftskrise ganz Europa heim.

Die Wirtschaftskrise der Jahre 1846/47 war der Auslöser, der lang gärende Krisentendenzen zuspitzte und letztlich in einer europäischen Revolution mündete. In Berlin besiegten Barrikadenkämpfer am 18. März 1848 das Militär und brachten die Monarchie ins Wanken. In Paris wurde der zunehmend reaktionäre «Bürgerkönig» Louis-Philippe gestürzt und eine zweite Republik ausgerufen. Bereits im Januar 1848 hatte ein Aufstand in Sizilien eine neues Aufwallen der italienischen Einigungsbewegung ausgelöst, und auch in den polnischen Provinzen Preußens kam es zu neuen Regungen der polnischen Nationalbewegung.

Die Aufzählung zeigt, daß trotz sozialer und wirtschaftlicher Ursachen die europäische Revolution 1848 von bürgerlich-demokratischen und nationalen Forderungen dominiert wurde. In den zersplitterten Territorien Deutschlands und Italiens stand der Nationalstaat im Mittelpunkt der Bestrebungen, ebenso im zwischen Rußland und Preußen geteilten Polen. Die europäischen Nationalbewegungen jener Zeit waren trotz chauvinistischer Einschläge überwiegend demokratisch ausgerichtet. Auch in Deutschland richtete sich der Widerstand großer Teile der bürgerlichen Intelligenz gegen Monarchie und Absolutismus. Das Eintreten nicht nur für Gewerbefreiheit, sondern auch für Presse- und Meinungsfreiheit und freies Wahlrecht sicherte ihnen die Zustimmung der arbeitenden Bevölkerung.

Geht man in Berlin auf den «Friedhof der Märzgefallenen» und schaut sich die Gräber der gefallenen Barrikadenkämpfer an, so erkennt man jedoch schnell, wer die eigentliche Last der Kämpfe trug: «Malergehülfe, 18 Jahr»; «Seidenwirkergeselle»; «Lehrling, 15 Jahr, aus Berlin»; «Handlungsdiener» oder schlicht «Arbeitsmann» lauten die Berufsbezeichnungen auf den Grabsteinen.[3]

Das verfassungsgebende Parlament, das nach dem Sieg der Straßenkämpfe in der Frankfurter Paulskirche zusammentrat, sah anders aus. Die Hälfte der Abgeordneten waren Beamte, überwiegend liberale Juristen. 95% der Delegierten hatten das Abitur absolviert, 49 Professoren waren vertreten. Es war eine Versammlung von Bildungsbürgern. «Arbeitsmänner» oder «-frauen» gab es dort nicht und lediglich zwei Sozialisten waren vertreten: Wilhelm Wolff, ein Gründungsmitglied des Bundes der Kommunisten, und Arnold Ruge, ehemaliger Mitstreiter von Marx bei den Deutsch-Französischen Jahrbüchern.

Viele führende Mitglieder des Bundes waren nach Deutschland zurückgekehrt, um dort in das revolutionäre Geschehen einzugreifen. Jedoch verhinderte nicht nur ihre geringe Zahl eine wirksame Einflußnahme. Auch die Eigendynamik der Geschehnisse brachte Meinungsverschiedenheiten zutage. Das Kommunistische Manifest machte klare Aussagen für den Fall einer Revolution: «In Deutschland kämpft die Kommunistische Partei, sobald die Bourgeoisie revolutionär auftritt, gemeinsam mit der Bourgeoisie gegen die absolute Monarchie, das feudale Grundeigentum und die Kleinbürgerei. Sie unterläßt aber keinen Augenblick, bei den Arbeitern ein möglichst klares Bewußtsein über den feindlichen Gegensatz zwischen Bourgeoisie und Proletariat herauszuarbeiten» (MEW 4: 492).

Marx selbst hielt sich strikt an dieses Programm und unterstützte zunächst den radikaldemokratischen Flügel des Bürgertums (Mehring 1974: 161–196). Er organisierte sich deshalb nicht im Kölner *Arbeiterverein*, sondern in der bürgerlichen *Demokratischen Gesellschaft.* Die Tätigkeit beider Vereine wurde durch die in der Revolution errungene Versammlungs- und Vereinigungsfreiheit überhaupt erst ermöglicht. Die Fessel der Karlsbader Beschlüsse von 1819 war gesprengt und sowohl das Bürgertum als auch die Arbeiter und Arbeiterinnen konnten ungehindert diskutieren und politische Forderungen artikulieren.

Die deutschen Arbeiter und Arbeiterinnen hatten damit das erste Mal überhaupt in der deutschen Geschichte die Gelegen-

3 Mit dem Grabmal für Henriette Fuchs ist auch das Denkmal einer Frau erhalten, an sie wird jedoch nicht als Kämpferin, sondern als «Opfer der Ereignisse des 18. März» erinnert.

heit, legale Organisationen aufzubauen. Sie nutzten dies ausgiebig, weshalb viele Historiker und Historikerinnen wie z. B. Helga Grebing, Arno Klönne und Axel Kuhn den Beginn der Arbeiterbewegung erst für das Jahr 1848 ansetzen.

Arbeitervereine bildeten sich in allen deutschen Teilstaaten, meist lokal und spontan, mit unterschiedlichen Organisationsformen und Zielen. Sie widmeten sich der Bildungsarbeit, aber auch der Interessenvertretung in Lohnkämpfen und anderen sozialen Konflikten. Politische Zentren dieser Vereinsbildung waren einerseits der Niederrhein, wo sich mit dem *Kölner Arbeiterverein* die größte Arbeiterorganisation Deutschlands herausbildete. Der Verein wurde geleitet von Andreas Gottschalk, einem ehemaligen Mitglied des Bundes der Kommunisten, der sich jedoch im Mai 1848 mit Marx überworfen hatte. Das zweite Zentrum der Bewegung war Berlin, wo unter der Leitung von Stephan Born mit der *«Allgemeinen deutschen Arbeiterverbrüderung»* eine erste gesamtdeutsche Arbeiterorganisation entstand. Auch die ersten deutschen Gewerkschaften der Zigarrendreher und Buchdrucker wirkten hier und kämpften gemeinsam mit der Arbeiterverbrüderung. Born war Mitglied des «Bundes der Kommunisten», arbeitete jedoch unabhängig von dessen Leitung und setzte sich zum Mißfallen von Marx und Engels eine ganz eigene Agenda.

## *Die allgemeine deutsche Arbeiterverbrüderung*

**S**tephan Born war der Sohn eines Maklers, hatte jedoch das Gymnasium nicht abgeschlossen, sondern eine Buchdruckerlehre absolviert. Er ging später auf Wanderschaft und schloß sich 1846 in Paris dem «Bund der Gerechtigkeit» an, nach der Umwandlung in den «Bund der Kommunisten» blieb er dabei und wirkte als dessen Abgesandter. Auch nach Deutschland ging er in direktem Auftrag des Bundes – wurde jedoch schnell von den Ereignissen mitgerissen. Born schrieb später über sein Wirken in der Revolution: «Weggewischt waren für mich mit einem Male alle kommunistischen Gedanken, sie standen mit dem, was die Gegenwart forderte, in gar keinem Zusammenhang. Man hätte mich ausgelacht oder bemitleidet, hätte ich mich als

Kommunisten gegeben. Der war ich auch nicht mehr. Was kümmerten mich entfernte Jahrhunderte, wo jede Stunde mir dringende Aufgaben und Arbeit in Fülle darbot!» (Born 1898: 65).

Im Einklang mit dem Kommunistischen Manifest war Born sich bewußt, daß eine proletarische Revolution in Deutschland nicht auf der Tagesordnung stand. Im Unterschied zu Marx zog er daraus jedoch nicht den Schluß, zunächst den radikalen Teil des Bürgertums zu unterstützen, sondern trieb die Organisation der Handwerker, Arbeiter und Arbeiterinnen voran. Er stellte deren unmittelbare soziale Forderungen z. B. nach verbesserten Arbeitsbedingungen in den Vordergrund und vertrat damit ein reformorientiertes Programm. Gerade diese Konzentration auf die Tagesnöte der Arbeitenden dürfte jedoch zur ungeheuren Popularität der Arbeiterverbrüderung beigetragen haben, in der sich 170 Ortsvereine zusammengeschlossen hatten, die etwa 15.000 Mitglieder vertraten (Kuhn 2004: 47). Somit war es Stephan Born, der den von Marx und Engels geforderten Schritt vom Geheimbund zur Massenbewegung praktisch umsetzte.

Begonnen hatte die Arbeiterverbrüderung mit einer Arbeiterversammlung im April 1848, die ein Zentralkomitee aus 28 Mitgliedern wählte; jedes davon vertrat einen Beruf – auch hier schimmerte klar die zünftig-handwerkliche Tradition durch. Born als Vorsitzender des Berliner Zentralkomitees rief im Juni gemeinsam mit anderen Arbeitervereinen aus Berlin und Hamburg zur Gründung eines gesamtdeutschen «Arbeiterparlaments» auf. Der Aufruf stieß auf große Resonanz und vom 23. August bis zum 3. September 1848 fand eine Konferenz statt, die zum Gründungskongreß der Arbeiterverbrüderung wurde. Die Organisation war in ganz Deutschland aktiv, hatte ihre Schwerpunkte jedoch in Sachsen und Preußen, teilweise auch in Franken und Württemberg. Sie gab eine Zeitschrift unter dem Titel «Die Verbrüderung» heraus, ihr Verbandssymbol war der «Handschlag», eine Abbildung zweier verschlungener Hände in einem Blätterkranz. Dieses Symbol der Solidarität kehrte in der Arbeiterbewegung immer wieder, sogar die SED wählte es 1946 als Logo, um ihren Anspruch auf Weiterführung der Bewegungstraditionen zu unterstreichen.

Die Arbeiterverbrüderung übernahm auch gewerkschaftliche Aufgaben, zudem widmeten sich die Ortsvereine der «Verbrüderung» politischen Diskussionen, der Bildungsarbeit und sozialen Fragen. Sie forderten die Einrichtung von Produktivgenossenschaften, Arbeitsschutzgesetze, Schulpflicht und kostenlosen Schulbesuch sowie Unterstützung für jene Arbeiter und Arbeiterinnen, die durch Alter, Krankheit oder Unfälle ihren Lebensunterhalt nicht mehr bestreiten konnten.

Trotz oder gerade wegen ihres «reformistischen» Ansatzes waren die Verbrüderung und auch Stephan Born als Person entschiedene Verteidiger der Revolution – denn ohne deren demokratische Strukturen war alles Reformstreben hinfällig.

Born selbst beteiligte sich am Dresdener Aufstand vom Mai 1849, in dem auch der Komponist Richard Wagner und der russische Anarchist Michail Bakunin auf den Barrikaden standen. Der Aufstand war Teil der sogenannten «Reichsverfassungskampagne». Hier verteidigten Linke und Radikaldemokraten die Verfassung des Paulskirchenparlaments gegen die sich überall festigende Kontrolle der monarchistischen Armeen unter Führung Preußens. In dieses letzte Aufflackern der Revolution fiel auch der Dresdener Aufstand, in dem Bakunin die Verteidigung der Stadt leitete. Bakunin blieb zeitlebens ein Feind des Staates und der Autorität und mußte dafür in den nächsten Jahrzehnten zahlreiche Gefängnisaufenthalte erdulden (Wilson 1963: 222–246). Sein damaliger Kampfgefährte Wagner hingegen wurde in späteren Jahren zum national-völkischen Hofkomponisten und sonnte sich im Glanz deutscher Fürstenhäuser. Die Begegnung der beiden ungleichen Revolutionäre, vor allem jedoch ihre kurze Dauer hat Symbolcharakter: Der gemeinsame revolutionäre Aufbruch von radikalem Bürgertum und frühen Sozialisten blieb eine Ausnahme in der deutschen Geschichte, genauso wie der gemeinsame Kampf deutscher und russischer Revolutionäre.

Der Dresdener Aufstand und die Reichsverfassungskampagne waren beide erfolglos, und mit dem Scheitern der Revolution wurde auch die Arbeiterverbrüderung zerschlagen. Teilvereine konnten in Württemberg noch bis 1854 weiterarbeiten, aber das Zentralkomitee wurde bereits 1850 aufgelöst. Born selbst ging ins Exil in die Schweiz und arbeitete dort als Journalist, bevor er schließlich Professor für Literatur wurde.

## *Marx und der Kölner Arbeiterverein*

**D**er Kölner Arbeiterverein nimmt in der Geschichte der Arbeiterbewegung nicht deswegen eine prominente Rolle ein, weil er zeitweilig von Karl Marx geleitet wurde, sondern weil er mit etwa fünf- bis siebentausend Mitgliedern eine Massenorganisation war (Kuhn 2004: 49). Seine Bedeutung reichte durchaus an die der Arbeiterverbrüderung heran, insbesondere wenn man berücksichtigt, daß andere starke Arbeitervereine der Region, etwa in Trier und Düsseldorf, sich an ihm orientierten. Der Kölner Arbeiterverein widmete sich ähnlichen Themen wie die Arbeiterverbrüderung, es wurde vor allem die Ergänzung der politischen durch soziale Rechte zum Schutz der Lohnabhängigen gefordert. Man forderte aber auch die konsequente Umsetzung des Demokratieprinzips in der Revolution. So sprach sich etwa die Vereinsführung unter Andreas Gottschalk für einen Boykott der Wahlen zur Nationalversammlung aus, weil die Delegierten nicht direkt, sondern indirekt gewählt wurden.

Während Marx und Engels sich zunächst in der linksbürgerlichen «Demokratischen Gesellschaft» engagierten, traten die Kommunisten Karl Schapper und Joseph Moll dem Kölner Arbeiterverein bei. Nach der Verhaftung des ursprünglichen Präsidenten Andreas Gottschalk übernahmen sie die Leitung des Verbandes. Jedoch zeigte der Verein auch in dieser Phase kein Interesse daran, sich mit den Norddeutschen Arbeitervereinen zu vernetzen und schickte keine Delegierten zum Gründungskongress der Arbeiterverbrüderung.

Auch als Karl Marx in einer Krisensituation Ende 1848 selbst die Leitung des Arbeitervereins übernahm, lag sein Interesse weiterhin in Beeinflussung und Radikalisierung des Bürgertums. Die bürgerliche Revolution sollte abgesichert und vertieft werden, um erst die Bedingungen für eine proletarische Revolution zu schaffen. Daher war Marx hauptsächlich mit seiner Position als Chefredakteur der «Neuen Rheinischen Zeitung» beschäftigt, die den Untertitel «Organ der Demokratie» trug. Neben der Unterstützung der deutschen Demokratie sympathisierte die Zeitung auch mit der italienischen und polnischen Freiheitsbewegung und trat für einen Revolutionskrieg gegen das zaristische Rußland ein, das nicht nur die Polen direkt unterdrückte, sondern als Schutzmacht der europäischen Monarchien galt.

Erst als die Revolution ins Wanken geriet und das Bürgertum seiner historischen Rolle einfach nicht gerecht werden wollte, setzte bei Marx und seinen Anhängern ein Umdenken ein. Der Kölner Arbeiterverein trat 1849 aus dem «Verband der demokratischen Vereine Deutschlands» aus und schloss sich doch noch der Arbeiterverbrüderung an. Auch die *Neue Rheinische Zeitung* öffnete sich mehr für die Themen der Arbeitervereine – Marx selbst veröffentlichte hier im April 1849 seine berühmte Schrift «Lohnarbeit und Kapital». Diese Wendung konnte jedoch keinen Einfluß mehr auf den Verlauf der Revolution nehmen. Die Zeitung wurde verboten, Marx und Engels mussten ins Exil gehen, ebenso die anderen Mitglieder des Bundes der Kommunisten.

## *Die Niederlage der Revolution*

**D**er Verlauf der Revolution stieg und fiel mit der Kampfkraft und Entschlossenheit des deutschen Bürgertums, das die Agenda formulierte und aus dessen Reihen die meisten politischen Führungsfiguren kamen. Denn während die Arbeitervereine sich erst in der Revolution gründeten und kaum Zeit hatten, organisierte Strukturen und eine eigene Schicht von organischen Intellektuellen aufzubauen, war das liberale Bürgertum schon seit langem auf der politischen Bühne präsent. Dies erklärt, warum die Kommunisten Marx und Engels so sehr auf das Bürgertum setzten. Dessen Entschlossenheit schätzten sie jedoch völlig falsch ein.

Der Widerstand der Fürsten und Monarchen gegen demokratische Reformen und die auf friedlichem Wege kaum zu erreichende nationale Einheit hatten die seltsame Erscheinung bewirkt, daß deutsche Richter, Staatsanwälte und Professoren sich in Frankfurt zu einem revolutionären Parlament zusammenfanden. Fabrikanten und Geschäftsleute waren kaum vertreten, Beamte und Bildungsbürgertum dominierten die politische Bühne.

Mit der Forderung nach Demokratie hatte diese gesellschaftliche Elite eine Mehrheit mobilisiert, sie scheute sich jedoch im Verlauf der Revolution zunehmend vor den Konsequenzen der eigenen Taten. Grund dafür waren weniger die moderaten

Forderungen der deutschen Arbeitervereine, sondern der Verlauf der 1848er Revolution in Frankreich. Hier waren die Entwicklungen weiter fortgeschritten – die nationale Einheit war verwirklicht, die Industrialisierung im Gange. Dies bedeutete, daß die soziale Frage weit breiteren Raum einnahm und die Arbeitenden sich stärker ins revolutionäre Geschehen einbrachten. Sie hatten es im Verlauf der Revolution geschafft, daß der französische Staat sich ihrer Forderungen annahm und staatliche Nationalwerkstätten gegen die Arbeitslosigkeit errichtete (Abendroth 1985: 58–63). Die angekündigte Schließung dieser Werkstätten im Juni 1848 löste einen Aufstand aus, der von dem republikanischen General Cavaignac im Auftrag der Nationalversammlung blutig niedergeschlagen wurde. Die Straßenkämpfe in Paris dauerten vier Tage und forderten mehrere tausend Tote. Dieser erste direkte Kampf zwischen Proletariat und Bürgertum wirkte wie ein Schock auf die deutsche Revolution. Friedrich Engels schrieb dazu: «Und zwar erschrak die deutsche Bourgeoisie damals nicht so sehr vor dem deutschen wie vor dem französischen Proletariat. Die Pariser Junischlacht 1848 zeigte ihr, was sie zu erwarten habe; das deutsche Proletariat war gerade erregt genug, um ihr zu beweisen, daß auch hier die Saat für dieselbe Ernte schon im Boden stecke; und von dem Tage an war der politischen Aktion der Bourgeoisie die Spitze abgebrochen» (MEW 16: 397).

Anstatt die Monarchen zu entmachten, bot die Paulskirchenversammlung schließlich im März 1849 dem preußischen König das Amt des deutschen Kaisers in einer konstitutionellen Monarchie an – dieser lehnte jedoch ab. Inzwischen hatten er und die anderen Monarchen ihre politische Macht soweit zurückgewonnen, daß sie aktiv zur Konterrevolution schreiten konnten.

## *Die Reaktion der 1850er Jahre*

**A**uf die Niederlage der Revolution folgte eine Welle konservativer Gegenmaßnahmen: die Reaktion. Monarchie, Großbürgertum und Landadel hatten ihre Herrschaft in den deutschen Ländern behaupten können, die Revolutionäre wurden zur Auswanderung oder zur politischen Untätigkeit gezwungen. Den

Rest besorgte die preußische Polizei, die 1852 im sogenannten «Kölner Kommunistenprozess» einen Schauprozeß gegen führende Mitglieder des Bundes der Kommunisten führte. Den Verteidigern gelang es zwar, zahlreiche gefälschte Beweise aufzudecken und die Öffentlichkeit zu mobilisieren, auch Karl Marx kämpfte mit Artikeln aus dem Londoner Exil um die Entlastung der Angeklagten.

Dennoch wurden mehrere Mitglieder des Kommunistenbundes zu Haftstrafen von drei bis sechs Jahren verurteilt. Der schon während der Revolution desorganisierte Bund löste sich Ende 1852 formell auf.

Weniger spektakulär, aber umso gründlicher rechnete die Polizei mit den Arbeitervereinen ab. In einem Klima, das an die Karlsbader Beschlüsse von 1819 erinnerte, wurden die Arbeiterverbrüderung, sämtliche Arbeitervereine und ihre Presse verboten – allenfalls unpolitische Unterstützungskassen wurden geduldet. Die überregional organisierte Arbeiterbewegung in Deutschland war kurz nach ihrer Entstehung bereits wieder zerschlagen worden.

Wenig greifbar für die Polizeibehörden waren jedoch die traditionellen Gesellenbünde der Handwerker, die auch in den reaktionären 1850er Jahren erfolgreiche Arbeitskämpfe führten (Schneider 1971: 23f). Sie stützten sich vor allem auf die Mobilität der Wandergesellen, die trotz aller Verbote starke überregionale Kontakte der einzelnen Berufsgruppen aufrechterhielten. Gemeinsame Treffs in bestimmten Stammkneipen dienten den Wandergesellen zur Vermittlung von Unterkunft und Arbeitsgelegenheiten, vor allem aber auch zum Nachrichtenaustausch. Handwerksmeister und Unternehmer, die sich durch schlechte Behandlung oder Bezahlung hervortaten, konnten immer wieder erfolgreich mit Streiks und Boykotten zum Einlenken gezwungen werden. Grundlage des Erfolges solcher Kämpfe war die Solidarität der einzelnen Handwerksgruppen. Die Gesellen bestimmter Berufe bildeten eine verschworene Gemeinschaft, die sich durch offene und geheime Zeichen erkannte. Wer durch die Annahme von Arbeit in einem boykottierten Betrieb diese Gemeinschaft brach, verlor nicht nur seine Ehre, sondern auch jede materielle Unterstützung. Er wäre von Arbeitsvermittlung, Nothilfe und Unterkunft in den gemeinsam genutzten Herbergen ausgeschlossen worden. Boykotte wurden daher strikt befolgt, oft reichte schon ihre Androhung, um erheblichen Druck auszuüben. Die Geschlossenheit der Handwerksgesellen und ihre überregionale Verbindung führte dazu, daß sie mit ihren aus vorindustrieller Zeit stammenden Kampfformen auch in der Reaktionsphase Widerstand leisten konnten. Wegen der allgemeinen Verbreitung dieser Widerstandsformen spricht der Historiker Dieter Schneider sogar von der «weitverbreiteten Legende von den toten fünfziger Jahren» und sieht die 1850er als ein durchaus aktives Jahrzehnt der Arbeiterbewegung (Schneider 1971: 24).

Dazu paßt die Tatsache, daß auch außerhalb des Handwerks sich die Wirtschaft stürmisch entwickelte. Denn in den 1850ern erlebte Deutschland einen enormen wirtschaftlichen Aufschwung, der den Beginn der eigentlichen Industrialisierung markierte. Die Grundlagen dafür wurden bereits 1833/34 mit der Gründung des «Deutschen Zollvereins» gelegt, in dem unter preußischer Führung 18 deutsche Staaten mit einer Bevölkerung von 23 Millionen Menschen einen gemeinsamen Binnenmarkt bildeten. Freihandel war dies jedoch nicht: Der neu entstandene Wirtschaftsraum wurde durch einheitliche Grenzzölle ganz bewußt vor ausländischen Importen geschützt, damit sich die einheimische Industrie ungestört entwickeln konnte. Der staatlich forcierte Eisenbahnbau trug dazu bei, daß der politisch geschaffene Wirtschaftsraum keine Abstraktion blieb: Die immer weiter sinkenden Transportkosten machten es zunehmend sinnvoll, Waren in großer Stückzahl für überregionale Märkte zu produzieren. Gleichzeitig schuf der Ausbau des Verkehrsnetzes selbst eine enorme Nachfrage, z. B. in der Stahlindustrie. Während 1850 in Preußen 498 Lokomotiven auf 3.869 Kilometer Schiene fuhren, waren es zwanzig Jahre später schon 3.485 Lokomotiven auf 11.235 Kilometern Schienennetz (Grebing 1966: 48–50).

Verkehrsinfrastruktur, Binnenmarkt und staatlicher Protektionismus schufen die Voraussetzungen dafür, daß die Industrialisierung in Deutschland ins Rollen kam. Dazu gehörten auch schwere Wirtschaftskrisen wie 1857 und 1873, aber die industriell-kapitalistische Entwicklung als solche konnte nicht mehr aufgehalten werden. Dies hatte politische und soziale Folgen – der sich immer weiter entfaltende Widerspruch von Kapital und Arbeit ließ sich nicht verbieten. Es gab immer wieder wilde

Streiks, Arbeits- und Lohnkämpfe, auch wenn dazu verläßliche Statistiken fehlen. Die Proletarisierung der Bevölkerung ging weiter, während sich gleichzeitig eine immer selbstbewußtere Schicht von Facharbeitern herausbildete. Diese überwiegend männliche Spezialistengruppe stand zwar in der Tradition des Handwerkes, kämpfte jedoch nicht mehr für den Traum vom eigenen Kleinbetrieb. Sie identifizierte sich zunehmend als «Arbeiter» und wurde in den 1860ern zur Basis für eine Neubelebung der sozialistischen Bewegung.

## *Ferdinand Lassalle und die Neugründung der Arbeiterbewegung*

**T**rotz aller Brüche und Identitätskrisen wird das Jahr 1863 bis heute von der SPD als Gründungsdatum gefeiert. Denn 1863 gründete Ferdinand Lassalle den «Allgemeinen deutschen Arbeiterverein» (ADAV), die erste deutsche Arbeiterpartei im modernen Sinne.

Neben den «Lassalleanern» gründete sich 1869 mit den «Eisenachern» um Wilhelm Liebknecht und August Bebel eine zweite Arbeiterpartei. Beiden gemeinsam war jedoch die Erkenntnis, daß nur eine vom Bürgertum unabhängige Organisation die Interessen der Arbeitenden vertreten könne.

Der erste, der dies offen formulierte und in die Tat umsetzte, war Ferdinand Lassalle. Er wurde 1825 als Sohn des jüdischen Seidenhändlers Heyman Lassal in Breslau geboren, später gab er seinem Namen die französische Form (Wilson 1963: 195–222). Der junge Ferdinand besuchte eine Leipziger Handelsschule und lebte von Jugendtagen an in ständigem Konflikt mit seiner Umgebung. Schon als Zwölfjähriger forderte er Mitschüler zu Duellen auf, der Schulrektor riet ihm wegen seines Geltungsdrangs zur Aufnahme einer Schauspielkarriere. Er legte ihm die Rolle des Shylock ans Herz – eine Figur aus Shakespeares «Kaufmann von Venedig», die das Stereotyp des raffgierigen Juden in eine populäre Form brachte. Lassalle hatte wie alle Juden seiner Zeit hart mit solchen Zerrbildern zu kämpfen. Ihm wurden Frühreife und Aufschneiderei nicht verziehen, während sie bei anderen Bürgersöhnen als Zeichen von Lebendigkeit galten.

Alle Diskriminierungen stachelten ihn jedoch nur zusätzlich an. Gegen zahlreiche Widerstände setzte er durch, an einem katholischen Gymnasium zum Abitur zugelassen zu werden. Ein preußischer Regierungskommissar ließ ihn jedoch trotz guter Leistungen unter Protest der Prüfungskommission durchfallen. Der Kommissar begründete dies auf kuriose Weise: Auch sein eigener Sohn sei nie über die sechste Klasse hinausgekommen, und man hätte Lassalle von vornherein nicht zulassen dürfen. Lassalle gab nicht auf und bestand die Prüfung im nächsten Jahr. Konflikten ging er nicht aus dem Weg, sondern suchte sie geradezu – an der Universität Breslau wurde er kurz nach Studienanfang verhaftet und verbüßte eine zehntägige Gefängnisstrafe, weil er sich an einer Demonstration junghegelianischer Studenten beteiligt hatte.

Lassalle war fasziniert von Hegel. Eine Zeitlang hielt er sich selbst für den Resonanzboden des Hegelschen Weltgeistes, beschimpfte seinen Vater als Bourgeois und stellte gleichzeitig dreiste Geldforderungen an ihn, um den eigenen Lebensstil als Dandy und Frauenheld zu finanzieren.

Neben dem bürgerlichen Flitter nahm Lassalle als Jugendlicher jedoch auch die Schlesischen Weberaufstände wahr, was ihn sehr prägte. Lassalle sagte später einmal von sich, daß er ab 1840 ein Revolutionär und seit 1843 ein Sozialist gewesen sei – also seit dem siebzehnten Lebensjahr.

Berühmt wurde er jedoch nicht als Politiker, sondern durch einen aufsehenerregenden Scheidungsprozeß. Ab 1846 vertrat er die Gräfin Sophie von Hatzfeld vor Gericht gegen ihren Mann – damals war es eine seltene und unerhörte Tat, wenn eine Frau sich von ihrem Mann trennte. Lassalle hatte nicht Jura, sondern Philosophie studiert – dies störte jedoch niemanden. Ganz im Gegenteil: Seine Gerichtsreden erregten die öffentliche Meinung. Lassalle konnte stundenlange Monologe halten, fesselte die Zuhörer mit Charisma, während er die Gegner mit aggressiven Angriffen lähmte. So kam es schnell dazu, daß er bald öfter als Angeklagter denn als Verteidiger vor Gericht zu erscheinen hatte. Die Revolution von 1848 erlebte Lassalle daher nicht wie Engels oder Bakunin auf den Barrikaden, sondern im Gefängnis. Er hatte einen Einbruch in die Gemächer des Grafen von Hatzfeld angestiftet, um Beweise für den Scheidungsprozeß zu sichern. Seine Verteidigungsrede im August 1848 wandelte er kurzerhand um in ein sechsstündiges Plädoyer zur Verteidigung der Menschenrechte, wurde freigesprochen und galt von nun an als revolutionärer Held.

Der organisierten sozialistischen Bewegung stand er jedoch fern. Beim Bund der Kommunisten durfte er nur am Rande aktiv werden, weil Marx und Genossen seinem lebendigen Naturell mißtrauten. Dennoch blieb er über Jahre hinweg ein Bewunderer von Marx: Im Jahr 1861 organisierte er für den Exilanten einen Besuch in Berlin und besorgte Marx einen Platz in der Oper gegenüber der königlichen Loge – «um die königliche Familie zu beleidigen» (Wilson 1963: 205).

Möglich wurde diese Provokation durch einen Thronwechsel in Preußen. Der neue Herrscher Wilhelm I. brachte eine Amnestie für politische Gegner auf den Weg. Bereits drei Jahre zuvor hatten die Liberalen im Preußischen Landtag einen erdrutschartigen Wahlsieg gegen die Konservativen errungen – die Reaktionsphase neigte sich dem Ende zu. Das neue Selbstbewußtsein der Bürger schlug sich in zahlreichen Vereinsgründungen nieder, an denen sich auch zunehmend die Arbeiter beteiligten. Arbeiterinnen und auch den Bürgersfrauen blieb hingegen die Teilnahme in politischen Vereinen bis 1908 durch das preußische Vereinsrecht verboten, allenfalls wohltätige Vereinigungen wurden geduldet. Im Jahr nach der Thronbesteigung kam es zum Konflikt zwischen der liberalen Mehrheit im Landtag und der preußischen Monarchie: Der Kriegsminister Roon verlangte eine Erhöhung des Militärbudgets und eine Ausweitung der Wehrpflicht auf drei Jahre. Seine Begründung für diese Maßnahme: Die ersten zwei Jahre bräuchte es, um die Soldaten zu lehren, auf den Feind zu schießen. Das dritte sollte ihnen beibringen, bei entsprechendem Befehl auch auf Vater und Mutter zu schießen (Wilson 1963: 209).

Diese Provokation löste eine Entwicklung aus, die als Preußischer Verfassungskonflikt in die Geschichte einging. Die Liberalen verweigerten die Zustimmung zum Haushalt, und der König suchte nun eine Regierung, die für ihn auch gegen Verfassung und Parlament die Aufrüstung des Militärs durchsetzte. Diese Regierung bildete Otto von Bismarck, ein ostelbischer Junker und Reaktionär reinsten Wassers. Er sollte für die nächsten 28 Jahre die Geschichte Preußens und Deutschlands bestimmen.

Es war kein Zufall, daß Lassalle in dieser aufgewühlten Zeit bei der Arbeiterschaft große Erfolge feiern konnte. Die Liberalen umwarben diese als Wähler, Bismarck und die Konservativen wiederum wollten sie an die Monarchie binden – die Spaltung der herrschenden Klassen schaffte politische Freiräume, die nun genutzt wurden. Eine Rede Lassalles vor Arbeitern der Maschinenindustrie in Oranienburg bei Berlin vom 12. April 1862 ging als «Arbeiterprogramm» in die Geschichte ein. Mit heftigen Worten griff er das Dreiklassenwahlrecht für den Preußischen Landtag an. Dieses Produkt der Reaktionsphase reservierte einer begüterten Elite von dreitausend Wählern in der ersten Wahlklasse genauso viele Stimmen wie der dritten Wahlklasse von über drei Millionen Wählern.

Lassalle forderte die Arbeiter zum Klassenkampf auf, dessen erste Forderung und wirksamstes Mittel ein allgemeines und gleiches Wahlrecht sein sollte. Unter «allgemein» stellte er sich noch das Männerwahlrecht vor. Erst später forderte die Arbeiterbewegung auch das Frauenwahlrecht. Im Kampf um das Wahlrecht, so Lassalle, könne sich die Arbeiterschaft nicht auf die Liberalen verlassen. Sie müßte aus eigener Kraft kämpfen.

Lassalles feurige Rede erschien gedruckt und erregte großes Interesse unter einer wachsenden Schicht von Facharbeitern, die einen neuen Versuch zur politischen Organisierung wagen wollten. Delegierte des Leipziger Arbeitervereins «Vorwärts», die bisher politisch mit der liberalen Fortschrittspartei verbündet waren, traten nun an Lassalle heran. Auf ihre Anfrage hin entwarf er in seinem «Offenen Antwortschreiben» ein sozialistisches Programm, das zum Gründungsdokument des «Allgemeinen deutschen Arbeitervereins» wurde. Lassalle selbst leitete den ADAV jedoch kaum länger als ein Jahr. Im Mai 1863 war die Vereinigung gegründet worden, im August 1864 starb Lassalle. Er fiel seiner eigenen Eitelkeit zum Opfer: Im Streit um die Gunst einer Dame hatte er den rumänischen Adeligen Janko von Racowicza zum Duell gefordert. Den Rat eines Freundes, sich vorher an der Pistole ein wenig zu üben, lehnte Lassalle ab. Er starb, ohne einen einzigen Schuss abgefeuert zu haben (Wilson 1963: 214).

Trotz seines frühen Todes, vielleicht auch gerade deswegen, wurde Lassalle von den deutschen Arbeitern und Arbeiterinnen verehrt wie ein Heiliger. Lieder wurden zu seinen Ehren komponiert, und noch Jahrzehnte später wurde sein Porträt bei Demonstrationen vorneweg getragen.

Seit den Tagen der Arbeiterverbrüderung war Lassalles ADAV der erste Versuch, wieder eine überregionale Arbeiterbewegung ins Leben zu rufen. Auffällig ist, daß hier wie schon beim «Bund der Kommunisten» radikale Handwerker bzw. Facharbeiter die organisatorische Basis bildeten, dann aber einen Intellektuellen mit der Ausarbeitung ihres Programmes beauftragten. Wie Hedwig Wachenheim treffend feststellt, waren die Arbeitervereine jener Zeit «Führerbewegungen» (Wachenheim 1971: 61). Sie wurden geleitet von starken, charismatischen Persönlichkeiten und waren insbesondere in programmatischen Fragen von diesen abhängig. Diese Persönlichkeiten entstammten selbst meist nicht dem Arbeiterstand. Marx, Engels und Lassalle, aber auch Stephan Born kamen alle aus bürgerlichen Verhältnissen, hatten Gymnasium und Universität besucht. Überraschend viele waren jüdischer Herkunft. Dies mag ihre Sensibilität für Diskriminierung und Unterdrückung erklären. Eine weit größere Anzahl von Juden bereitete jedoch den Aufstieg ins Bürgertum vor, anstatt sich zum Feind der bürgerlichen Gesellschaft zu erklären.

Die biographische Ausnahme in der Frühzeit des deutschen Sozialismus war der Schneidergeselle Wilhelm Weitling. Er war ein absoluter Autodidakt ohne höhere Bildung und einer der ersten sozialistischen Politiker, der selbst aus dem Arbeitermilieu kam.

Das Fehlen von Bildung wurde von aufstrebenden Arbeitern und Arbeiterinnen jener Zeit als tiefer Makel empfunden. Bildungsmangel und die vermeintliche eigene «Unreife» waren ein Grund, warum die Appelle der Liberalen für eine kulturelle «Hebung» und langsame materielle Verbesserung des Arbeiterstandes immer wieder auf offene Ohren stießen. Einer der Propagandisten dieser Idee war Hermann Schulze-Delitzsch (1808–1883). Er riet den Arbeitern und Arbeiterinnen vom Klassenkampf ab, förderte aber ihre Selbstorganisation in Kulturvereinigungen und vor allem Genossenschaften. Mit diesen sollten die Arbeitenden durch Bündelung gemeinsamer Ressourcen ihre ökonomische Lage verbessern. Der gesparte Lohn sollte in Spar- und Kreditvereinen gesammelt und zum Stammkapital für eigene Betriebe werden – die heutigen Volksbanken entstanden auf Grundlage dieser Idee. Durch Konsumvereine könnten die Arbeiter und Arbeiterinnen gleichzeitig ihre Einkäufe bündeln und billigere Preise erzielen. Fleiß und Sparsamkeit, so die Maxime von Schulze-Delitzsch, würden die soziale Frage lösen und den Lebensstandard der Massen heben.

Lassalles Ideen und das Programm des ADAV sind nicht zu verstehen ohne die Auseinandersetzungen mit Schulze-Delitzsch und dem Liberalismus. Lassalle propagierte selbst einen genossenschaftlichen Sozialismus und lag damit den Ideen von Schulze-Delitzsch recht nahe. «Den Arbeiterstand zu seinem eigenen Unternehmer machen» war sein Ziel, um die Arbeitenden in den Genuß des «vollen Arbeitsertrages» zu bringen. Lassalle war sich jedoch bewußt, daß durch fleißiges Sparen von den ohnehin schon niedrigen Arbeitslöhnen niemals eine Genossenschaftsbewegung entstehen würde, die das Kapital als ökonomische Macht herausfordern könnte. Er nannte diesen Zusammenhang das «eherne Lohngesetz» und postulierte, daß im Kapitalismus die Arbeitslöhne stets nur das Existenzminimum abdecken würden. Aus diesem Grunde lehnte er auch Streiks und gewerkschaftliche Arbeit ab – eine Praxis, mit der seine Nachfolger auf Druck der Basis jedoch schnell brachen.

Lassalle propagierte weder Sparen noch Streiks, sondern Kredite und Staatseingriffe als Mittel, um die Umstellung der kapitalistischen Wirtschaft auf eine genossenschaftliche Produktion zu ermöglichen. Der gegenwärtige preußische Staat denke jedoch nicht daran, den arbeitenden Klassen auf diese Weise zur Hilfe zu kommen. Daher sei die Erreichung des allgemeinen Wahlrechtes die vordringliche Aufgabe einer neu zu schaffenden Arbeiterbewegung.

Wenn die Arbeiterklasse als große Mehrheit der Bevölkerung Parlament und Regierung frei wählen könne, würde sie schnell den Staat in ihrem Sinne als «große Assoziation der arbeitenden Klassen» in Besitz nehmen. «Blicken sie nicht nach rechts noch links, seien sie taub für alles, was nicht allgemeines und direktes Wahlrecht heißt», rief er seinen Anhängern im «offenen Antwortschreiben» zu (Weber 1991: 61). Obwohl er ständig für Demokratie agitierte, führte Lassalle seinen ADAV in diktatorischer Weise: Als Präsident genoß er absolute Vollmachten und kontrollierte sogar die einzelnen Ortsgruppen des ADAV. Lassalle fühlte sich bald so sehr als König im eigenen Reich, daß er mit Bismarck einen Briefwechsel «auf Augenhöhe» führte, um eine soziale Wende der Monarchie zu fordern.

Die Mitglieder ließen sich diese Behandlung zunächst gefallen, wozu Lassalles Charisma wesentlich beitrug. Einige Vereine legten jedoch Wert auf ihre Unabhängigkeit und schlossen sich dem ADAV nicht an. Ende 1863 hatten die Lassalleaner 1.000 Mitglieder, ein Jahr später waren es 4.600. Für Lassalle, der mit 100.000 Leuten gerechnet hatte, war dies mehr als enttäuschend. Dennoch war der ADAV damit innerhalb von nur zwei Jahren zur zweitgrößten Arbeitervereinigung nach den Liberalen geworden.

Lassalles Programm läßt sich in einem Dreischritt zusammenfassen: erst allgemeines Wahlrecht, dann Staatskredit und Produktivgenossenschaften, mit dem Endziel einer «wahrhaften Beseitigung der Klassengegensätze», wie es im Programm des ADAV hieß.

Damit unterschied er sich deutlich von Marx und Engels, die in ihrem Kommunistischen Manifest zwar auch die Übernahme des Staates gefordert hatten – dies jedoch nicht durch Wahlen, sondern durch eine Revolution erreichen wollten. Obwohl auch sie den Staat als unabdingbares Werkzeug zur Errichtung der kommunistischen Gesellschaft sahen und als Zwischenphase eine Diktatur des Proletariats anstrebten, erwarteten sie langfristig ein Absterben des Staates. Sie stellten fest, die öffentliche Gewalt würde mit dem Ende der Klassengegensätze ihren politischen Charakter verlieren und sich verwandeln in eine «Assoziation, worin die freie Entwicklung eines jeden die Bedingung für die freie Entwicklung aller ist» (MEW 4: 482). Lassalle hingegen stellte in seinem Antwortschreiben fest, «daß der Staat überhaupt gar nichts anderes als die große Organisation, die große Assoziation der arbeitenden Klassen ist» (Weber 1991: 59).

Zwar hätte auch in den liberalen 1860er Jahren ein Verein zur revolutionären Überwindung des Staates wohl kaum legal auftreten können. Jedoch führt Wolfgang Abendroth Lassalles mangelnde Staatskritik zu Recht nicht auf Zensur, sondern auf die Nähe zur Philosophie des deutschen Idealismus zurück (Abendroth 1985: 91). Dessen Vertreter Hegel und Fichte hatten den Staat stets als idealen Ausdruck von Allgemeinwohl und kollektivem Willen gesehen. Kritische Vertreter dieser Philosophie wie die Linkshegelianer fügten zwar hinzu, daß nicht der existierende preußische Staat, sondern erst ein reformierter und demokratischer Staat diese Kriterien erfülle. Aber erst Marx griff den bürgerlichen Staat *an sich* als Instrument der Klassenherrschaft an und forderte dessen Verschwinden.

Die Kontroverse um den Umgang mit Wahlrecht und Staat wurde zu einer Konstante in der sozialistischen Bewegung, nicht nur in Deutschland. Sie war und ist ein Grundproblem aller sozialen Bewegungen, die sich der Frage stellen müssen, an wen sie ihre Forderungen richten und mit welchen Mitteln eine sozialistische Transformation der Gesellschaft stattfinden soll.

Spätere Interpretationen haben angesichts dieses Dauerkonflikts immer wieder versucht, Lassalle für den Reformismus zu reklamieren und mit ihm das revolutionäre Erbe der Arbeiterbewegung zu relativieren. Lassalles Widersacher August Bebel und seine Sozialdemokratische Arbeiterpartei (SDAP) hingegen wurden von der DDR-Geschichtswissenschaft als «wahre Marxisten» in eine direkte Linie zur SED gebracht. Faktisch jedoch teilten beide Gruppierungen viele Gemeinsamkeiten.

## *August Bebel, Wilhelm Liebknecht und die Eisenacher SDAP*

**E**iner der Kritiker Lassalles war August Bebel (1840–1913). Bebel war nach Weitling eine der ersten Führungspersönlichkeiten des Sozialismus, die selbst aus der Arbeiterklasse kam. Als Sohn eines Unteroffiziers wurde er schon mit 13 Jahren Vollwaise und war auf die Unterstützung eines wohltätigen Fonds angewiesen, um die Volksschule zu beenden. 1854 begann er eine Drechslerlehre und versuchte, sich neben der Arbeit durch Lektüre zu bilden. Dieser Bildungshunger führte Bebel 1861 in den «Gewerblichen Bildungsverein» in Leipzig. Der Verein war eine der vielen Gründungen jener Zeit, mit denen die Liberalen kulturelle und politische Aktivitäten der Arbeiterschaft fördern wollten, um sie gleichzeitig als Wähler und politische Basis an sich zu binden.

Bebel wandelte sich innerhalb des liberalen Vereinswesens schnell vom Konsumenten zum Organisator, indem er die Vereinsbibliothek leitete und Mitglied des Vorstandes wurde. Einer Politisierung des Leipziger Bildungsvereines widersetzte er sich jedoch zunächst. Mitglieder wie Julius Vahlteich, die dieses Ziel anstrebten, wurden 1862 aus dem Bildungsverein ausgestoßen und gründeten den Verein «Vorwärts» – genau jener Verein, der schließlich an Lassalle herantrat und zur Keimzelle des ADAV wurde.

Als Reaktion auf die Gründung des ADAV organisierten sich die liberalen Bildungsvereine in einem überregionalen Vereinstag, der am 7. Juni 1863 in Frankfurt am Main zum ersten Mal zusammenkam. Es sollte verhindert werden, daß Lassalles Gruppe die Arbeiterschaft von den Liberalen und ihrer neu gegründeten «Fortschrittspartei» löste.

Beim ersten Vereinstag erschienen 110 Delegierte aus 54 Vereinen. Im Folgejahr waren schon 106 Vereine dabei, die geschätzte 23.000 Mitglieder vertraten – deutlich mehr als die Lassalleaner bisher aufweisen konnten (Wachenheim 1971: 99). Auf den nun jährlich stattfindenden Treffen wurden das Genossenschaftswesen, Sparvereine und immer wieder auch Fragen der Bildung behandelt, Bebel selbst hielt beim ersten Vereinstag ein Referat zu diesem Thema. Gefeierter Festredner war jedoch Hermann Schulze-Delitzsch mit seiner Genossenschaftsidee.

Im Laufe der Zeit wuchsen allerdings die Spannungen zwischen bürgerlichen Wohltätern und der Vereinsbasis. Persönlichkeiten wie Bebel, die lange an der politischen Reife der Arbeiter und Arbeiterinnen gezweifelt hatten, begannen sich zu emanzipieren. Bebels Abneigung gegen die Lassalleaner blieb bestehen, obwohl er sich nun von deren Texten inspirieren ließ: «Ich bin […], wie fast alle, die damals Sozialisten wurden, über Lassalle zu Marx gekommen. Lassalles Schriften waren in unseren Händen, noch ehe wir eine Schrift von Marx und Engels kannten» (Bebel 1910: 100f). Erst über den Kontakt mit Wilhelm Liebknecht, der in London zum Kreis von Marx und Engels gehört hatte, kam Bebel schließlich zum Marxismus und trat 1866 als Einzelmitglied der Ersten Internationale bei.

August Bebels Kollege Wilhelm Liebknecht (1826–1900) stammte aus einer protestantisch geprägten Beamtenfamilie und kam ähnlich wie Friedrich Engels über die jugendliche Auseinandersetzung mit der Religion zur Revolution. Nachdem er sich an der Universität Gießen an Studentenprotesten beteiligt hatte, war er 1848 so begeistert von den revolutionären

Ereignissen, daß er eigens nach Paris reiste und dort an den Kämpfen teilnahm. Er reiste mit der Revolution nach Deutschland zurück und trat dem «Bund der Kommunisten» bei. Auch ihn zwang die Reaktion ins Exil, erst durch die Amnestie des Jahres 1861 konnte er zurückkehren und sich erneut der Politik widmen.

Zusammen mit Bebel gründete Liebknecht 1866 die «Sächsische Volkspartei», eine zunächst radikaldemokratische Plattform, die den preußischen Einfluß im deutschen Einigungsprozeß bekämpfte. Diese Episode ist nicht unwichtig, verweist sie doch auf einen wesentlichen Widerspruch innerhalb der Arbeiterbewegung: Während Lassalle und sein ADAV in Berlin und Preußen ihre Hochburgen hatten und die preußische Vormachtstellung im Prozeß der deutschen Nationalstaatsbildung positiv beurteilten, waren viele der süddeutschen Arbeitervereine heftige Gegner Preußens, denn sie genossen durch die liberaleren Verfassungen der süddeutschen Kleinstaaten mehr Rechte. Während die Lassalleaner nach dem Motto «Freiheit durch Einheit» vorgingen, wollten die süddeutschen Vereine erst «durch Freiheit zur Einheit» gelangen. Das Ziel eines einheitlichen Nationalstaates vereinte die Gruppierungen jedoch – die Herrschaft der zahlreichen Klein- und Kleinststaaten galt als hoffnungslos rückständig und war angesichts der wirtschaftlichen Nachteile auch bei Arbeiterinnen und Arbeitern unbeliebt.

Die «Sächsische Volkspartei» wurde nicht zufällig 1866 gegründet. Es war das Jahr des Preußisch-Österreichischen Krieges, in dem Österreich besiegt wurde und Bismarck einen sogenannten «kleindeutschen» Nationalstaat (ohne Österreich) unter preußischer Führung auf den Weg brachte. Das liberale Bürgertum schlug sich angesichts seiner Erfolge zunehmend auf die Seite des konservativen Ministerpräsidenten und verzieh ihm selbst das Vergehen im preußischen Verfassungskonflikt des Jahres 1862. Nachträglich wurde dieser Staatsstreich in der sogenannten «Indemnitätsvorlage» durch den preußischen Landtag gebilligt – mit den Stimmen der «Liberalen Fortschrittspartei». Der vehemente Protest des radikaldemokratischen Abgeordneten Johann Jacoby gegen dieses Vorgehen blieb ein Einzelfall – er wurde zur Abschreckung mit sechs Monaten Festungshaft bestraft. Die große Masse der Liberalen zeigte hingegen nach 1848 einmal mehr, daß sie es im Zweifelsfall mit der Verteidigung von Demokratie und Bürgerrechten nicht so ernst meinte.

Diese Entwicklungen förderten bei Bebel und Liebknecht die Einsicht, daß die von ihnen bisher betriebene Zusammenarbeit mit den Liberalen mehr und mehr unpraktikabel wurde. Das Jahr 1868 wurde schließlich zum Wendejahr. Bebel und Liebknecht spalteten den Vereinstag der Arbeitervereine, indem sie zum Anschluss an die 1864 in London gegründete Erste Internationale und zur Gründung von Gewerkschaften aufriefen. Sie fanden dafür die Unterstützung der Mehrheit der Delegierten. Für die Liberalen, die seit ihrer Versöhnung mit Bismarck ohnehin weniger Interesse an einem Bündnis mit der Arbeiterschaft hatten, war dies zuviel. Sie verließen den Vereinstag nach Bebels 68er Revolte.

So kam es schließlich unter der Führung von Liebknecht und Bebel 1869 in Eisenach zur Fusion des Vereinstages, der sächsischen Volkspartei und einiger Dissidenten des lassalleanischen ADAV. Gemeinsam gründeten sie die «Sozialdemokratische Arbeiterpartei» (SDAP). Im Gegensatz zu Lassalles von oben geführtem ADAV war die SDAP demokratisch verfaßt und folgte damit den Traditionen ihrer liberalen Gründungsvereine, auch unterstützte sie von Anfang an unabhängige Gewerkschaften.

## Gemeinsamkeiten und Gegensätze zwischen Lassalleanern und Eisenachern

Die Gründer der «Eisenacher» SDAP standen in Kontakt mit Marx und Engels in London und waren Mitglied der Ersten Internationale, deren Programm ebenfalls Marx entworfen hatte. Dies bedeutete jedoch nicht, daß der Marxismus die Trennlinie zwischen den «revolutionären» Eisenachern und «reformistischen» Lassalleanern darstellte, wie es von leninistischer Seite später oft dargestellt wurde. In der westdeutschen Geschichtsschreibung hingegen wurde lange die These vertreten, die Spaltung der Gruppen sei eigentlich nur ihrer Positionen zur deutschen Nationsbildung geschuldet (Grebing 1966: 65).

Dieser Widerspruch existierte, war jedoch nur Teil einer ganzen Reihe von Differenzen zwischen den Gruppen. Denn bei der Frage nach einer «kleindeutschen» Lösung unter preußischer

Führung oder einer «großdeutschen» Lösung unter Einbezug Österreichs ging es im Kern um die Frage der Demokratie: Die in Süddeutschland ansässigen Vereine der späteren SDAP waren weitgehendere Freiheiten gewohnt, hielten Preußen für autoritär und nicht reformfähig und bekämpften daher seinen Führungsanspruch im kleindeutschen Modell, das einen deutschen Nationalstaat ohne den Rivalen Österreich vorsah. Dies korrespondierte mit ihrer internen Struktur. Sie organisierten sich demokratisch-föderalistisch und brauchten lange, um sich von den liberalen Demokraten zu trennen. Die großdeutsche Fraktion war hier also paradoxerweise die demokratische Richtung. Denn die hauptsächlich in Preußen vertretenen Lassalleaner hatten kein grundsätzliches Problem mit dem Obrigkeitsstaat. Sie wollten diesen Staat für ihre Ziele einspannen – erst sekundär leitete sich daraus eine pro-preußische Haltung im Einigungsprozeß ab. Genauso, wie Lassalle aufgrund seiner Wahlrechtsforderung für den Reformismus in Anspruch genommen wurde, könnte man ihn wegen seiner Neigung zu Zentralismus und Obrigkeitsstaat auch zum Vorreiter des autoritären Staatssozialismus erklären.

Dieses Gedankenspiel zeigt, daß die politischen Widersprüche der 1860er Jahre vielschichtig und schillernd waren und nicht mit sich später herausbildenden Strömungen von Marxismus, Anarchismus, Reformismus etc. zusammenfielen. Es gab noch keinen Konflikt um «den Marxismus» oder eine Kontroverse um «Reform oder Revolution». Marx` und Engels` Schriften waren damals kaum verbreitet, den größten Einfluss unter den Arbeitern und Arbeiterinnen hatte die Genossenschaftsidee, welche beide Arbeiterparteien vertraten. In diesem Sinne waren beide Gruppen Reformisten – die jedoch soziale Reform und Sozialismus nicht als Gegensatz, sondern als Einheit betrachteten.

Angesichts der Übereinstimmungen ist es kein Wunder, daß es schon vor der formellen Gründung der Eisenacher SDAP 1869 immer wieder Einheitsbestrebungen gab. Diese wurden immer dominanter, bis tatsächlich 1875 auf einem Parteitag in Gotha beide Strömungen der Arbeiterbewegung fusionierten und gemeinsam die «Sozialistische Arbeiterpartei Deutschlands» (SAP) gründeten. 1890 wurde aus dieser Partei die «Sozialdemokratische Partei Deutschlands» – die SPD.

Mit der Fusion von 1875 war erstmals eine Organisation geschaffen, die fast alle Vereine der Arbeiterschaft zusammenführte. Schon ein Jahr nach ihrer Gründung hatte die SAP 38.000 Mitglieder in 291 Ortsgruppen. Sie übertraf damit nicht nur alle vorherigen Gründungen, sondern wurde als erste geeinte Arbeiterpartei zum Vorbild für ganz Europa. Das «Manifest der Kommunistischen Partei» hatte 1848 den Kommunismus als europäische Macht ausgerufen – es konnte jedoch nur eine schmale Fraktion von Handwerkern und Intellektuellen hinter sich versammeln. Erst die Gothaer SAP verwirklichte dreißig Jahre später den Gedanken von der Arbeiterpartei als Massenpartei.

Mit dem Zusatz «sozialistisch» im Parteinamen und der Forderung nach Abschaffung des Profitsystems und der Ausschüttung des «vollen Arbeitsertrages» für die Arbeiter und Arbeiterinnen erklärte sich die neue Partei für ein antikapitalistisches, auf Solidarität basierendes Wirtschaftssystem.

Karl Marx gingen diese Forderungen dennoch nicht weit genug. Er störte sich in seiner «Kritik des Gothaer Programms» an lassalleanischen Resten – etwa dem «ehernen Lohngesetz» und anderen verschwommenen Formulierungen (MEW 19: 13–36). Marx` Einwände sind spannend zu lesen und treffen in vielen Punkten den Kern – etwa wenn er bemerkt, daß es auch und gerade in einer sozialistischen Gesellschaft zahlreiche Abzüge vom «vollen Arbeitsertrag» geben müsse, um öffentliche Aufgaben zu finanzieren. Er machte in seiner Kritik auch Überlegungen zum Unterschied zwischen einer sozialistischen Übergangsgesellschaft und der vollendeten kommunistischen Gesellschaft. Diese kennzeichnete er dadurch, daß im Kommunismus das Leistungsprinzip in der Produktion nicht mehr gelten solle. Seine Formel lautete: «Jeder nach seinen Fähigkeiten, jedem nach seinen Bedürfnissen». Angesichts der heute immer drückenderen Ökonomisierung aller Lebensbereiche, in denen jeder nicht profitorientierten Regung das Existenzrecht abgesprochen wird, bleibt dieser Satz ein Schlachtruf von ungebrochener Aktualität.

Doch Marx` Kritik zeugte auch an vielen Stellen von gekränkter Eitelkeit – er verzieh der deutschen Bewegung nicht, daß sie Lassalle und nicht ihn selbst zum Helden gemacht hatte. Zwar bemerkte er in den Vorbemerkungen zu seiner Kritik treffend: «Jeder Schritt wirklicher Bewegung ist wichtiger als ein Dutzend Programme.» Danach holte er jedoch weit aus, beklagte die Minderwertigkeit von Lassalles Ideen sowie die falsche Rezeption seiner eigenen Texte und distanzierte sich schließlich komplett vom Gothaer Programm.

Möglich war die Fusion in Gotha, weil sich alle taktischen Widersprüche zwischen den Lassalleanern und Eisenachern Anfang der 1870er Jahre erledigt hatten. Den Konflikt in der Gewerkschaftsfrage hatte die Basis von unten beendet, indem sie Mitte der 1860er auch den ADAV unter Lassalles Nachfolger Johann Baptist von Schweitzer gezwungen hatte, Gewerkschaften einzurichten.

Die Zusammenarbeit mit dem liberalen Bürgertum, die die Eisenacher pflegten und verteidigten, wurde vom Bürgertum selbst aufgekündigt. Mit den militärischen Siegen Preußens schlugen sich die Bürger und ihre Parteien auf die Seite des Obrigkeitsstaates und interessierten sich immer weniger für soziale Forderungen der Arbeiterschaft und ebensowenig für die eigenen demokratischen Forderungen der Vergangenheit. Das Nachgeben im Verfassungskonflikt markierte einen ersten Höhepunkt dieser «Entliberalisierung» der Liberalen, die Gründung des Deutschen Reiches unter Bismarcks Führung im Jahre 1871 war ein vorläufiger Endpunkt in diesem Prozeß. Die Erinnerung an die Barrikaden von 1848 wurde verdrängt durch Bismarckdenkmäler und Militärparaden.

Der politische Kampf für soziale Reformen und die Transformation der Gesellschaft mußte also von der Arbeiterbewegung alleine geführt werden, und zwar innerhalb der Rahmenbedingungen eines preußisch-dominierten Obrigkeitsstaates. Dies bedeutete, daß die Bewegung eine Aufgabe übernehmen mußte, die in England und Frankreich das Bürgertum angegangen und weitgehend gelöst hatte: den Kampf um die demokratische Republik und das allgemeine Wahlrecht. Kampftag der Arbeiterbewegung war deshalb in Deutschland lange Zeit nicht der 1. Mai, sondern der 18. März als Jahrestag der 1848er Revolution. Der Konflikt zwischen demokratischen Forderungen und sozialistischen Endzielen sollte das Handeln der Arbeiterbewegung für die nächsten Jahrzehnte prägen.

## Die Erste Internationale

Mit Marx und einigen übriggebliebenen Vertretern des Kommunistenbundes als deutsche Delegation trat 1864 in der Londoner St. Martins Hall der Gründungskongreß der «Internationalen Arbeiter-Assoziation» zusammen – eine Vereinigung, die als «Erste Internationale» in die Geschichtsbücher einging (Braunthal 1978).

Eingeladen hatten die englischen Trade Unions, damals die erfahrenste und älteste Gewerkschaftsbewegung der Welt. Sie erlebten in England als Zentrum des Welthandels immer wieder die Auswirkungen der internationalen Konkurrenz auf die Lage der Arbeitenden und starteten nun den ersten Anlauf, die Arbeiterbewegungen international zu koordinieren. Dabei standen die Delegierten vor der Schwierigkeit, daß es nicht überall etwas zu koordinieren gab. Nur in Europa und den USA hatte sich die kapitalistische Produktionsweise bereits umfassend durchgesetzt, Südamerika und die Kolonialgebiete Afrikas und Asiens hingegen dienten als reine Rohstofflieferanten für die Industrien des Nordens. Eine Industrialisierung der Produktion fand hier erst spät im 20. Jahrhundert statt, revolutionäre Bewegungen des Südens konzentrieren sich daher noch lange auf Probleme der Bauernschaft. Aber auch in Europa trennten sich die verschiedenen Arbeiterbewegungen erst langsam von den politischen Strömungen des Bürgertums. Diese Unabhängigkeit wollte die neue Internationale fördern und konzentrierte sich deshalb ab 1866 auf die Gewerkschaftsarbeit. Die Gewerkschaftsorientierung war ein Grund, warum die Lassalleaner der Internationale ablehnend gegenüberstanden – in Deutschland gab es daher keine Mitgliedssektionen, sondern nur Einzelmitglieder wie etwa Bebel und Liebknecht. Die Erste Internationale war also keine Versammlung von Massenparteien, sondern ein lockerer Zusammenschluß verschiedener Gruppen und Einzelpersonen. Sie war intern zentralistisch, aber wirkte niemals als jener Generalstab der Weltrevolution, für den sie schon von der zeitgenössischen bürgerlichen Presse gehalten wurde. Ihr Verdienst war es, die internationale Dimension des Klassenkampfes erstmals praktisch aufzuzeigen und die sozialistische Idee auch da zu fördern, wo es vorher kaum eine eigenständige Arbeiterbewegung gab.

Karl Marx beeinflußte die Taktik der Internationale wesentlich – von ihm stammte die «Inauguraladresse» des ersten Kongresses, die als Programm der ganzen Vereinigung angenommen wurde. Auch die Resolution zur Gewerkschaftsarbeit ging auf einen Entwurf von Marx und Engels zurück, und Marx saß als Vertreter im Londoner Generalrat, dem höchsten Organ der Internationale. Die Organisation selbst war jedoch alles andere als «marxistisch» – in ihr verband sich ein bunter Strauß von Arbeiterorganisationen, der fast alle Schattierungen der damaligen Linken umfaßte. Neben dem Sozialismus marxscher Prägung waren dies etwa die Anarchisten um den russischen Revolutionär Michail Bakunin, die eine strikt dezentrale und herrschaftsfreie Vision des Sozialismus vertraten. Hinzu kamen die Anhänger des Franzosen Proudhon, der für seinen Ausspruch «Eigentum ist Diebstahl!» berühmt wurde. Die Anhänger Proudhons vertraten eine «mutualistische» Tauschwirtschaft autonomer Kleinproduzenten, kritisierten also weniger die Produktion als die ungleiche Verteilungsweise innerhalb des Kapitalismus.[4] Weiterhin beteiligt waren italienische Revolutionäre, die den radikaldemokratischen Flügel der dortigen Nationalbewegung bildeten. Marx mußte bereits in der Inauguraladresse und auch später in der praktischen Politik der Internationale zahlreiche Zugeständnisse machen, um die verschiedenen Strömungen unter einen Hut zu bringen. Dennoch eskalierten die Richtungsstreits relativ bald, insbesondere der Kampf zwischen den Anhängern von Marx und Bakunin wurde immer unüberbrückbarer. Dies und die Niederlage der Pariser Kommune leiteten ab 1871 einen Auflösungsprozeß ein, der 1876 zum formellen Ende der Internationale führte.

Die Auseinandersetzungen und Schuldzuweisungen um den Zusammenbruch der Internationale wurden zum Gegenstand bis heute andauernder Debatten zwischen Marxisten und Anarchisten. Zweifellos haben sich beide politischen Denker nach anfänglichen Übereinstimmungen später zutiefst mißtraut und ihr politisches Urteil von dieser Abneigung trüben lassen. Manöver wie das gezielte Taktieren von Marx und seinen Gefolgsleuten bis zum Ausschluss der Anarchisten waren kein Ruhmesblatt für Karl Marx.

---

4 Vgl. den in dieser Reihe erschienenen Band «Anarchismus» von Hans Jürgen Degen und Jochen Knoblauch, S. 29–35.

Es ist jedoch fraglich, ob eine auf den persönlichen Gegensatz beider Theoretiker fixierte Debatte zu Ergebnissen führt. Denn der «Marxismus» wurde erst nach Marx` Tod zu einem geschlossenen System weiterentwickelt, auch die bürokratische Erstarrung marxistischer Gruppen und Parteien fällt in eine spätere Epoche. Bakunin und der Anarchismus hingegen entwickelten nie ein geschlossenes Theoriesystem, allein schon deshalb, weil es ihrem Selbstverständnis der Herrschaftsfreiheit widersprach.

Sucht man den Kern des Konfliktes, so zeigt er sich zwischen Zentralismus und Basisorientierung sowie in einer Debatte über das Geschichtsverständnis. Marx und seine Anhänger sahen die Zentralisierung des Kapitals als historisch notwendig und forderten daher eine zentrale Organisation der sozialistischen Gegenkräfte – sie lehnten jedoch demokratische Strukturen nicht ab, sondern praktizierten Demokratie in all ihren Organisationen. Im 19. Jahrhundert waren es die Marxisten, die sowohl gegen die alte Organisationsform des autoritären Geheimbundes als auch gegen die Präsidialdiktatur Lassalles auftraten. Erst infolge der Staatsbildung der Sowjetunion wurde diese Verbindung zwischen Marxismus und Demokratie unterbrochen.

Bakunin und die Vertreter des kollektivistischen Anarchismus hingegen forderten nicht nur Demokratie, sondern auch den Föderalismus. Sie lehnten zentralistische Strukturen ab und wollten eine übergangslose Umstellung der Produktion auf lokale Kollektive. An der historisch-ökonomischen Analyse, auf die Marx seine Theorie stützte, hatten sie wenig Interesse.

Während es im Marxismus oft ein *Zuviel* an Geschichtsphilosophie und Vertrauen auf ökonomische Tendenzen gab, gab es beim Anarchismus oft *zu wenig* Verständnis für ökonomische Strukturen und langfristige historische Entwicklungen. Sie erklärten die Revolution zu einer Frage des Willens. Die Gefahr dieser Tendenz war eine linksradikale Isolation der Besser-Wissenden – die Gefahr der Geschichtsphilosophie bestand im Verlust der revolutionären Spontanität. Die Tatsache, daß diese Widersprüche innerhalb der sozialistischen Bewegung unabhängig vom jeweiligen Bekenntnis immer wieder diskutiert wurden, zeigt, daß es sich dabei weniger um eine Unvereinbarkeit ideologischer Strömungen handelte; es waren vielmehr Grundkonflikte politischer Praxis, für die mit jeder Generation neue Lösungen gefunden werden mußten.

# Zuckerbrot und Peitsche: die Sozialdemokratie zwischen Verbot und Integration 1871–1890

## *Machtverhältnisse: Wirtschaft und Politik im Kaiserreich*

**N**achdem Bismarck in zwei Kriegen 1866 gegen Österreich und 1870/71 gegen Frankreich alle äußeren Widerstände gegen die Einigung Deutschlands beseitigt hatte, wurde am 18. Januar 1871 im Spiegelsaal des Versailler Schlosses das deutsche Kaiserreich proklamiert. Die Sozialisten August Bebel und Wilhelm Liebknecht erlebten diesen denkwürdigen Tag im Gefängnis. Der Vorwurf lautete Landesverrat, weil sie im Reichstag des Norddeutschen Bundes gegen den Deutsch-Französischen Krieg protestiert hatten. Auf Druck der Öffentlichkeit wieder freigelassen, solidarisierte sich Bebel im Mai 1871 im Parlament des neu gegründeten Kaiserreiches mit dem Aufstand der Pariser Kommune, dem weltweit ersten Versuch des Proletariats zur politischen Machtübernahme. Dies war eine bisher nie dagewesene Provokation für das deutsche Bürgertum.

Bebel und Liebknecht wurden erneut inhaftiert und 1872 im «Leipziger Hochverratsprozeß» angeklagt. Obwohl beide schuldig gesprochen und zu zwei Jahren Festungshaft verurteilt wurden, war der Prozeß kein Erfolg für die Behörden. Eine offensive Verteidigung erhöhte die Popularität der beiden und brachte den Eisenacher Sozialisten neuen Zulauf. Auch machte die Staatsanwaltschaft den Fehler, das bis dahin verbotene und wenig bekannte «Kommunistische Manifest» als Beweis für die staatsfeindliche Gesinnung der Angeklagen den Prozeßunterlagen beizufügen. Dadurch konnte die Schrift als «Dokumentation» des Prozesses legal und in großer Auflage veröffentlicht werden.

Der Leipziger Hochverratsprozeß war beispielhaft für das von Verboten und Repression geprägte Verhältnis des neuen deutschen Staates zur Arbeiterbewegung, alle Befürchtungen über eine autoritär-preußische Entwicklung wurden vom ersten Tag an bestätigt.

Bismarck hatte allerdings die absolutistische Natur des Kaiserreichs geschickt verschleiert, indem er für den Reichstag das allgemeine, gleiche und geheime Männerwahlrecht einführte. Das Kaiserreich war jedoch keine parlamentarische Republik, sondern ein feudaler Bundesstaat – eine Föderation aus Königtümern und Kleinmonarchien, die jeweils Vertreter in einen Bundesrat als höchstes Verfassungsorgan entsandten. In diesem Bundesrat hielt nun das bevölkerungsreiche Preußen 17 von 58 Stimmen und hatte damit eine ständige Veto-Macht. In Preußen wiederum galt das antidemokratische Dreiklassenwahlrecht. Somit war im Reich die preußische Dominanz und innerhalb Preußens die Dominanz der Industriellen und des agrarkapitalistischen Adels gesichert.

Eine weitere Besonderheit der Reichsverfassung war die Tatsache, daß Reichskanzler, Minister und Staatssekretäre nicht vom Reichstag, sondern vom Kaiser selbst berufen wurden. Das Parlament hatte also nur beschränkten Einfluß auf die Politik: Es konnte Gesetze und Haushalt blockieren, aber nicht regieren. Selbst diese beschränkten Rechte des Parlaments standen auf tönernen Füßen. Denn Bismarck war im Jahrzehnt zuvor gerade deshalb an die Spitze der preußischen Regierung berufen worden, weil er die Rechte des Parlamentes in offenem Verfassungsbruch ignorierte. Eine Neuauflage dieser Politik war jederzeit zu erwarten, wenn sie nicht durch gesellschaftlichen Widerstand verhindert wurde.

Diesen Widerstand hatte das Bürgertum jedoch aufgegeben. Es wurde belohnt durch einen einzigartigen Konjunkturaufschwung, denn mit der Reichsgründung waren alle verbliebenen Handelshemmnisse beseitigt und ein gesamtdeutscher Binnenmarkt geschaffen worden. Das politisch-militärische Gewicht des neuen Staates stützte zudem die Position der deutschen Wirtschaft auf dem Weltmarkt, das Deutsche Reich zog gleich mit den bisher führenden Industriemächten England und Frankreich. Auch die mit dem «Gründerkrach» ab 1873 einsetzende Wirtschaftskrise konnte diese Tendenz nicht stoppen. Obwohl erst in den 1890ern die Konjunktur wieder voll anlief, konnte die deutsche Wirtschaft durch den großen Binnenmarkt ihre internationale Position halten und ausbauen.

Charakteristisch für das Kaiserreich war die Dominanz des preußischen Landadels gegenüber dem industriellen Bürgertum. Die junkerlichen Gutsbesitzer, zu denen auch Bismarck gehörte, kontrollierten die Agrarproduktion und hatten durch das Dreiklassenwahlrecht entscheidenden Einfluß auf die preußische und gesamtdeutsche Politik. Ihre feudal-reaktionäre Weltanschauung dominierte auch die politische Kultur des Landes, wobei hier auch die Macht der mit der Monarchie eng verbundenen protestantischen Kirche im Schul- und Erziehungswesen hervorzuheben ist. Deutschland war wirtschaftlich an der Weltspitze angelangt. Es lag aber politisch und kulturell weit hinter den bisherigen Führungsmächten England und Frankreich zurück, wo sich in langen gesellschaftlichen Kämpfen eine republikanische Tradition entwickelt hatte.

## *Unterdrückung der Bewegung – Die Sozialistengesetze 1878–1890*

**D**ie vereinigte Arbeiterbewegung hatte unter diesen Rahmenbedingungen keinen leichten Stand. Bereits ein Jahr nach ihrer Gründung wurde die SAP in Preußen verboten. 1878 folgte dann mit dem «Gesetz gegen die gemeingefährlichen Bestrebungen der Sozialdemokratie» ein Verbot im ganzen Reich. Zwei Attentate auf den Kaiser und die anschließende hysterische Reaktion der bürgerlichen Presse hatten Bismarck den Vorwand für seine «Sicherheitsgesetze» geliefert. Geschickt schürte er die öffentliche Empörung und unterstellte den Sozialisten eine Mittäterschaft, obwohl beide Angriffe auf das Konto von Einzeltätern gingen. Der Zeitpunkt war günstig gewählt – eine Reihe von verlorenen Streiks in der Wirtschaftskrise hatten die Position der Bewegung in den Jahren zuvor empfindlich geschwächt.

Im Reichstag lehnten außer der Sozialdemokratie die katholische Zentrumspartei, die linksliberale Fortschrittspartei sowie die Vertreter der polnischen und französischen Minderheiten das neue Gesetz ab – bis auf die Liberalen allesamt gesellschaftliche Gruppen, die ihrerseits Repressionen zu befürchten hatten.

Das Abstimmungsverhalten verweist auf eine der Intentionen des Gesetzes: Mit der Stigmatisierung der Sozialisten als «vaterlandslose Gesellen» wollte Bismarck die Spaltungen des Bürgertums überwinden und einen politisch-ökonomischen Block unter seiner Führung formieren. Das Manöver war erfolgreich. Im Windschatten der Sozialistenhetze wurde ein vorher umstrittenes Gesetz über Schutzzölle auf importierte Waren beschlossen, das Großagrarier und Schwerindustrie vor ausländischer Konkurrenz schützte. Bismarck war es gelungen, mit diesem «Bündnis von Roggen und Stahl» die linksliberalen und freihändlerischen Teile des Bürgertums zu isolieren. Das Bürgertum hatte einen weiteren Schwenk nach rechts gemacht.

Trotz bündnispolitischer Erwägungen war die Zerschlagung der Arbeiterbewegung das eigentliche Ziel der Sozialistengesetze. Die dreißig Paragraphen des Gesetzes verboten alle «Vereine, welche durch sozialdemokratische, sozialistische oder kommunistische Bestrebungen den Umsturz der bestehenden Staats- oder Gesellschaftsordnung bezwecken». Gemeint war nicht nur die Sozialdemokratische Partei mit ihren bisher noch bescheidenen 7,6 Prozent Wählerstimmen bei den Reichstagswahlen 1878, sondern vor allem auch die Gewerkschaftsbewegung.

Der Historiker Arno Klönne macht dies unter anderem daran fest, daß man der eigentlichen Partei ihr wichtigstes Agitationsfeld beließ: Sozialdemokraten durften als Einzelpersonen an Wahlen teilnehmen, sie konnten sogar im Reichstag eine Fraktion bilden (Klönne 1989: 58). Denn der Machtmensch Bismarck wußte im Gegensatz zu vielen Liberalen oder Sozialdemokraten über die beschränkten Möglichkeiten des kaiserlichen Parlaments Bescheid. Er zielte daher mit dem Verbot auf Lebenswelt und Basis der Arbeiterorganisationen.

Während die einzelnen Kandidaten der Partei legal Wahlkampf betreiben konnten, wurde die gesamte sozialdemokratische Presse mit damals etwa 160.000 Abonnenten und Abonnentinnen verboten. In der zwölfjährigen Phase der Illegalität wurden 95 Gewerkschaften und 23 Unterstützungsvereine aufgelöst, dazu 106 politische Vereine und 108 «Vergnügungsvereine». Daß sogar Freizeitorganisationen rigoros verfolgt wurden, lag einerseits daran, daß diese natürlich ideale Tarnorganisationen für die sozialdemokratische Arbeit abgaben. Wichtiger war jedoch der Ansatz, wirklich jede proletarische Organisationstätigkeit im Keim zu ersticken. Auch Einzelpersonen wurden verfolgt, sozialistische Redner und Agitatoren mit Gefängnisstrafen belegt oder abgeschoben. Das Kaiserreich kannte noch keine einheitliche Staatsbürgerschaft. So konnte etwa ein Münchner Sozialist als «unerwünschter Ausländer» aus dem preußischen Berlin ins Königreich Bayern ausgewiesen werden.

Die Solidarität der Arbeitenden sollte gebrochen werden, und zwar bevor die sozialistische Idee eine Hegemonie erreicht hatte. Denn dieser Zustand war in den 1870ern noch lange nicht erreicht. Zwar war die SAP als Einheitspartei ein Vorbild für andere europäische Länder – aber nach wie vor wählten die meisten Arbeiter christliche, konservative oder liberale Parteien. Nur eine Minderheit war gewerkschaftlich organisiert. Das Gesetz war also ein Präventivschlag: Die sozialistische Bewegung sollte zerschlagen werden, bevor sie zur echten Gegenkraft werden konnte. Bismarcks ideologische Alternative zum Sozialismus war die «innere Reichsgründung»: Industrielle und Kleinbürger, Katholiken und Protestanten, Bürgertum und Adel, Proletariat und Unternehmer, Süddeutsche und Preußen – alle Bevölkerungsgruppen des Reiches sollten nicht nur formal vereint sein, sondern sich auch als eine Nation *fühlen*. Nur so konnte die Stabilität des neuen Staates und seiner herrschenden Eliten auf Dauer gesichert werden.

Es ist also kein Zufall, daß Bismarcks «Kulturkampf» gegen die preußenkritischen Katholiken im selben Jahr eingestellt wurde, in dem die Sozialistenverfolgung begann. Die große Zahl der deutschen Katholiken und Katholikinnen war unentbehrlich für die Nationsbildung. Der Sozialismus und seine internationalistischen Prinzipien standen dieser Idee jedoch direkt entgegen. Die Bekämpfung der Arbeiterbewegung war daher schon aus Prinzip geboten, sie war zudem der ideale Gegner, um alle anderen Gruppen unter Preußens Führung zu vereinigen.

## Bismarcks Sozialgesetze und die Entstehung des Sozialstaates

**D**ie beschleunigte kapitalistische Entwicklung schuf jedoch soziale Widersprüche, die sich mit Appellen an das Nationalgefühl nicht bekämpfen ließen. Ob Aufschwung oder Gründerkrach – die Zahl der wurzellosen proletarisierten Menschen wuchs von Jahr zu Jahr, und ihre Lebensumstände waren prekärer denn je.

Wer zu jener Zeit auf den Straßen Berlins und anderer Großstädte umherging, konnte schon an der Kleidung der Passanten erkennen, welcher Klasse sie angehörten. Die Welt von Bürgertum und Adel und die Welt der Arbeiter und Arbeiterinnen bildeten völlig verschiedene Sphären. Sie trafen sich nur da, wo die Bürger und Bürgerinnen auf fremde Arbeit angewiesen waren: Dienstmädchen im Haushalt, Ladengehilfen im Handel, Näherinnen in Schneidereien, Arbeiter und Arbeiterinnen in den Fabriken. Außen vor blieben gerade in der Krise die immer größere Anzahl an Menschen, die nicht mehr gebraucht wurden: Bettler und Vagabunden, Tagelöhner und «Tagediebe» ohne Beschäftigung. Arbeitslosigkeit bedeutete damals Hunger – nicht ausgebeutet zu werden war mitunter ein größeres Elend als die Ausbeutung selbst.

Das deutsche Kaiserreich war keine «nivellierte Mittelstandsgesellschaft», in der Klassenunterschiede geleugnet werden konnten, weil sie sich hinter einer Fassade demokratischer Gleichheit verbargen, durchs Bankgeheimnis getarnt wurden und nur verstohlen als «feine Unterschiede» bei Bildung und Sprache, beim Bier- oder Weinkonsum hervortraten. Klasse war im 19. Jahrhundert kein soziologischer Begriff, sondern eine Lebenserfahrung, täglich neu hergestellt durch offen demonstrierte Unterschiede und Hierarchien in allen gesellschaftlichen Bereichen.

Der Gutsherr Otto von Bismarck kannte diese Lebensrealitäten. Weitsichtiger als andere Politiker seiner Zeit setzte er daher Schritte durch, die man eher seinen politischen Gegnern zugetraut hätte. Mit der Sozialgesetzgebung der 1880er Jahre wurden in Deutschland weltweit zum ersten Mal Ansätze eines Sozialstaates geschaffen. Den Beginn machte 1883 die Einführung der gesetzlichen Krankenversicherung, gemeinsam finanziert von Arbeitenden und Unternehmern. Es folgte 1884 die komplett von den Unternehmen finanzierte Unfallversicherung und 1889 die ebenfalls anteilig finanzierte Alters- und Invalidenversicherung, welche 1891 in die gesetzliche Rentenversicherung umgewandelt wurde. Diese Systeme bestehen bis heute fort und trugen wesentlich dazu bei, die allgegenwärtige Prekarität und Ohnmacht als Grunderfahrung proletarischer Existenz abzumildern. Wer durch einen Unfall im Betrieb arbeitsunfähig wurde, war nun nicht mehr auf die Gnade des Fabrikherren angewiesen. Auch Arbeiter und Arbeiterinnen ohne Ersparnisse konnten nun zum Arzt gehen – eine Frage von Leben und Tod. Die Bismarckschen Sozialgesetze waren jedoch weit weniger umfassend als der heutige Sozialstaat: Grundsicherung oder Sozialhilfe gab es nicht, eine Arbeitslosenversicherung kam erst 1927 hinzu und auch die Rente wurde erst ab dem 70. Lebensjahr gezahlt. Ein Alter, das die meisten Lohnabhängigen gar nicht erreichten: Die durchschnittliche Lebenswartung lag um die Jahrhundertwende bei 45 Jahren für Männer und 48 Jahren für Frauen – wobei allerdings eine hohe Kindersterblichkeit mit eingerechnet ist (Ritter/Tenfelde 1992: 19). Eine Untersuchung der Landesversicherungsanstalt Berlin aus dem Jahre 1910 ergab, daß die durchschnittliche Lebenszeit der Männer nach dem Renteneintritt zwei Jahre und drei Monate betrug – ein kurzer «Lebensabend» (Hardach 2008: 81).

Die Motive hinter der Sozialgesetzgebung waren vielschichtig. Unmittelbarer Auslöser war ein Anziehen der Konjunktur in den 1880er Jahren, das auf ein Ende der Wirtschaftskrise hindeutete – dies schaffte finanziellen Spielraum und politische Akzeptanz für die Reform. Wichtigstes Motiv war jedoch der Versuch, die Arbeiterbevölkerung ideologisch und materiell an den Staat zu binden. Bismarck selbst gab offen zu, er wolle *«in der großen Masse der Besitzlosen die konservative Gesinnung erzeugen, welche das Gefühl der Pensionsberechtigung mit sich bringt»* (Wehler 1988: 137). Denn die Verbote alleine hatten weniger bewirkt als gedacht. Bei den Reichstagswahlen 1881 erreichte die Sozialdemokratie 6,1% der Stimmen und verlor damit trotz der Zerschlagung ihrer Organisation nur 1,5% Stimmenanteil. 1884 steigerte die SAP ihr Ergebnis dann auf 9,7% und durchbrach 1887 die 10%-Marke. Offensichtlich war die sozialistische Bewegung trotz Verbot intakt und mobilisierungsfähig.

Die Sozialgesetze sollten dieser Mobilisierung die Grundlage entziehen, indem sie das reale Elend der Arbeiterklasse linderten, aber auch indem sie die Arbeiter und Arbeiterinnen erstmals als produktive Kraft anerkannten und am «Reichtum der Nation» beteiligten. Diese ideologische Komponente ist nicht zu unterschätzen. Die Ausgrenzung der «vaterlandslosen Gesellen» durch die Sozialistengesetze und die Absicherung der produktiven Arbeit durch die Sozialgesetzgebung waren zwei Seiten derselben Medaille. Zusammen ergaben sie das Konzept des *nationalen Wohlfahrtsstaates*, der soziale Leistungen an Loyalität und Produktivität im Dienste von Staat und Wirtschaft band. Obwohl die Sozialgesetze zunächst keine konservative Wende in der Arbeiterschaft bewirkten, so hatte doch dieses Konzept langfristige Wirkung.

Auch wenn die Sozialgesetzgebung von einem Konservativen entworfen wurde, wäre sie ohne die vorherigen politischen Kämpfe der Arbeiterbewegung nicht denkbar gewesen. Die neuen Sozialleistungen dienten zwar auch dazu, die Arbeitskräfte mittelfristig «fit für den Arbeitsmarkt» zu halten und bedienten ein gesamtkapitalistisches Interesse am Erhalt der Arbeitskraft. Aber die Maßnahmen nur als abstraktes Ergebnis eines solchen Kapitalinteresses zu sehen, führt in die Irre. Denn in welcher Form die Interessen der verschiedenen konkreten Einzelkapitale und Kapitalfraktionen gebündelt werden, ist immer eine eminent politische Frage. Der Versuch, die sozialistische Bewegung durch in Unternehmerkreisen sehr unbeliebte Zugeständnisse zu integrieren, deutet darauf hin, daß die Bewegung erfolgreich die Interessen ihrer Klasse in soziale Kämpfe einbrachte.

## *Bewaffneter Kampf oder Anpassung? Sozialistische Politik in der Illegalität*

**D**ie Sozialdemokratie hatte in den drei Jahren seit ihrer Vereinigung keine Vorbereitungen für ein mögliches Verbot getroffen. Als die Repression zuschlug, waren die Mitglieder desorientiert und es gab keine geschlossenen Protestaktionen. Ohne die Parteipresse war es kaum möglich, eine offene Debatte über die Situation zu führen, und so dauerte es lange, bis die Partei zu einer gemeinsamen Reaktion fand. Die Positionen zum Verbot waren denkbar unterschiedlich und reichten vom bewaffneten Kampf bis hin zu Anpassung und Stillhalten.

Letzteres forderte etwa ein Flugblatt der sozialdemokratischen Reichstagsfraktion, das von illegaler Organisierung oder «Putschen» abriet und die Devise ausgab: «An unserer Gesetzlichkeit müssen unsere Feinde zugrunde gehen.»

Die Gegenrichtung vertraten die Reichstagsabgeordneten Johann Most und Wilhelm Hasselmann, die forderten, der staatlichen Gewalt mit revolutionärer Gegengewalt zu begegnen.

Most und Hasselmann waren mit ihren Ansichten in der Minderheit, hatten aber durchaus eine gewisse Anhängerschaft in der Sozialdemokratie.

Johann Most wurde 1846 als Sohn eines Schreibers und einer Gouvernante geboren und politisierte sich schon in frühester Jugend. Er protestierte gegen die damals übliche Prügelstrafe in den Erziehungsanstalten und wurde mit dreizehn Jahren von der Schule geworfen, weil er einen Streik angeführt hatte. Most begann eine Buchbinderlehre und kam auf der Gesellenwanderung mit der Arbeiterbewegung in Kontakt. Er las Lassalle, schloss sich einer Sektion der «Internationalen Arbeiter-Assoziation» an und war in den 1870ern ein gefragter Agitationsredner. Bei den Reichstagswahlen 1874 und 1877 errang er ein Mandat, machte jedoch aus seiner Ablehnung des Parlamentarismus keinen Hehl – er bezeichnete das Parlament abfällig als «Reichskasperletheater». Schon vor dem Sozialistengesetz war er wegen seiner Agitationsreden immer wieder mit Gerichtsverfahren und Gefängnisstrafen konfrontiert, 1878 wanderte er nach London aus und gab aus dem Exil die Zeitschrift «Freiheit» heraus, die in großen Mengen illegal nach Deutschland geschmuggelt wurde.

Mosts Mitstreiter Wilhelm Hasselmann wurde 1844 in Bremen als Sohn eines Leinenhändlers geboren. Er besuchte eine technische Schule in Hannover und begann ein Studium, das er jedoch wegen seiner umfangreichen journalistischen Tätigkeit für die Arbeiterbewegung abbrach. Hasselmann leitete den «Social-Demokrat» und die Zeitung «Agitator», die wichtigsten Blätter der Lassalleaner. Mit der Vereinigung kam er 1875 zur SAP und vertrat im Reichstag den Wahlkreis Barmen-Elberfeld, aus dem auch Friedrich Engels stammte. Hasselmann genoß dort große Beliebtheit, was sich in einem verbreiteten Kinderreim ausdrückte: «*Jetzt wählen wir den Hasselmann, dann kost das Brodt en Kastemann*». Der «Kastemann» war eine Münze von geringem Wert.

Hasselmann und Most argumentierten in der Exilzeitschrift «Freiheit» gegen den Kurs der Parteiführung um Liebknecht und Bebel, den sie für zu gemäßigt hielten. Sie forderten stattdessen den revolutionären Widerstand.

Dazu fehlten jedoch die Voraussetzungen. Denn das Verbot der Arbeiterbewegung konnte nur deshalb so schnell und reibungslos durchgesetzt werden, weil sie um 1878 erst eine Minderheit der Arbeitenden repräsentierte. Auch außerhalb der organisierten Bewegung regte sich kein breiter Protest, keine wilden Streiks oder Unruhen, die sich hätten ausweiten können.

Most und Hasselmann wurden 1880 auf einem Exilparteitag im schweizerischen Wyden aus der Sozialdemokratie ausgeschlossen. Beide emigrierten daraufhin in die USA und setzten ihre publizistische Tätigkeit von dort aus fort. Nach der Trennung von der Sozialdemokratie ergriffen sie immer offener Partei für den Anarchismus und solidarisierten sich mit den Bestrebungen der russischen Narodniki. Diese Gruppe, auch Volkstümler genannt, bestand aus Bauern und Intellektuellen und propagierte einen libertären Sozialismus auf Basis der russischen Dorfkommune. Als der Bewegung 1881 ein erfolgreiches Attentat auf Zar Alexander II. gelang, begrüßten Hasselmann und Most diesen Schritt und empfahlen ihn zur Nachahmung. Most veröffentlichte in der «Freiheit» Anleitungen zur Herstellung von Nitroglyzerin und solidarisierte sich mit dem Attentäter August Reinsdorf, der 1883 mit einem Bombenattentat gegen Kaiser Wilhelm I. scheiterte.

Bereits die geschickte Instrumentalisierung der Attentatsversuche des Jahres 1878 durch Bismarck hatte jedoch gezeigt, daß eine Politik des individuellen Terrors im Zweifelsfall dem Staat nützte, die Zustimmung für Ausnahmegesetze erhöhte und für eine Isolierung der Linken genutzt werden konnte.[5]

Obwohl die Taktik der Attentate in Rußland auf breitere Sympathien stieß und in eine politische Bewegung eingebettet war, führte sie auch hier nicht zum Sturz des Zarismus: Nach dem Tod Alexanders II. folgte sein Sohn Alexander III. auf den Thron – das System blieb bestehen.

Most und Hasselmann wurden jedoch schon *vor* ihrer Befürwortung von Attentaten ausgeschlossen. Ihre Ausgrenzung

5 Der Terror wurde ursprünglich während der Französischen Revolution vom Staat geprägt und praktiziert, wobei die Tradition der öffentlichen Hinrichtung von Dissidenten und Gesetzesbrechern im Mittelalter als Vorläufer gelten muß. Erst im 19. Jahrhundert wurde der Begriff «Terror» in einen Vorwurf an die Gegner des Staates umgewandelt. Unter dem Begriff des «Tyrannenmord» gilt der Akt des politischen Mordes jedoch unter bestimmten Bedingungen weiterhin als legitim, wie etwa die staatlichen Ehrungen für die Hitler-Attentäter Stauffenberg und in jüngerer Zeit auch Georg Elser zeigen.

war Anzeichen für eine wachsende Tendenz zum Legalismus und den Unwillen, sozialrevolutionäre Thesen ernsthaft zu diskutieren.

Dieser Legalismus war jedoch zum Scheitern verurteilt. Denn hätte man sich ernsthaft an die Gesetze halten wollen, so hätte die sozialistische Agitation komplett eingestellt werden müssen. Auf dem Wydener Kongreß wurde daher im Gothaer Programm aus der Formel «mit allen gesetzlichen Mitteln» das Wort «gesetzlich» herausgestrichen. Nach anfänglicher Verwirrung entwickelte die sozialistische Bewegung schließlich eine Doppelstrategie aus legaler und illegaler Aktivität. Die Reichstagsfraktion bildete dabei den legalen Kern, ihr wurde die Führung der Partei übertragen. Ebenfalls legal agierte eine Reihe von «unpolitischen» Vereinen, in denen die Parteimitglieder den Kontakt zur Basis der Arbeiterschaft aufrechterhielten. Trotz Verboten gelang es dem Staat nicht, diese Tarnaktivitäten komplett zu unterbinden. Hinter den legalen Gruppen operierte der innere Kern als konspirative Organisation. Ihre Aufgabe war etwa die Einfuhr von im Ausland gedruckten Zeitschriften und Propaganda – die sogenannte «rote Feldpost».

Ebenso wie die Partei wurde auch die Gewerkschaftsbewegung in den ersten zwei Jahren des Verbotes hart getroffen und konnte erst in den 1880ern eine neue Organisationsform finden. In Form von Unterstützungskassen und anderen Vereinen gründeten sie ebenfalls Tarnorganisationen, welche die Mitglieder zusammenhielten. Dies wurde erleichtert durch die ab 1883 geltende Versicherungspflicht, von der man sich durch Einzahlung in eine private Krankenkasse befreien konnte. Da diese Kassen gesetzliche Funktionen erfüllten, mußten die Behörden ihre Existenz tolerieren. Erleichtert wurde die Neuorganisation auch dadurch, daß Mitte der 1880er Jahre das Sozialistengesetz wegen der Anfangserfolge des Staates etwas milder gehandhabt wurde.

Während das Verbot in der Sozialdemokratie eine Zentralisierung der Entscheidungen in der Reichstagsfraktion bewirkte, zeigte sich in den Gewerkschaften eine gegenteilige Tendenz. Die Gewerkschaften besaßen kein legales überregionales Betätigungsfeld und reorganisierten sich daher auf lokaler Ebene. Dies hatte den Vorteil, daß meist keine Funktionäre und Repräsentanten gewählt werden mußten, die für die Polizei greifbar waren. Stattdessen bildete sich eine lokale Versammlungsdemokratie und ein Netzwerk von Vertrauenspersonen vor Ort. Diese Form der Organisation war informell und schwer zu verfolgen, gleichzeitig sicherte sie durch basisdemokratische Verfahren die Beteiligung der Mitglieder an allen Entscheidungen (Müller 1985, Schneider 1989: 58–66).

Beide Arme der sozialistischen Bewegung fanden also innerhalb von zwei Jahren geeignete Formen, um trotz des Verbotes weiterzuarbeiten. Ihre illegale Arbeit beschränkte sich jedoch auf die Agitation an der Basis und die Etablierung von Tarnorganisationen. Sabotage oder direkte Angriffe auf den Staat und seine Vertreter wurden nicht unternommen. Stattdessen konzentrierte man sich auf die Kombination aus illegaler Agitation und legalen Wahlkämpfen. Denn die Ergebnisse dieser Wahlen waren Erfolgserlebnisse. Sie zeigten immer wieder, daß die sozialistische Bewegung ihre Anhänger nicht nur beisammenhalten, sondern ihren Einfluß sogar noch vergrößern konnte.

## *Radikalisierung der Sozialdemokratie und die Entstehung des Marxismus*

**D**as Verbot hatte eine Radikalisierung der sozialistischen Bewegung zur Folge. Zuvor hatte sich, auch durch den nachwirkenden Einfluß von Lassalles Schriften, lange Zeit die Vorstellung gehalten, der Staat könne als Werkzeug zur Durchsetzung des Sozialismus dienen. Marx und Engels hatten dem schon 1848 eine radikale Absage erteilt, als sie schrieben: «Die moderne Staatsgewalt ist nur ein Ausschuß, der die gemeinschaftlichen Geschäfte der ganzen Bourgeoisklasse verwaltet» (MEW 4: 464). Dies entsprach nun mehr denn je den Alltagserfahrungen der Arbeitenden. In den 1880ern machte die Bewegung daher endgültig den Schwenk von Lassalle zu Marx und Engels. Erst nach dieser Wende bildete sich so etwas wie der «Marxismus» als kohärentes System heraus.[6] Dessen einflußreichster Autor war zunächst nicht Marx selbst, sondern vor allem

6 Michael Heinrich beschäftigt sich im 2004 in dieser Reihe erschienenen Band «Kritik der politischen Ökonomie» ausführlicher mit dem Unterschied zwischen Marx und dem Marxismus der Arbeiterbewegung (S. 19–27).

Friedrich Engels, der nach dem Tod seines Gefährten im Jahr 1883 dessen Nachlaß verwaltete. Neben Marx` Ehefrau Jenny war Engels einer der wenigen Eingeweihten, die Marxens katastrophale Handschrift entziffern konnten. Engels veröffentlichte nun zahlreiche Schriften aus dem Nachlaß des Freundes. Er sorgte so überhaupt dafür, daß ein breiter Textfundus entstand, aus dem sich ein Marxismus entwickeln konnte.

Noch wichtiger waren jedoch seine eigenen Popularisierungen der gemeinsamen Ideen. Engels schrieb eine glänzende Widerlegungsschrift gegen den akademischen Sozialisten Eugen Dühring, der zunehmenden Einfluß in sozialistischen Debatten erlangt hatte. Dieser sogenannte «Anti-Dühring» wurde einer der Kerntexte des klassischen Sozialismus (MEW 20: 9f). Der Text war wegen seiner populären Sprache verbreiteter als das Kapital, das damals nur von wenigen Experten gelesen wurde. Engels wurde wegen seiner Vereinfachungen des marxschen Werkes im 20. Jahrhundert immer wieder kritisiert. Nicht ganz zu Unrecht, denn sein mit mechanischen Analogien aus der Naturwissenschaft angereicherter Materialismus machte ihn in unnötiger Weise angreifbar. Diese Kritik vergißt jedoch oft, daß ohne Engels` Vereinfachungen Marx vielleicht niemals zum führenden Theoretiker des Sozialismus aufgestiegen wäre. Ohne Engels` unermüdliche Arbeit hätte sich vielleicht weder die Frage nach dem «eigentlichen Marx» gestellt noch hätte es eine kritische Weiterentwicklung des Marxismus gegeben.

Engels` Kampf gegen Dühring ersparte der sozialistischen Bewegung zudem einen fatalen Irrweg: Dühring vertrat nicht nur eine positivistische Philosophie, sondern war auch einer der ersten Vertreter des modernen Rasse-Antisemitismus. Im Gegensatz zum christlichen Antisemitismus erkannte der Rasseantisemitismus die Taufe als Assimilation nicht mehr an und verbreitete mit pseudowissenschaftlichen Argumenten einen biologistischen Judenhaß. Auch wenn Engels den Antisemitismus nur am Rande kritisierte (MEW 20: 104), verdrängte seine Kritik Dührings Ideengebäude völlig und sorgte dafür, daß dessen Schriften nicht zu Kerntexten der sozialistischen Bewegung erhoben wurden.

## *Die Frau und der Sozialismus: Gendertrouble in der Arbeiterbewegung*

**E**ntstehung und Durchsetzung des Marxismus in der Arbeiterbewegung brachten es mit sich, daß nicht nur über die soziale Frage, sondern auch über die sogenannte «Frauenfrage» neu nachgedacht wurde.

Von Beginn an war die Arbeiterbewegung eine Männerbewegung gewesen. Ihre Gründer waren radikale Gesellen und dissidente Akademiker. Sie kamen also aus Bereichen, aus denen Frauen systematisch ferngehalten wurden: dem Handwerk und der Universität. Dies entsprach der tief verwurzelten Ideologie, daß die Sphäre des Öffentlichen dem Manne vorbehalten war, während sich Frauen auf den Bereich des Privaten und der Familie zu beschränken hätten.[7] Damit waren Frauen auch von jeder Politik ausgeschlossen. Begründet wurde diese Trennung der Lebensbereiche mit der Gebärfähigkeit von Frauen: Von Natur aus seien sie prädestiniert, sich um Kinder und Familie zu kümmern. Dem Mann hingegen falle die Aufgabe zu, durch Lohnarbeit die Familie zu ernähren. Auch nicht-gebärfähigen Frauen, Mädchen und älteren Frauen wurde dieses Modell der Arbeitsteilung übergestülpt.

Patriarchale Rollenbilder dieser Art waren nichts Neues, sie radikalisierten sich jedoch mit Durchsetzung der Lohnarbeit. Denn in den bäuerlichen Familien des Mittelalters und der frühen Neuzeit waren sowohl Frauen als auch Männer an der gesellschaftlichen Arbeit beteiligt. Diese wurde in der Regel als Subsistenzarbeit geleistet – also zur Eigenproduktion der Lebensmittel. Geschlechtsspezifische Arbeitsteilung gab es bereits hier, die Idee des ausschließlich männlichen Familienernährers war jedoch neu. Sie wollte Frauen nun ganz auf ihre Funktionen als Mutter und Erzieherin beschränken, sie von der gesellschaftlich organisierten Produktion in die als privat abgespaltene Sphäre der Reproduktion verbannen.

Dieses repressive Ideal konnte freilich nie völlig durchgesetzt werden – um die Arbeiterfamilien zu ernähren, wurde Frauenarbeit immer auch außerhalb der Kindererziehung benötigt.

7 Zur Kritik dieser Ansichten vgl. die Bände «Geschlecht – Wider die Natürlichkeit» von Heinz-Jürgen Voß sowie «Feministische Theorie» von Andrea Trumann, beide erschienen in dieser Reihe.

Waren die Kinder größer, mußten auch sie arbeiten. Das von der Arbeiterbewegung übernommene bürgerliche Rollenbild bedeutete eine Doppelbelastung für die proletarischen Frauen: Sie mußten lohnarbeiten und sich *zusätzlich* um Haushalt und Familie kümmern (Lucas 1983: 46). Nur bürgerliche und adelige Familien konnten es sich leisten, ihre Frauen tatsächlich von der Erwerbsarbeit fernzuhalten.

Trotzdem wurde Frauenarbeit als Ausnahme, als Zuverdienst für den «eigentlichen» männlichen Arbeiter angesehen. Schon die Lassalleaner hatten sich mehrheitlich gegen Frauenarbeit gewandt und führten als Begründung die gesundheitsschädlichen Bedingungen in den Fabriken an. Auch die Eisenacher Sozialisten unter Bebel und Liebknecht wandten sich 1869 in ihrem Parteiprogramm gegen Frauenarbeit.

Das Gothaer Programm von 1875 forderte dagegen nur noch ein «Verbot der Kinderarbeit und aller die Gesundheit und Sittlichkeit schädigenden Frauenarbeit». Zudem verlangte es das Wahlrecht für «alle Staatsangehörigen» – konnte sich jedoch nicht dazu durchringen, explizit auch das Frauenwahlrecht zu fordern.

Ein Denkprozeß war also im Gange, zeigte aber bisher nur halbgare Ergebnisse. Erst in der Verbotszeit wurde mit Durchsetzung der marxistischen Theorie auch das Geschlechterverhältnis neu reflektiert. Die historische Herangehensweise von Marx, die Lassalle und anderen fehlte, erleichterte ein Aufbrechen der Ideologie von der «natürlichen» Frauenrolle.

Den Anfang dieser historischen Debatte machte August Bebels Werk «Die Frau und der Sozialismus», das 1879 in Zürich erstmals erschien und in Deutschland sofort verboten wurde. Bebel holte weit aus und beschrieb die Stellung der Frau von der Urgesellschaft bis in die Moderne. Er zeigte die Wechselhaftigkeit von Geschlechterrollen und entwarf immer wieder Zukunftsvisionen eines gleichberechtigten Alltags – zum Beispiel in einem Kapitel über kommunistische Küche: «Die Privatküche ist für Millionen Frauen eine der anstrengendsten, zeitraubendsten und verschwenderischsten Einrichtungen, bei der ihnen Gesundheit und gute Laune abhanden kommt [...]. Die Beseitigung der Privatküche wird für ungezählte Frauen eine Erlösung sein.» Bebel forderte kollektive Großküchen auf dem neuesten Stand der Technik: «Kein Rauch, keine Hitze, keine

Dünste mehr; die Küche gleicht mehr einem Salon als einem Arbeitsraum, in dem alle möglichen technischen und maschinellen Einrichtungen vorhanden sind, welche die unangenehmsten und zeitraubendsten Arbeiten spielend erledigen.» Zur Stellung der Frau in einer sozialistischen Zukunft schrieb er: «Die Frau der neuen Gesellschaft ist sozial und ökonomisch vollkommen unabhängig, sie ist keinem Schein von Herrschaft und Ausbeutung mehr unterworfen, sie steht dem Manne als Freie, Gleiche gegenüber und ist Herrin ihrer Geschicke» (Bebel 1879: 510, 515).

Bebels Schrift behandelte die «Frauenfrage» nicht in einer Ergänzungsbroschüre abseits des Hauptstranges der sozialistischen Theorie. Er untersuchte alle großen Fragen sozialistischer Politik und stellte dabei das Geschlechterverhältnis ins Zentrum. Diese Anlage und Bebels Autorität führten dazu, daß auch die männlichen Arbeiter um eine Lektüre des Buches nicht herumkamen.

Fünf Jahre später erschien Friedrich Engels` Schrift «Der Ursprung der Familie, des Privateigentums und des Staates» (MEW 21, S. 25–173). Engels wandte die Methode des Historischen Materialismus auf die Geschlechterbeziehungen an, wobei er sich auf Erkenntnisse des bürgerlichen Anthropologen Lewis Henry Morgan stützte. Obwohl Morgans und Engels` Thesen zur Entstehung der Familienverhältnisse teilweise spekulativ waren, ist ihr Grundgedanke bahnbrechend: Familie und Rollenverteilung sind historisch gewachsen und damit veränderbar. Bereits im Anti-Dühring hatte Engels formuliert, «daß in einer gegebenen Gesellschaft der Grad der weiblichen Emanzipation das natürliche Maß der allgemeinen Emanzipation ist» (MEW 20: 242 ). Engels forderte also nichts anderes als die organische Verknüpfung von Klassenkampf und weiblicher Emanzipation.

Mit Engels und Bebel hatten zwei Männer das Rahmenwerk gesetzt – vollendet wurde die marxistische Theorie der Frauenemanzipation jedoch durch das Werk von Clara Zetkin. Sie systematisierte und erweiterte 1889 in ihrer Broschüre «Die Arbeiterinnen- und Frauenfrage der Gegenwart» die bisherigen Thesen und formulierte erstmals ein konkretes Aktionsprogramm zur Verbindung von Frauenbewegung und sozialistischer Politik. Damit legte sie die Grundlage für eine eigenständige proletarische Frauenbewegung (Richebächer 1982: 146ff, Evans 1979: 115).

Clara Zetkin wurde 1857 als Tochter eines Tagelöhners und Dorfschullehrers geboren und kam bereits durch ihre Mutter in Kontakt mit Schriften der bürgerlichen Frauenbewegung (Puschnerat 2003). Sie wurde in Privatseminaren zur Volksschullehrerin ausgebildet und trat im Verbotsjahr 1878 der Sozialdemokratie bei, was sie bald ins Exil trieb. Zetkin ging 1882 zunächst nach Zürich, dann nach Paris. In ihrer politischen Praxis setzte sie sich nicht für die Abschaffung, sondern für die Ausweitung der Frauenarbeit als Mittel zur wirtschaftlichen Unabhängigkeit der Frauen ein. Dies würde dafür sorgen, daß beide Geschlechter gemeinsame Lebenserfahrungen teilten und gemeinsam für eine Veränderung der Gesellschaft kämpfen würden. Dieser Punkt war zentral, verhinderte doch die andauernde Trennung der Lebenssphären trotz aller Theorie ein gemeinsames politisches Handeln von Männern und Frauen.

Das Entstehen einer proletarischen Frauenbewegung als «Bewegung in der Bewegung» Ende der 1880er Jahre war etwas völlig Neues. Denn in der Verbotszeit war die neue Geschlechtertheorie Theorie geblieben – Priorität hatte der Kampf gegen Verfolgung, alles andere stand dahinter zurück. Im Jahr 1890 endete dann das Parteiverbot und die sozialistischen Männer konnten sich legal organisieren – die Frauen jedoch nicht! Denn obwohl in einigen deutschen Bundesstaaten politische Vereine von Frauen gestattet waren, verbot das preußische Vereinsgesetz von 1850 für die bevölkerungsreichsten Teile des deutschen Reiches jede politische Vereinstätigkeit von Frauen und Minderjährigen.

Schon die erste Generation von Hilfsvereinen wie der «Fachverein der Berliner Mantelnäherinnen» wurde daher Mitte der 1880er behördlich verboten. Als Reaktion gründeten sich ab 1890 informelle «Agitationskommissionen» von und für Frauen. Das Prinzip war eine Variante der unter dem Sozialistengesetz entwickelten illegalen Parteistruktur: In offenen Versammlungen wurden lose Komitees von Vertrauensfrauen gewählt. Zur Umgehung des Vereinsgesetzes gab es jedoch keine Statuten und keine Geschäftsordnung. Die basisdemokratischen Agitationskommissionen breiteten sich schnell aus, obwohl die Polizei immer wieder Versammlungen auflöste und Wahlen verhinderte. Als dies nicht fruchtete, wurden ab 1894 die informellen Kommissionen per Gerichtsbeschluß zu Vereinen erklärt und in einer zweiten Repressionswelle zerschlagen. Erst in einem dritten Organisationsversuch wurde von der proletarischen Frauenbewegung eine tragfähige Struktur entwickelt: Statt Komitees wurden nur noch einzelne Vertrauensfrauen gewählt, weil man eine Einzelperson «weder verbieten noch auflösen könne» (Richebächer 1982: 200).

Die proletarische Frauenbewegung organisierte sich nun in vier Formen: Erstens in offenen Frauenversammlungen, insbesondere den ab 1900 abgehaltenen landesweiten Frauenkonferenzen, zweitens durch die Netzwerke der Vertrauensfrauen und drittens in den Spalten der sozialistischen Frauenzeitung «Die Gleichheit». Viertens kam eine aktive Minderheit von Frauen in den Gewerkschaften hinzu, die sich dort hartnäckig für die Berücksichtigung der Belange der Arbeiterinnen einsetzte.

Denn 1892 betrug der Frauenanteil in den Gewerkschaften gerade einmal 2% – sie vertraten damit insgesamt nur 0,1 % der Arbeiterinnen. Viele Gewerkschaften sträubten sich ganz gegen die Aufnahme von Frauen, Tarifverträge für Arbeiterinnen wurden standardmäßig mit niedrigeren Löhnen abgeschlossen: Industriearbeiterinnen verdienten um die Jahrhundertwende nur zwischen 40 % und 70% der Männerlöhne (Wurms 1995: 41).

Gewerkschafterinnen wie Emma Ihrer (1857–1911) setzten deshalb an Arbeiterinnen gerichtete Beitrittskampagnen durch und erkämpften 1905 die Einrichtung eines zentralen Arbeiterinnensekretariats, das mit Ida Altmann (1862–1935) besetzt wurde. Bis 1913 stieg der Frauenanteil in den Gewerkschaften auf immerhin 9%, die Gesamtzahl der Gewerkschafterinnen war in 20 Jahren von 4.355 auf 224.000 gestiegen. Sozialpolitische Fortschritte wie etwa die Einführung des 10-Stundentages für Frauenarbeit waren ein Ergebnis dieser Organisationsleistung (Wurms 1995: 68f).

Verbindendes und koordinierendes Organ für alle Aktivitäten der proletarischen Frauenbewegung war die «Gleichheit». Die Chefredaktion dieses 1892 gegründeten Blattes übernahm Clara Zetkin, die hier an der Weiterentwicklung und Verbreitung der marxistischen Frauenemanzipationstheorie arbeitete. Infolge der losen Strukturen war die «Gleichheit» wichtigstes

Kommunikationsorgan der Bewegung und beeinflußte maßgeblich deren politisches Handeln. Sie war unabhängig von der SPD-Parteiführung, was in späteren Konflikten bedeutsam werden sollte.

Denn die Gründung der «Gleichheit» war überhaupt nur deshalb notwendig, weil die proletarische Frauenbewegung in den Partei- und Gewerkschaftsblättern zu wenig Raum bekam. Viele männliche Genossen sahen die Bewegung als «Sonderbestrebung» mit Spaltungspotenzial und bekämpften sie offen oder versteckt. Dies hatte verschiedene Gründe – der wichtigste war die Ignoranz einer nach wie vor männlich dominierten Arbeiterbewegung. Viele Männer sahen durch die Forderungen nach gleichem Lohn für Frauenarbeit eigene Privilegien bedroht und fürchteten den Verlust ihrer Machtstellung im Haushalt. Ein zweiter Grund war jedoch die zunehmende Zentralisierung der Partei- und Gewerkschaftsstrukturen. Die sich gerade erst entfaltende, spontan agierende Frauenbewegung kollidierte regelmäßig mit den sich mehr und mehr verfestigenden Vereinsstrukturen der SPD. Zwar hatte Zetkin in der proletarischen Frauenbewegung eine durchaus dominante Stellung inne und nutzte diese zur Durchsetzung ihrer Linie (Evans 1979: 95, 144f). Dennoch waren die Politikformen der Frauen im wesentlichen basisdemokratisch strukturiert – sie entzogen sich nicht nur der Polizeikontrolle, sondern auch dem Führungsanspruch des Parteivorstandes.

Ein dritter Grund für Konflikte zwischen Partei und Frauenbewegung war die Tatsache, daß Zetkin und die Mehrheit der proletarischen Frauenbewegung sich in den aufkommenden Strömungskämpfen der Sozialdemokratie zunehmend links positionierten. In den Spalten der «Gleichheit» wurde der Massenstreik befürwortet und jede «Revision» des Marxismus kritisiert – einzig die soziale Revolution galt als endgültiges Heilmittel gegen die Unterdrückung der Frauen (Richebächer 1982: 229ff).

Diese marxistische Ausrichtung erklärt auch, warum Zetkin und ihre Genossinnen trotz aller Männerdominanz an der Einheit der sozialistischen Bewegung festhielten und Bündnisse mit der bürgerlichen Frauenbewegung ablehnten (Evans 1979: 147ff, Wurms 1995). Diese strikte Trennung war damals durchaus umstritten und wird auch aus historischer Perspektive unterschiedlich bewertet.

Ein von Renate Wurms unternommener Blick auf die bürgerliche Frauenbewegung jener Zeit zeigt, daß deren Mehrheit eine gemäßigt-konservative Ausrichtung hatte. Ihr Dachverband «Bund deutscher Frauenvereine» lehnte die Aufnahme sozialdemokratischer Gruppen 1896 explizit ab (Wurms 1995: 48). Bei Razzien und Verbotswellen gab es dementsprechend kaum Solidarität, zudem griffen bürgerliche Frauenvereine die Not der Proletarierinnen meist nur in Form von Wohltätigkeitsveranstaltungen auf (Richebächer 1982: 163, 193). Auch die objektive Interessenslage war anders: Kämpften bürgerliche Frauen z. B. um ein Verfügungsrecht über eigenen Besitz innerhalb der Ehe, so war dies für die besitzlosen Proletarierinnen weniger relevant – wichtiger war ihnen der Arbeitsschutz. In der radikalen Variante forderten sie nicht die Verfügung über, sondern das Ende des Privateigentums. Ein radikaler Flügel der bürgerlichen Frauenbewegung wäre jedoch trotz aller Interessensunterschiede zur Zusammenarbeit in Grundsatzfragen wie dem Frauenwahlrecht bereit gewesen.

Dies wurde jedoch von Zetkin abgelehnt. Sie fürchtete eine Vereinnahmung der noch jungen proletarischen Frauenbewegung durch die größere bürgerliche Bewegung und damit verbunden eine Stärkung reformistischer Tendenzen in der Arbeiterbewegung insgesamt. Hier zeigte sich ein Widerspruch: Die enge Verknüpfung von sozialistischer Zukunftsvision und Frauenbefreiung war einerseits Voraussetzung für die Tatsache, daß die Sozialdemokratie von allen Parteien die weitgehendsten Positionen in Sachen Frauenemanzipation hatte. Andererseits führte sie immer wieder dazu, daß Forderungen von Frauen allgemeinen Klassenforderungen untergeordnet wurden und z. B. die patriarchale Haltung der Männer innerhalb der Arbeiterbewegung nur mit taktischen Rücksichten kritisiert wurde (Richebächer 1982: 148, 154).

Dennoch konnte sich die proletarische Frauenbewegung im Kontext der Arbeiterbewegung immer mehr durchsetzen. Lesezirkel, Kulturveranstaltungen, Rhetorikkurse für Frauen samt neuer didaktischer Konzepte stärkten das Selbstbewußtsein der Mitstreiterinnen – bald war die Bewegung stark genug, um aktiv in Wahlkämpfe einzugreifen und Streiks durchzuführen oder durch Boykottkampagnen zu unterstützen. Dies erhöhte die Durchsetzungskraft und brachte neue Mitstreiterinnen – hatte die proletarische Frauenbewegung 1907 noch etwa 11.000 Mitglieder, so waren es 1910 schon 82.000 (Richebächer 1982: 247).

Der Aufschwung der Bewegung wurde begünstigt durch eine Reform des Vereinsrechtes. 1899 wurde das Verbindungsverbot für politische Vereine aufgehoben – die sozialdemokratischen Wahlvereine konnten sich nun offiziell zu einer Partei verbinden. 1908 wurde dann ein einheitliches Reichsvereinsgesetz erlassen. In ganz Deutschland durften sich nun auch Frauen politisch organisieren. Sie konnten also auch Mitglied der Sozialdemokratie werden, die zuvor eine Männerpartei mit illegaler Frauenabteilung gewesen war.

Die neue Legalität warf jedoch Fragen auf: Sollte die autonome Frauenbewegung aufgelöst werden zugunsten einer gleichberechtigten Mitgliedschaft in der Partei? Wenn ja, wie konnte verhindert werden, daß die Frauen dort einfach als Minderheit überstimmt würden? Da die proletarische Frauenbewegung sich immer als integraler Teil der Sozialdemokratie gesehen hatte, entschied sie sich für die Fusion. Sie setzte einen weiblichen Sitz im Parteivorstand durch sowie die Empfehlung an größere Kreise mit mehreren Delegierten, jeweils eine Frau zu den Parteitagen zu entsenden. Zusätzlich wurde ein spezielles «Frauenbureau» eingerichtet, das beim Parteivorstand angesiedelt war. Diese Regeln waren allerdings eine repräsentative Minimallösung, weshalb an vielen Orten die Frauenbildungsvereine weiterbestanden. Auch die landesweiten Frauenkonferenzen sollten ihre Arbeit fortsetzen.

Hier zeigten sich jedoch erste Konflikte, als der Parteivorstand der SPD eine autonome Frauenkonferenz 1909 aus «organisatorischen Gründen» verhinderte. Aufgrund zahlreicher Proteste wurde 1911 wieder eine Konferenz durchgeführt – jedoch nur für die weiblichen Parteitagsdelegierten. Die Integration der Frauen in die offiziellen Parteistrukturen bedeutete einerseits Gleichberechtigung, ging jedoch andererseits einher mit Disziplinierungsversuchen und einem langsamen Verlust ihrer autonomen und basisdemokratischen Politikformen (Richebächer 1982: 255–265).

Denn diese Politikformen, verbunden mit revolutionären Inhalten, waren ein starkes Ärgernis in einer Partei, die zunehmend von Funktionären dominiert und verwaltet wurde. Sehr ähnliche Entwicklungen zeigten sich in der entstehenden Arbeiterjugendbewegung, die nach der Vereinsrechtsreform 1908 ebenfalls ihre Eigenständigkeit verlor.

Trotz Behinderungen konnten die Frauen jedoch nach dem Eintritt in die offiziellen sozialdemokratischen Strukturen ihre Kämpfe fortführen und ihre Mitgliederzahl massiv steigern, wodurch auch der Frauenanteil der Gesamtpartei stieg. Dies gab wiederum neue Kraft für eigenständige Frauenpolitik. So wurde etwa 1914 gegen Widerstände des Parteivorstandes die Abhaltung einer Kampagne zum Internationalen Frauentag durchgesetzt – die Frauen hatten aus der Niederlage im Konflikt um die Frauenkonferenz 1909 gelernt. Der Weltkrieg brachte jedoch für die proletarische Frauenbewegung eine Zäsur. Wegen ihrer kriegskritischen Einstellung wurde Clara Zetkin 1917 als Redakteurin der «Gleichheit» abgesetzt. Die Spaltung der Sozialdemokratie teilte schließlich auch die proletarische Frauenbewegung in einen radikalen kommunistischen und einen reformorientierten sozialdemokratischen Flügel.

## *Radikalisierung oder Verbalradikalismus?*

**D**er Blick auf die Frauenbewegung hat im Vorgriff einige Tendenzen zur Integration und Bürokratisierung der Sozialdemokratie angedeutet. Schon der Ausschluß der Sozialrevolutionäre Most und Hasselmann im Jahre 1880 zeigte, daß die Radikalisierung der Sozialdemokratie während der Verbotszeit auch Grenzen hatte: Es gab in Teilen der Partei eine grundsätzliche Abneigung gegen sozialrevolutionäre Kampfformen.

Sabotage, Sachbeschädigung, öffentlicher Aufruhr und ähnliche Methoden, die in der frühen, unorganisierten Phase der Arbeiterbewegung noch gang und gäbe waren, verschwanden parallel zur Durchsetzung des Marxismus aus dem Arsenal des Sozialismus. Eine breite Debatte darüber fand niemals statt. Eine 1887 gefaßte Resolution gegen den Anarchismus verurteilte zwar den Terrorismus – klärte aber nicht das Verhältnis von legalen und illegalen Kampfformen. Schleichend und unausgesprochen verfestigte sich eine Konzentration auf bestimmte legale Kampfmittel. Die Verbotsphase förderte hier insbesondere die Parlamentsarbeit als einzige legale Plattform für öffentliche

Agitation. Den Parlamentariern fiel erst informell und dann offiziell die Führung der Partei zu, was gleichzeitig eine Zentralisierung bedeutete. Da es keine Mitgliederlisten geben durfte, waren die Wahlen gleichzeitig über Jahre hinweg das einzige Mittel, um die Größe der Bewegung zu bestimmen. Daß die Wahlergebnisse positiv ausfielen, begünstigte die Vorstellung von einem langsamen und konfliktfreien Wachstum der Bewegung. Es entstand parallel dazu das Mißverständnis, daß Wahlergebnisse die reale Kampfkraft der Bewegung anzeigen würden, während sie doch de facto eine eher oberflächliche Anhänglichkeit widerspiegelten. Denn die Reichstagswahl war eine geheime Wahl – sich hier als Sozialist zu betätigen, hatte weder Risiko noch Folgen. Andere Formen wie Streiks forderten weit mehr Einsatz und bargen größere Risiken wie etwa Verhaftung oder den Verlust des Arbeitsplatzes.

Der Blick auf die einfach zugängliche Bühne des Parlaments bedeutete, daß sich eine Trennung von Politik und Ökonomie etablierte: Parlament, Staat und Gesetze waren die «eigentliche» politische Sphäre, in der die Partei handelte. Streiks und Lohnkämpfe bildeten eine davon getrennte, tendenziell untergeordnete ökonomische Sphäre. Dies erklärt das Unverständnis, mit der viele Sozialdemokraten in späteren Jahrzehnten der Forderung nach politischen Streiks begegneten.

Während sich also die sozialistische Bewegung in der Theorie radikalisierte, gab es gleichzeitige Gegentendenzen in der politischen Praxis, die eine reformistische und parlamentarische Ausrichtung begünstigten. Die Phase des Sozialistengesetzes war also keine uneingeschränkt «heroische» Kampfphase. Aber genausowenig war die Übernahme des Marxismus von Anfang an ein folgenloser Verbalradikalismus oder eine autoritäre Wende – sowohl integrative als auch radikalisierende Tendenzen waren vorhanden. Deren Widersprüche wurden jedoch meist nicht zusammenhängend artikuliert und diskutiert, schon die Illegalität machte dies unmöglich. Erst nach dem Fall des Sozialistengesetzes bildeten sich daher in der Sozialdemokratie regelrechte Strömungen, die verschiedene politische Ausrichtungen und Kampfmittel forderten.

## *Der Bergarbeiterstreik 1889 und das Ende der Verbotszeit*

**D**as Jahr 1890 brachte sowohl den Fall der Sozialistengesetze als auch den Rücktritt Bismarcks – für die sozialistische Bewegung ein großer Erfolg, den sie gerne voll und ganz auf ihre «sieggekrönte Taktik» zurückführte.

Formaler Grund für das Ende des Verbotes war eine Weigerung der Konservativen, die bisherigen Gesetze ein weiteres Mal im Reichstag zu verlängern. Sie forderten eine Verschärfung, fanden dafür jedoch keine Mehrheit, und so lief das Verbot aus. Die Uneinigkeit des Bürgertums war ein Gewinn für das Proletariat. Bismarcks Rücktritt war ebenso auf diese Spannungen zurückzuführen: Nach dem Antritt des jungen Kaisers Wilhelm II. im Jahre 1888 verlor Bismarck an Einfluß, wollte mit einem verschärften antisozialistischen Kurs wieder Boden gewinnen, scheiterte jedoch. Denn die Doppelstrategie von Verbot und Vergünstigungen zur Erstickung der sozialistischen Bewegung hatte sich als erfolglos erwiesen.

Neben der Selbstbehauptung der Bewegung und den internen Konflikten der Bourgeoisie gab es einen entscheidenden dritten Faktor, der zum Fall der Sozialistengesetze beitrug: Die großen Streiks der Jahre 1888/1889.

Den Anfang der Streikwelle bildeten eine Reihe von Ausständen im Baugewerbe sowie ungewöhnlich hart geführte Streiks der Former in Gießereien des ganzen Landes. Der Höhepunkt der Unruhe war ein gigantischer Bergarbeiterstreik im Ruhrgebiet, an dem etwa 100.000 Bergleute teilnahmen. Dieter Schneider beschreibt den Bergarbeiterstreik zusammenfassend als «einen ebenso elementaren wie planlosen Aufstand gegen Zustände, die jeder Beschreibung spotteten. Er erfaßte das ganze Ruhrgebiet, griff von dort aus auf andere Reviere über, fand Sympathien in der öffentlichen Meinung, brachte eine Bergarbeiterdeputation zum Kaiser und endete mit einigen bescheidenen Korrekturen und regierungsamtlichen Versprechen, die den unumschränkt herrschenden Bergherren nichts nahmen und für die rechtlosen Kumpel nur wenig Bedeutung hatten» (Schneider 1971: 44).

Der Streik der Bergleute kam völlig unerwartet aus einem toten Winkel der Arbeiterbewegung. Im Ruhrgebiet fehlten nicht nur Gewerkschaften, auch sonst hatte die sozialistische Bewegung hier wenig Einfluß. Dies hing mit der katholischen Prägung des Gebiets zusammen, aber auch mit dem autoritären Kurs der Zechenbetreiber und Unternehmer, die jede Form von Konzessionen oder Verhandlungen ablehnten. Sie fuhren eine extreme Variante des «Herr im Hause»-Standpunktes und reagierten bei Konflikten sofort mit Entlassungen und Polizeimaßnahmen. Bei Krupp in Essen und anderen Betrieben ging diese Haltung teilweise mit Integrationsversuchen einher: Es gab werkseigene Wohnungen, Prämiensysteme und andere an Loyalität geknüpfte Leistungen. Die paternalistische Politik war in Bergbau, Hüttenwesen und der Stahlindustrie besonders verbreitet. Entgegen dem gängigen Bild waren die großindustriellen Wirtschaftszweige nicht die Geburtsstätte der Arbeiterbewegung, sondern ein neues und feindliches Terrain, in das diese erst langsam vordringen mußte. In vielen Gebieten gelang dies erst nach dem Ersten Weltkrieg, Kleinbetriebe und Handwerk blieben lange die Basis der Bewegung.

Die Unternehmer erhofften sich von ihrer harten Haltung eine totale Kontrolle der Betriebsabläufe und meinten, Arbeitstempo und Leistung ohne Rücksicht auf Verluste steigern zu können. Dies ging bis zur Gefährdung von Menschenleben durch die Ablehnung von Forderungen nach verbesserter Arbeitssicherheit. Die Bergherren mußten jedoch 1889 mit ansehen, wie ihre Politik einen absolut unkontrollierbaren Widerstand entfachte, als die Arbeiter und Arbeiterinnen sich nicht mehr anders zu helfen wußten.

Obwohl die Bergarbeiterstreiks in ihren unmittelbaren Forderungen nach Achtstundentag, Lohnerhöhungen und Mitspracherechten bei Betriebsabläufen und besseren Sicherheitsmaßnahmen scheiterten, veränderten sie doch das politische Klima des Kaiserreiches. Dieser erste Massenstreik im Ruhrbergbau war eine Machtdemonstration und stellte ein für alle Mal klar, daß sich der Konflikt zwischen Kapital und Arbeit nicht durch Polizeimaßnahmen lösen ließ. Das Sozialistengesetz hatte sich als wirkungslos erwiesen. Gerade in einer Gegend, wo das Kapital sich in einer vermeintlich totalen Kontrollposition befand, mußte es einen Aufruhr von ungeahnten Dimensionen hinnehmen.

## *Die andere Arbeiterbewegung – Ein Exkurs zum Verhältnis von Basis und Organisation*

**D**ie organisierte Arbeiterbewegung verdankte ihre Legalisierung also wesentlich einem Aufstand, der völlig außerhalb ihres Einflußbereiches lag. Dieser Widerspruch ist eines der Argumente, die der Historiker Karl Heinz Roth zur Stützung seiner These von der «anderen Arbeiterbewegung» heranzieht (Roth 1974). In seinem Buch gleichen Titels skizziert Roth diese andere Bewegung als eine Kette von Kampfzyklen auf Betriebsebene, welche sich bis zum Aufstand steigern konnten. Ihre Träger und Trägerinnen waren vor allem ungelernte und ungebildete Arbeiter, immer auch Arbeiterinnen sowie die schon im Kaiserreich vorhandenen Arbeitsmigranten und -migrantinnen. Das Gegenbild zu dieser spontaneistischen anderen Bewegung ist für Roth die professionalistische organisierte Arbeiterbewegung mit ihren Parteien und Gewerkschaften, deren soziale Basis die meist männlichen Facharbeiter waren. Obwohl diese professionalistische Bewegung ihre Arbeitskraft so teuer wie möglich verkaufte und dem Kapital damit einen großen Widerstand entgegensetzte, identifizierte sie sich doch laut Roth im Wesentlichen mit der Arbeit und dem Gebrauchswert des eigenen Produktes. Ihre Utopie sei im besten Fall eine Übernahme der bestehenden kapitalistischen Produktion in Form verschiedener Selbstverwaltungsmodelle.

Die *andere* Bewegung hingegen könne sich aufgrund der geringen Qualifikation ihrer Basis und ständiger Überausbeutung weder mit dem Arbeitsprozeß noch mit dessen Produkten identifizieren. Ihre Ausbrüche seien daher geprägt von einem Haß auf die Arbeit als solche. Sie richteten sich tendenziell auf eine Abschaffung der gegenwärtigen Produktionsformen, auf eine Revolutionierung der Gesellschaft, welche die konkreten Produktionsbedingungen nicht übernehmen, sondern völlig neu ausrichten wolle. Insbesondere das Verhältnis zum Staat sei bei beiden Bewegungen völlig anders. Während die professionalistischen Organisationen den Staat als Planungsinstanz akzeptierten, so bekämpfe die andere Arbeiterbewegung den Staat als Haupthindernis.

Den politischen Ausdruck der anderen Arbeiterbewegung findet Roth in Betriebskämpfen bis hin zu spontanen Aufständen wie dem Bergarbeiterstreik 1889. Erst im Gefolge der Novemberrevolution bildete auch die andere Arbeiterbewegung formale Organisationen heraus – Roth nennt hier etwa die in der marxistischen Tradition meist als linksradikale Sackgasse behandelte Kommunistische Arbeiterpartei Deutschlands (KAPD).

Roths Analyse ist ungewohnt und läuft quer zu den gängigen marxistischen und sozialdemokratischen Interpretationen, die sich trotz unterschiedlichster Kontroversen positiv und vorrangig auf die organisierte Arbeiterbewegung beziehen. Roth beschreibt insofern eine klaffende Lücke der Arbeiterbewegungsgeschichte: Ihre großen Erzählungen sind in der Mehrheit Organisationsgeschichten, in denen die eigentlichen Arbeiter und Arbeiterinnen nur als Kulisse oder als Manövriermasse der Parteien und Gewerkschaften verschiedener Richtungen vorkommen. Roths Anspruch, die Arbeitenden selbst in den Mittelpunkt zu stellen, ist inspiriert vom *Operaismus*, einer im Italien der 1960er und 1970er Jahre entstandenen Strömung des Marxismus. Diese Strömung speiste sich wesentlich aus dem ständigen Konflikt zwischen den *Repräsentanten* der Arbeiterbewegung in Gewerkschaften und Parteien und den *Repräsentierten* in den Fabriken. Sie praktizierte eine in Deutschland meist nur geforderte, aber selten verwirklichte Zusammenarbeit von Intellektuellen und Arbeitenden im Gefolge der sozialen und politischen Umbrüche der 1960er Jahre. Umbrüche, zu denen neben der «Studentenbewegung» auch wilde Streiks von Arbeiterinnen und Arbeitern gehörten.

Der operaistische Ansatz konzentriert sich auf die Betriebsebene als eigentlichem Ort des Klassenkonfliktes zwischen Kapital und Arbeit. Hier entstehen Kämpfe, die jedoch gleichzeitig Ausdruck überregionaler Verschiebungen von Kapitalinteressen oder der Klassenzusammensetzung der Arbeiterklasse sind. Daher beobachtet der Operaismus nicht nur vereinzelte Kleinkämpfe in den Betrieben, sondern überregionale und mehrjährige Kampfzyklen etwa in Form von Streikwellen. Diese Kampfzyklen spielen auch in der klassischen Gewerkschaftsgeschichte immer eine Rolle, sind jedoch in gängigen Beschreibungen eher ein Rohmaterial, auf das die «eigentliche» organisierte Bewegung reagiert.

Roth hat daher recht, wenn er diese Vernachlässigung der Betriebskämpfe und ihrer Zyklen kritisiert. Nicht aus politischer Sympathie stammen viele seiner Beispiele aus der DDR-Literatur. Deren marxistisch-leninistische Interpretationsstränge sind zwar eine extreme Form des Avantgarde-«Professionalismus» – aber das empirische Material der zahlreichen ostdeutschen lokalgeschichtlichen Studien ist weit dichter als die aus Westdeutschland zur Verfügung stehende empirische Forschung. Durch das akademische Desinteresse an der Arbeiterbewegung bestehen diese Forschungsdefizite oft bis heute fort. Dies ist einer der Gründe, warum auch diese Überblicksdarstellung keine geschlossene Analyse der Kampfzyklen der Arbeiterbewegung liefern oder zitieren kann.

Ein anderer Grund ist jedoch, daß es mir zweifelhaft scheint, ob die bei Roth als polar entgegengesetzt und in völliger Feindschaft beschriebenen Bewegungen in dieser Form wirklich existiert haben. In vielen Fällen wäre zu fragen, ob die sich in wilden Streiks äußernde «andere» Bewegung nicht identisch ist mit der Basis der organisierten Arbeiterbewegung, die an diesem oder jenem historischen Punkt unzufrieden war mit ihrer Vertretung. An einigen Stellen, etwa in der Novemberrevolution, lassen sich solche Überschneidungen direkt nachweisen. Neben Überschneidungen gibt es auch Interaktionen, wie etwa beim Bergarbeiterstreik 1889: Die spontaneistische und illegale Bewegungsform führt dazu, daß die auf Repräsentation bedachte Bewegungsform wieder legalisiert wird. Roth beschreibt diese Zusammenhänge, aber immer in Form einer Übervorteilung oder Bevormundung der *anderen* durch die *professionelle* Bewegung. Fraglich bleibt dabei, ob hier eine Bewegung die andere dominiert oder ob es sich nicht um Repräsentationskonflikte *innerhalb* einer gespaltenen, aber doch zusammenhängenden Arbeiterbewegung handelt.

Dies wirft die Frage auf, ob eine «andere Arbeiterbewegung», die sich überwiegend lokal, spontan und unorganisiert äußert, keine Symbole, Theorien oder gemeinsame Taktiken besitzt, überhaupt als kohärente Bewegung zu bezeichnen ist. Die zu Anfang dieses Buches gegebene Definition des Begriffs bejaht dies: Überall, wo sich die Arbeitenden bewegen, ist Arbeiterbewegung. Zweifelhaft erscheint es jedoch, bestimmte Protestformen herauszulösen und aus ihr eine separate Bewegung zu machen. Dies ist schwierig sowohl bei der klassischen Erzählung, welche nur die Organisierten als «politische Bewegung» gelten läßt. Es ist jedoch genauso problematisch, wenn in Umkehrung dieses Motivs nur die Unorganisierten und einzelne linksradikale Strömungen als «eigentliche» Bewegung der Arbeiterschaft beschrieben werden. Hier droht die Gefahr der Romantisierung des Spontanen: Organisation wird abgelehnt oder gilt per se als Zeichen von Korruption. Die im Marxismus-Leninismus autoritär beantwortete Frage nach der Organisation wird nicht neu gelöst, sondern schlicht vermieden. Gleichzeitig verlieren sich die Widersprüche der Basisbewegungen selbst. Denn dieselben Bergleute, die 1889 im Ruhrgebiet einen Aufstand entfachten, hatten kein Problem damit, eine Delegation zum Kaiser als «oberstem Bergherren» zu entsenden. Einer der Delegierten wurde danach zum Mitbegründer des «Alten Verbandes» – einer ersten Bergarbeitergewerkschaft. Spontaner und gewaltsamer Protest ist also nicht immer ein Zeichen für eine antiautoritäre Haltung. Aus spontanen Bewegungen wachsen immer wieder neue Repräsentanten und Führungspersönlichkeiten heraus. Und gerade in verzweifelten Situationen sind die an Unruhen Beteiligten nicht selten offen für Lösungsvorschläge «von oben». Dies erklärt, warum unorganisierte Proteste immer wieder erfolgreich in die «geregelten» Bahnen von Tarifrecht und institutioneller Konfliktlösung gelenkt werden konnten. Der unleugbare Kern der These von der «anderen Arbeiterbewegung» ist meines Erachtens nichts anderes als der Konflikt zwischen Kapital und Lohnarbeit selbst, der sich eben in der Fabrik und nicht im Gewerkschaftsbüro oder im Parlament äußert.

Diesen Widerspruch zu verkürzen auf die Konfrontation zwischen Arbeiter*organisationen* und Kapital ist nicht nur ein Versäumnis der Geschichtsschreibung. Sie ist der geschichtswissenschaftliche Reflex einer Denkweise, die in den Arbeiterorganisationen selbst entstand. Denn gerade die deutsche Arbeiterbewegung wurde schon von Zeitgenossen dafür kritisiert, daß sie die Organisation zum Selbstzweck erklärte und sozialistische Politik von oben dachte. Diese Haltung hatte ihre Vorläufer bereits bei Lassalle, entwickelte sich in der Verbotszeit weiter und entfaltete ihre volle Wirkung in den zwei Jahrzehnten vor dem Ersten Weltkrieg.

## *Alkohol und Sozialismus – Ein Exkurs zu Lebenswelt und Politik*

**D**ie These von der «anderen Arbeiterbewegung» zeigt, daß eine Geschichte der Klassenkämpfe sich nicht auf das Handeln von Parteien und Organisationen verkürzen läßt. Aber auch der Blick auf die Basis in den Betrieben deckt nicht das ganze Geschehen der Arbeiterbewegung ab. Denn die Betriebe waren nur ein Teil der Lebenswelt der Arbeitenden – hinzu kam das Private. Schon lange vor 1968 war dieses Private politisch. Soziale Hierarchien, Geschlechterverhältnisse, all die subtilen Konventionen des Normalen und Nicht-Normalen spielten sich an der Grenze zwischen Produktion und Müßiggang ab und überschritten diese immer wieder. Bei genauem Hinsehen wird sichtbar, daß die Grenze zwischen privater «Freizeit» und öffentlicher «Arbeitszeit» eine recht späte Erfindung ist. Das Handwerk in Mittelalter und früher Neuzeit kannte eine solche Unterscheidung nicht. Handwerksgesellen lebten in der Familie des Meisters, aßen an seinem Tisch und tranken das gleiche Bier wie er. Erst als die Gesellen so zahlreich wurden, daß am Tisch kein Platz mehr war, mußten sie eigene Unterkünfte beziehen. Die Angelegenheiten des Meisters waren nicht mehr «ihr Bier». Die Gesellen hatten ein eigenes Sozialleben, aus dem später auch ein eigenes politisches Leben herauswuchs.

Wer mit wem ißt oder trinkt, ist also zentral für das Verständnis der sozialen und politischen Strukturen einer Gesellschaft. Es soll daher an dieser Stelle ein Exkurs zu Alkohol und Arbeiterbewegung folgen. Dieser kurze Ausflug kann eine Sozialgeschichte des Proletariats nicht ersetzen (dazu Kocka 1990, Ritter/Tenfelde 1992). Aber er gibt einen Eindruck von der Entstehung einer proletarischen Alltagskultur, welche die Basis für alle sozialistischen Organisationsformen und auch das «unorganisierte» politische Handeln bildete.

Daß Alkoholkonsum im Zentrum der Alltagskultur stand, mag überraschen, denn die sozialistische Politik scheint auf den ersten Blick eine nüchterne und disziplinierte, oft sogar lustfeindliche Angelegenheit gewesen zu sein. «Der Schnaps, das ist der Feind!» formulierte in diesem Sinne Karl Kautsky als führender Theoretiker des sozialdemokratischen Marxismus. Dennoch war Kautsky alles andere als ein Unterstützer von

Abstinenzforderungen. Er klagte den Schnaps an, verteidigte aber die Kneipenkultur der Arbeiterbewegung.

Das widersprüchliche Verhältnis von Alkohol und Arbeiterbewegung geht zurück bis in die Entstehungszeit des Kapitalismus in Deutschland. Die Bauernbefreiung im Preußen des Jahres 1807 war eine der wesentlichen Voraussetzungen für die Industrialisierung. Wenig bekannt ist allerdings, daß die Bauern und ihre Familien sich mit hohen Summen freikaufen mußten. Dieses Kapital diente den Gutsbesitzern zum Aufbau einer der ersten Industrien auf dem flachen Lande: der Schnapsbrennerei (Hübner 1988: 49).

Schnaps war in Preußen ein wesentliches Schmiermittel der ursprünglichen Akkumulation, also der Erschaffung einer lohnabhängigen Klasse ohne eigene Produktionsmittel. Hergestellt wurde der Alkohol von den ostelbischen Junkern, die sich von Feudalherren zu Agrarkapitalisten wandelten. Konsumiert wurde er vom entstehenden Proletariat – vor Ort bei der Feldarbeit oder in der Manufaktur, später auch in den Industriebetrieben der Städte.

Dort waren in der frühkapitalistischen Phase fast unbegrenzte Arbeitstage mit einer Dauer von bis zu fünfzehn Stunden üblich – man fragt sich heute, wie Menschen so etwas überhaupt durchstehen konnten. Die Antwort war der Schnaps. Alkoholkonsum am Arbeitsplatz war Anfang des 19. Jahrhunderts nicht etwa verboten, sondern die Norm. Alkohol betäubte die Sinne und das Zeitgefühl, machte unempfindlich gegen brüllende Hitze beim Stahlkochen oder gegen beißende Kälte bei Außenarbeiten im Winter. Trunkenheit am Arbeitsplatz wurde deshalb von den Unternehmern der ersten Generation ausdrücklich gefördert. Sie ertränkte alle Warnsignale des Körpers und holte das Letzte aus den Arbeitenden heraus. Der allgemeine Alkoholismus zerstörte gleichzeitig Ansätze proletarischer Solidarität und war ein sicheres Verhütungsmittel gegen Streiks, denn eine mehrheitlich drogensüchtige Belegschaft hatte kaum die Disziplin, sich zu organisieren und kollektiven Widerstand zu leisten. Allenfalls spontane Ausbrüche waren zu befürchten. Aber diese konnten mit einer Extradosis kostenlosem Branntwein schnell besänftigt werden. So wurde es etwa durch die klügeren Fabrikanten während der Schlesischen Weberaufstände praktiziert. Wer sich an der richtigen

Stelle freigiebig zeigte, konnte dem Zorn der Ausgebeuteten entgehen.

Gleichzeitig wurde am Alkohol sehr gut verdient. Nicht nur die junkerlichen Schnapsbrenner machten ihren Schnitt. Durch den Verkauf am Arbeitsplatz verdienten auch alle anderen Industriebranchen nicht schlecht. Oft wurde der Schnaps sogar direkt als Teil des Lohns ausgegeben oder mit diesem verrechnet (Hübner 1988: 66).

Angesichts dieser Konstellationen wundert es kaum, daß Anfang des 19. Jahrhunderts über eine regelrechte «Branntweinpest» unter der arbeitenden Bevölkerung geklagt wurde. Ab 1830 entstand daher aus kirchlichen und bürgerlichen Kreisen eine erste Abstinenzbewegung, die den totalen Verzicht auf Alkohol forderte. Ihre Appelle richteten sich jedoch stets gegen die Konsumenten und Konsumentinnen, nie gegen die Produzenten des Alkohols. Wegen ihres paternalistischen und staatstragenden Charakters war den Arbeitern und Arbeiterinnen diese Bewegung suspekt – sie hatte wenig Wirkung und verlor sich mit der 1848er Revolution.

Erst der Wandel der Produktionsverhältnisse führte in der zweiten Hälfte des 19. Jahrhunderts zu einer langsamen Umwälzung der Trinkgewohnheiten. Die extensive, auf ungelernter Arbeitskraft basierende erste Welle der Industrialisierung hatte sich erschöpft. Eine verarbeitende Industrie fragte ab 1850 zunehmend qualifizierte Facharbeit für komplexere Aufgaben nach. Die neue Unentbehrlichkeit der Facharbeiter erlaubte nicht nur wirksamere Streiks, sondern änderte auch das Trinkverhalten. Denn mit einer ständig betrunkenen Belegschaft war Produktion auf Weltmarktniveau nicht machbar. Auch die Arbeiter und Arbeiterinnen hatten Interesse an einer gewissen Mäßigung: Ihre Gesundheit, der Erhalt ihrer eigenen Arbeitsfähigkeit und später die gewerkschaftliche Organisation verlangten ein Mindestmaß an Nüchternheit.

Im Kampf gegen Branntweinpest und Alkoholismus trat nun ein ungewöhnlicher Bündnispartner auf: das Bier. Die Einführung untergäriger Biere – etwa des bekannten «Pils» – hatten die Beliebtheit dieses Getränkes seit den 1870er Jahren erheblich gesteigert. Vorher hatte das Bier einen schlechten Ruf, denn es war oft mit Schimmel und anderen Verunreinigungen durchsetzt. Kalt gegartes Bier besserer Qualität wurde nur in den Bergen Böhmens und Bayerns produziert. Durch Eismaschinen und künstliche Kühlung wurde eine Massenproduktion jedoch auch in den Industriezentren wie Berlin und dem Ruhrgebiet möglich.

Das neu eingeführte Bier am Arbeitsplatz erlaubte langsameres Trinken und einen gepflegteren Rausch, der die Koordinationsfähigkeit nicht völlig beeinträchtigte. Biertrinken wurde daher auch vom Fabrikanten gern gesehen und der Gerstensaft in Großbetrieben direkt am Arbeitsplatz verkauft – als Alternative zum Schnaps.

Die Veränderung des Trinkverhaltens wurde begünstigt durch erste Arbeitszeitverkürzungen und Lohnerhöhungen. Diese machten es möglich, daß sich eine immer größere Schicht von Arbeitenden den langsamen, aber teureren Biergenuß leisten konnte. Der billigere Schnapsrausch hielt sich jedoch hartnäckig bei schlecht bezahlten Arbeiten und miesen Arbeitsbedingungen. In Ziegeleien etwa fand ein Potsdamer Gewerbeaufsichtsbeamter noch 1907 einen Schnapskonsum von bis zu zwei Litern am Tag vor (Hübner 1988: 98). Erst um 1900 setzten sich langsam Unfallverhütungsvorschriften durch, die das Trinken am Arbeitsplatz untersagten und Schnaps wie Bier gleichermaßen ins Private verbannten. Das Bier auf Arbeit wurde zum Feierabendbier.

Kürzere Arbeitstage hatten dazu geführt, daß Lohnarbeit und körperliche Notwendigkeiten wie Schlaf und Mahlzeiten den Tag nicht mehr komplett ausfüllten. Erstmals entstand so etwas wie Freizeit – ein vorher völlig unbekanntes Konzept. Wo sollte man diese Zeit verbringen, was tun? Die engen proletarischen Wohnungen, oft mit nur einem Zimmer pro Familie, fielen als Freizeitort aus. Sie waren klein, laut und unruhig und wurden oft zusätzlich eingeengt durch «Schlafgänger», die für die Nacht ein Bett oder die Hälfte eines Bettes mieteten. Diese Wohnform basierte auf der Idee, daß sich zumindest die männlichen Familienmitglieder den Tag über woanders aufhielten.

Einen Ort für die ungewohnte Freizeit und gleichzeitig eine Investitionsmöglichkeit für die errungenen Lohnerhöhungen fanden die Arbeiter in der Kneipe. Hier war das proletarische Wohnzimmer, das in den Mietskasernen fehlte. Kneipen dienten daher nicht nur zum Trinken, sondern auch als Versammlungs- und Kommunikationsorte (Evans 1989). In den «Parteikneipen» tagten Gewerkschaft und SPD, hier wurden Streiks geplant und auch Revolutionen. Eine zentrale Vorbesprechung zur Novemberrevolution fand am 2.11.1918 im Hinterzimmer einer Berliner Kneipe statt. Im Wirtshaus entwickelte sich auch die Gegenkultur der Arbeiter mit ihren zahlreichen Vereinen – sogar die Vereine der Alkoholgegner waren mangels Alternativen gezwungen, ihre Versammlungen hier abzuhalten. Nicht mehr Schnaps, sondern Bier war das Getränk der Wahl. Es erlaubte gemütliches Trinken und gleichzeitiges Debattieren.

Das Gasthaus war auch der zentrale Zufluchtsort der Arbeiterbewegung in der Zeit des Sozialistengesetzes. Die Bewegung überwinterte das Verbot relativ unbeschadet in den Hinterzimmern der Kneipen. Auch unpolitische Arbeiter wurden hier immer wieder in die Debatten mit einbezogen, mußten sich positionieren. Auf Repression folgte auch bei ihnen Radikalisierung, und als das Sozialistengesetz fiel, kehrte die sozialistische Bewegung entschlossener als zuvor aus der Kneipe ins öffentliche Leben zurück.

Der gemäßigte Bierkonsum setzte sich jedoch nicht flächendeckend durch. Anhaltender und immer wieder aufblühender Elendsalkoholismus beim nachströmenden Landproletariat, bei Ungelernten und schlecht Bezahlten führte in den 1880er Jahren zu einer Renaissance der bürgerlichen Abstinenzbewegung. Neue medizinische Einsichten über die Folgen des Alkohols trugen dazu bei, daß sich mit dem «Züricher Aufruf» von 1890 erstmals auch prominente Sozialdemokraten den «Abstinenzlern» und «Temperenzlern» anschlossen. Eine der zentralen Debatten nach der Neugründung der Sozialdemokratie war auch die Alkoholfrage. Extremforderungen gingen so weit, nur abstinenten Arbeitern und Arbeiterinnen die Mitgliedschaft zu gestatten.

Diese Ideen riefen jedoch den Widerspruch von Karl Kautsky hervor, dem damals bekanntesten Theoretiker des Marxismus. Er kritisierte die desaströse Wirkung des Alkoholismus auf die proletarische Solidarität und prangerte insbesondere den Schnaps als Feind der Arbeiterklasse an. Vehement verteidigte er jedoch die Parteikneipe: «Das einzige Bollwerk der politischen Freiheit des Proletariers, das ihm so leicht nicht konfisziert werden kann, ist – das Wirtshaus. […] Gelänge es dagegen der Temperenzlerbewegung […] die deutschen Arbeiter in Masse zu bewegen, das Wirtshaus zu meiden [...] dann hätten sie erreicht, was dem Sozialistengesetz niemals auch nur annähernd gelungen: der Zusammenhalt des Proletariats wäre gesprengt...» (Kautsky 1890).

Die Parteimehrheit und die Basis in den Wirtshäusern schloss sich Kautsky an. Die Abstinenzler konnten ihre Forderungen nicht durchsetzen und waren gezwungen, sich in einem «Arbeiter-Abstinenten-Bund» gesondert zu organisieren. Den Abstinenzlern gelang es zwar, ihre Themen immer wieder in die sozialistische Bewegung einzubringen, und ihre Agitation trug auch zu einer gewissen Mäßigung des Trinkverhaltens bei. Die Forderung nach komplettem Alkoholverzicht als Voraussetzung für sozialistische Politik wurde jedoch von einer überwältigenden Mehrheit der Arbeiterklasse abgelehnt. Die Zeitschrift «Der Abstinente Arbeiter» als Zentralorgan der Alkoholgegner hatte um 1913 etwa 5.100 Abonnements, während gleichzeitig das Fachblatt der sozialdemokratischen Wirte und Kneipenbesitzer «Der freie Gastwirt» von 11.000 Leuten gelesen wurde (Hübner 1988: 183,189). Wenn man sich zu jedem Wirt noch eine volle Kneipe dazudenkt, sind die Mehrheitsverhältnisse klar.

Als die SPD im Jahre 1909 schließlich doch einen allgemeinen Alkoholboykott ausrief, richtete sich dieser nicht gegen das Bier. Es war ein Schnapsboykott, der gegen die ostelbischen Junker und deren politische Bevorzugung zielte, insbesondere gegen das von Bismarck geschaffene staatliche Branntweinmonopol, mit dem der Staat zum zentralen Schnapshändler wurde. Die Wende vom Schnaps zum Bier war eine Richtungsentscheidung für die Arbeiterbewegung: Die Überwindung des Elendsalkoholismus und die Institutionalisierung einer gemäßigten Drogensucht in der Kneipe war Voraussetzung für die Hochphase sozialistischer Organisationstätigkeit ab 1890.

Das große Problem der Kneipenkultur als sozialer Unterbau des politischen Lebens war jedoch die Geschlechtertrennung. Kneipen waren Männerwelten. Der Ort der Frauen blieb in den Augen der Männer das private Heim, nicht die öffentliche Kneipe oder die Fabrik. Wirtshäuser waren Fluchtorte der Männer vor der Familie und dem häuslichen Elend, denn trotz erster Lohnerhöhungen und Freizeit lebten proletarische Familien auch in der zweiten Hälfte des 19. Jahrhunderts noch am Existenzminimum. Obwohl auch viele «Fabrikmädchen» den Streß am Arbeitsplatz mit Alkohol betäubten und die Branntweinpest nicht nur als Beobachterinnen wahrnahmen, blieb ihnen die Kultivierung eines gemäßigten Alkoholkonsums in der Kneipe verwehrt.

Für ledige Frauen galt Alkohol als unschicklich. Bei verheirateten Paaren konnten hingegen nicht beide Elternteile trinken, irgendwer mußte die Kinder versorgen. Die Übernahme des bürgerlichen Familienideals im Proletariat führte somit dazu, daß die Lebenswelten nicht nur in der Fabrik, sondern auch im Privaten auseinanderfielen. Die Frauen besorgten den Haushalt, die Männer flüchteten in die Kneipen. Ihr höherer Lohn finanzierte nicht nur das Bier, sondern gab ihnen die Macht, die für sie günstige Arbeitsteilung zu verfestigen. Hinter ihnen stand mit dem Bürgerlichen Gesetzbuch von 1900 ein Eherecht, das den Männern die Verfügung über das gesamte Familieneinkommen zusprach (§ 1363 BGB), sowie eine Klasse von Fabrikanten, die sie als Haupternährer mit höheren Löhnen ausstattete.

In den Kneipen manifestierte sich also eine regelrechte Klassenspaltung entlang der Geschlechtergrenze, eine unausgesprochene Komplizenschaft zwischen Ausbeutern und Ausgebeuteten.

Während aufgeklärte sozialistische Männer wie Bebel in Parlamenten und Schriften diese Zustände kritisierten, hielt man am Kneipentisch noch lange an den traditionellen Vorstellungen fest. Richard J. Evans´ eindrucksvolle Auswertung von Hamburger Kneipengesprächen, die durch Polizeispitzel protokolliert wurden, belegt dies. Zwar wurde die Erwerbsarbeit von Frauen im Laufe feministisch-marxistischer Aufklärungsarbeit langsam akzeptiert, die Kindererziehung wurde jedoch weiterhin allein den Frauen zugeschoben (Evans 1989: 151–167). Oft waren es gerade die Arbeiterkneipen, welche die proletarischen Frauen von der Nutzlosigkeit des Sozialismus überzeugten. Denn wenn der Sozialismus bedeutete, daß die Männer sie auch nach der Arbeit mit der Hausarbeit alleine ließen und das Familieneinkommen für Bier ausgaben, dann konnte es damit nicht weit her sein (Lucas 1983: 45). Nicht nur das politische Bewußtsein wurde hier in seiner Entwicklung gehindert, sondern auch konkrete Arbeitskämpfe sabotiert. Frauen hatten die kargen Finanzen des Haushaltes im Blick, aber nicht die Machtverhältnisse im Betrieb des Mannes. Ein gemeinsamer Kampf war so nicht möglich. Die Frauen wurden wegen ihrer «Gleichgültigkeit» kritisiert, niemand achtete darauf, daß sie in Streikzeiten den Haushalt trotz Lohnverlust über die Runden bringen mußten. Der Historiker Erhard Lucas beginnt daher seine Analyse «Vom Scheitern der deutschen Arbeiterbewegung» konsequent mit einem Kapitel über die Arbeiterbewegung als Männerbewegung (Lucas 1983).

Solange sie in der Parteikneipe als dem zentralen Organisationsort der Bewegung ein Fremdkörper waren, blieben Frauen von wesentlichen Diskussionen ausgeschlossen. Sie hatten zunächst weder im Betrieb noch im Privaten eigene Orte, an denen sie sich kollektiv solidarisieren konnten. Eine Kombination aus vermehrter Frauenarbeit und politischen Angriffen brachte die eingefahrenen Strukturen immer wieder ins Wanken. Aber erst die Umwälzungen durch Weltkrieg und Novemberrevolution sorgten für eine qualitative Änderung.

Ein Blick auf Alkoholkonsum und Kneipenkultur enthüllt also tiefe Widersprüche in der Lebenswelt der proletarischen Familien, die sich in den Debatten der sozialistischen Organisationen kaum widerspiegelten. Die Kneipen hielten die Bewegung sozial zusammen und verliehen ihr eine Stärke, der selbst staatliche Verbote nichts anhaben konnten. Gleichzeitig verfestigten sie täglich die Spaltung der politischen Kämpfe, schlossen die Hälfte der Klasse aus und schwächten somit die Bewegung an ihren Wurzeln.

# Stärkste der Parteien?
# Die Sozialdemokratie 1890–1914

## *Neugründung der Sozialdemokratie und Erfurter Programm*

**D**er Fall des Sozialistengesetzes bedeutete einen stürmischen Aufschwung für die sozialistische Bewegung. Sie konnte die Hinterzimmer der Kneipen verlassen und wieder öffentlich auftreten.

Jedoch war die staatliche Repression nicht völlig verschwunden. Das Aufstellen von Streikposten blieb illegal, die Entfaltung der proletarischen Frauen- und Jugendbewegung wurde durch reaktionäre Vereinsgesetze unterdrückt, Paragraph 130 des Strafgesetzbuches stellte die «Aufreizung zum Klassenhaß» unter Strafe,[8] weitere Vorschriften gegen Gotteslästerung und Majestätsbeleidigung wurden herangezogen, um sozialistische Schriften zu verbieten. Statt des offenen Kampfes führte der Staat nun einen Kleinkrieg gegen den Sozialismus. Zwar gab es in den 1890er Jahren Versuche von konservativer Seite, den Kurs erneut zu verschärfen, jedoch wurden sowohl die gegen revolutionäre Propaganda gerichtete «Umsturzvorlage» des Jahres 1894 als auch die gegen Streiks gerichtete «Zuchthausvorlage» von 1897 im Reichstag abgelehnt.

Stattdessen wurde erneut versucht, durch soziale Verbesserungen die Arbeiterschaft an den Staat zu binden (Grebing 1966: 94ff). Bereits 1891 verabschiedete der Reichstag ein «Arbeiterschutzgesetz», das die Kinderarbeit unter 13 Jahren verbot und die Arbeitszeit für Frauen auf 11 und für Jugendliche auf 10 Stunden beschränkte. Bereits im Jahr zuvor waren neue Gewerbegerichte zur Klärung von Streitigkeiten zwischen Ar-

8 Der Paragraph 130 StGB stellte die «Aufhetzung» verschiedener Klassen der Gesellschaft gegeneinander unter Strafe und war als Gegengewicht zur Pressefreiheit gedacht. Er wurde auch von jüdischen Rechtshilfeorganisationen wie dem «Central-Verein deutscher Staatsbürger jüdischen Glaubens» gegen Antisemitismus in Stellung gebracht, jedoch weit häufiger vom Staat zur Verfolgung der Linken herangezogen. Nach 1949 wurde § 130 in Westdeutschland unter dem Begriff «Volksverhetzung» zu einem Verbot von NS-Propaganda umgewandelt.

beitenden und Unternehmern eingerichtet worden – hier wirkten später als Beisitzer auch Gewerkschaftsmitglieder.

Die sozialen Maßnahmen blieben jedoch zaghaft und halbherzig, das Verhältnis der Arbeitenden zum Staat blieb von Ohnmacht und Konflikten geprägt. Sie identifizierten sich zunehmend mit der Sozialdemokratie, die in den 1890er Jahren erstmals zu einer Massenpartei aufstieg. Von 384.000 Mitgliedern im Jahr 1906 stieg deren Anhängerschaft auf 720.000 im Jahr 1910. Kurz vor dem Ersten Weltkrieg überschritt sie die Millionengrenze (Grebing 1966: 104). Die Partei nannte sich seit 1890 «Sozialdemokratische Partei Deutschlands» (SPD) und erlebte einen nie gesehenen Aufwärtstrend. Bereits die erste Reichstagswahl nach dem Fall des Verbotes brachte ein Rekordergebnis von 19,7 % Wählerstimmen, was 35 Reichstagssitze ergab. Der Stimmanteil stieg kontinuierlich von 27,2 % im Jahr 1898 bis auf 34,8 % bei den Wahlen von 1912. Durch ein Stichwahlabkommen mit den Linksliberalen erhielt die SPD 110 Parlamentssitze und wurde stärkste Fraktion im Reichstag.

Die Umbenennung in SPD bedeutete keine Aufgabe der sozialistischen Prinzipien, denn die Begriffe Sozialismus und Sozialdemokratie wurden damals synonym verwendet. Parallel zur Umbenennung übernahm die SPD den Marxismus in ihr Parteiprogramm. Wie schon das Gothaer Programm bestand auch das 1891 beschlossene «Erfurter Programm» aus zwei Teilen, in denen zunächst Gesellschaftsanalyse und die Ziele der Partei und danach die praktischen Tagesforderungen festgehalten wurden. Bei der Vorstellung des ersten Teils bekannte der Autor Karl Kautsky, er habe diesen im wesentlichen nach einem Abschnitt aus Karl Marx` «Kapital» formuliert.

Kautsky war 1854 als Sohn einer Schauspielerin und eines Theatermalers in Prag geboren worden und hatte sich 1871 unter dem Eindruck von Berichten über die Pariser Kommune dem Sozialismus zugewandt. Nach einem Studium in Wien lernte er 1881 in London Marx und Engels kennen. 1883, im Todesjahr von Karl Marx, gründete Kautsky die «Neue Zeit» als Forum für Diskussionen zur sozialistischen Theorie. Die Zeitschrift wurde rasch zum zentralen Organ des deutschsprachigen Sozialismus. Kautsky verortete sich politisch im «Zentrum» der Partei und sah sich als Verteidiger des Marxismus in der Sozialdemokratie.

Spätestens seit dem Tod von Engels im Jahr 1895 wurde er zum führenden sozialistischen Theoretiker seiner Zeit.

Das von Kautsky entworfene Erfurter Programm beschrieb in seinem einleitenden Teil die Entwicklungstendenzen der kapitalistischen Gesellschaft. Als wichtigster Trend galt die Konzentration des Kapitals und damit der verschärfte Klassenkampf: «Immer größer wird die Zahl der Proletarier, immer massenhafter die Armee der überschüssigen Arbeiter, immer schroffer der Gegensatz zwischen Ausbeutern und Ausgebeuteten, immer erbitterter der Klassenkampf zwischen Bourgeoisie und Proletariat, der die moderne Gesellschaft in zwei feindliche Heerlager trennt und das gemeinsame Merkmal aller Industrieländer ist.» Als Ziel des Klassenkampfes wurde »die Verwandlung des kapitalistischen Privateigentums an Produktionsmitteln [...] in gesellschaftliches Eigentum und die Umwandlung der Warenproduktion in sozialistische, für und durch die Gesellschaft betriebene Produktion» gefordert.

Für den Übergang zum Sozialismus stellte das Programm eine Reihe von Tagesforderungen auf, darunter das allgemeine Wahlrecht einschließlich des Frauenwahlrechts, die Trennung von Staat und Kirche, kostenloser Schulbesuch und Gesundheitsfürsorge sowie die rechtliche Gleichstellung der Frau in allen Bereichen. Neben diesen gesamtgesellschaftlichen Forderungen wurden eine Reihe von spezifischen Forderungen für die Arbeitswelt aufgestellt, in deren Zentrum der Achtstundentag stand. Zudem verlangte das Programm die Gleichbehandlung der Landarbeiter und Dienstboten, welche durch sogenannte «Gesindeordnungen» in halbfeudalen Verhältnissen lebten und kein Kündigungsrecht besaßen. Das Wort «zunächst» in der Einleitung der Tagesforderungen verwies darauf, daß diese nur einen Teilschritt auf dem Weg zur angestrebten sozialistischen Gesellschaft waren. Es blieb jedoch unklar, wie der eigentliche Übergang zum Sozialismus aussehen sollte. Das Programm hielt zwar die Eroberung der politischen Macht als Ziel fest, sagte aber nichts über die Art und Weise der Machtübernahme aus. Dieser Mangel führte in den folgenden Jahren zu heftigen Diskussionen in der Partei und begünstigte ein Auseinanderfallen von Theorie und politischer Praxis.

So führte etwa die Übernahme demokratischer Forderungen zu Mißverständnissen. Daß die SPD solche Forderungen überhaupt aufstellen mußte, war ein Zeichen für das Versagen des deutschen Liberalismus, der den Kampf gegen Monarchie und Dreiklassenwahlrecht längst aufgegeben hatte und sich zunehmend «nationalliberal» positionierte. In diesem Umfeld war es mehr denn je angemessen, daß die sozialistische Bewegung das politische Erbe der bürgerlichen Aufklärung übernahm und erweiterte, wie es bereits Marx gefordert hatte. Das Erfurter Programm definierte deshalb den Sozialismus nicht als reine Arbeiterbewegung, sondern als universale Bewegung zur Erkämpfung von Emanzipation und Gleichheit der Menschen. Der letzte Absatz des theoretischen Teils sprach dies offen aus:

«Die Sozialdemokratische Partei Deutschlands kämpft also nicht für neue Klassenprivilegien und Vorrechte, sondern für die Abschaffung der Klassenherrschaft und der Klassen selbst und für gleiche Rechte und gleiche Pflichten aller ohne Unterschied des Geschlechts und der Abstammung. Von diesen Anschauungen ausgehend bekämpft sie in der heutigen Gesellschaft nicht bloß die Ausbeutung und Unterdrückung der Lohnarbeiter, sondern jede Art der Ausbeutung und Unterdrückung, richte sie sich gegen eine Klasse, eine Partei, ein Geschlecht oder eine Rasse.»

Diese Ausrichtung der Partei war wegweisend, denn sie betrachtete die Überwindung von Patriarchat und Rassismus als untrennbar verbunden mit dem Kampf für den Sozialismus. Obwohl die Sozialdemokratie diesen Anspruch in der Praxis nur unzureichend einlöste, setzte das Erfurter Programm damit Maßstäbe, an denen alle zukünftigen Emanzipationsbewegungen sich messen mußten.

## *Homosexualität und Sozialismus: noch mehr Gendertrouble in der Arbeiterbewegung*

In der Tradition des Gleichheits- und Emanzipationsanspruchs des Erfurter Programms stand auch die Intervention prominenter Sozialisten gegen die Kriminalisierung von Homosexualität – damals ein absolutes Tabuthema. Denn das deutsche Kaiserreich war eine Monarchie von Gottes Gnaden. Der Kaiser war gleichzeitig Oberhaupt der protestantischen Kirche, die wiederum das Schulwesen entscheidend beeinflußte und der Jugend

Keuschheit predigte. Unter diesen Verhältnissen hatten Forderungen nach sexueller Emanzipation keinen leichten Stand. Zwar erkämpfte sich die Frauenbewegung einen gewissen Spielraum. Forderungen, die darüber hinaus Geschlechtergrenzen und Praktiken infrage stellten, stießen jedoch auf völliges Unverständnis. Transsexualität, Homosexualität und nicht-heterosexuelle Geschlechtsidentitäten wurden allenfalls in medizinischen Fachdebatten thematisiert und dort in der Regel als krankhafte Abweichungen behandelt. Ende des 19. Jahrhunderts bildeten sich allerdings erste Gegenkräfte, und diese blieben nicht ohne Widerhall in der sozialistischen Bewegung.

Im Mittelpunkt stand die Debatte um den § 175 des deutschen Strafgesetzbuches, der die männliche Homosexualität unter Strafe stellte. Weibliche Homosexualität war nicht gesetzlich verboten, konnte jedoch zur Einweisung in psychiatrische Einrichtungen führen – eine Form der Verfolgung, die unter Umständen sogar härter war als die nach § 175 angedrohten Gefängnisstrafen.

Nachdem bereits in den 1860er Jahren Einzelkämpfer wie Karl Heinrich Ulrichs öffentlich gegen die Kriminalisierung von Homosexualität protestiert hatten, gründete sich im Jahr 1897 mit dem «Wissenschaftlich-humanitären Komitee» (WhK) weltweit erstmals eine Organisation für die Legalisierung von Homosexualität. Der erste Schritt des WhK um den Sexualwissenschaftler Magnus Hirschfeld war die Erstellung einer Petition.

Einer der vier Erstunterzeichner war August Bebel, charismatischer Redner und Vorsitzender der Sozialdemokratie. Der mutige Schritt von Bebel und anderen Prominenten führte dazu, daß insgesamt sechstausend Menschen die Petition unterzeichneten und eine landesweite Debatte ausgelösten. Bebel ging jedoch noch weiter. Er trug die Petition im Januar 1898 in den Reichstag und forderte dort öffentlich die Streichung des § 175. Bebel argumentierte eher vorsichtig, verwies vor allem auf die widersprüchliche Handhabung des Paragraphen und die faktische Unmöglichkeit, privates Sexualverhalten staatlich zu regulieren. Allein die Tatsache, über dieses Thema eine öffentliche Diskussion zu erzwingen, war jedoch ein Tabubruch. Diese erste Parlamentsdebatte zur Entkriminalisierung von Homosexualität ermunterte viele andere, die bisher den Kampf nicht gewagt hatten.

Weniger bekannt als Bebel war die feministische Schriftstellerin und Sexualreformerin Johanna Elberskirchen, die sich etwa zur gleichen Zeit gegen die Stigmatisierung der weiblichen Homosexualität einsetzte (Leidinger 2008). Die 1864 in Bonn geborene Elberskirchen trug das Thema Frauenliebe in die Arbeiterbewegung, etwa durch Broschüren mit Titeln wie «Socialdemokratie und sexuelle Anarchie» (Zürich 1897). Sie war Mitglied der SPD und «Obmann» des Wissenschaftlich-humanitären Komitees. Elberskirchen mußte auch innerhalb der Frauenbewegung für eine Toleranz gegenüber lesbischen Lebensformen kämpfen, denn viele Frauen befürchteten eine Diskreditierung ihrer Bewegung, sollte diese mit Homosexualität in Verbindung gebracht werden. Elberskirchens Ausspruch «Sind wir Frauen der Emanzipation homosexual – nun dann lasse man uns doch!» war in diesem Kontext von entwaffnender Offenheit und ist leider bis heute aktuell.

Denn sowohl in der Arbeiterbewegung als auch in der Mehrheitsgesellschaft blieb das Durchbrechen von Geschlechterstereotypen ein Tabu. Im Umgang mit dem Thema gaben Zoten und Herrenwitze noch lange den Ton an und bildeten das Vorfeld für die gewaltsame flächendeckende Diskriminierung von allen, die sich der heterosexuellen Norm entzogen.

Auch führende Sozialisten waren von diesen Vorurteilen nicht frei. Als etwa Friedrich Engels im Jahr 1869 von Marx eine Broschüre des Vorreiters der Schwulenbewegung Karl Heinrich Ulrichs geschickt bekam, reagierte er ziemlich ungehalten: «Das sind ja äußerst widernatürliche Enthüllungen. Die Päderasten fangen an sich zu zählen und finden, daß sie eine Macht im Staate bilden. Nur die Organisation fehlte, aber hiernach scheint sie bereits im geheimen zu bestehen. Und da sie ja in allen alten und selbst neuen Parteien, von Rösing bis Schweitzer, so bedeutende Männer zählen, kann ihnen der Sieg nicht ausbleiben. ‹Guerre aux cons, paix aux trous-de-cul›, wird es jetzt heißen.» (MEW 32: 324).

Johann Baptist von Schweitzer war der Nachfolger von Lassalle an der Spitze des ADAV – er war in der Tat homosexuell und zog dafür Engels` Spott auf sich. Den französischen Einwurf übersetzten die Herausgeber der Marx-Engels-Werke diplomatisch mit «Krieg den vorderen, Friede den hinteren Leibesöffnungen». Es bleibt Spekulation, ob Engels diese Vorurteile im Zuge seiner späteren anthropologischen Studien zur Frauen- und Geschlechterfrage über Bord warf – oder ob er einfach mit dem Widerspruch lebte, abweichende Sexualitäten als «widernatürlich» von der allgemeinen Emanzipation auszuklammern. Letzteres wäre nicht ungewöhnlich, denn gerade bei Begriffen wie «Natur» und «Gesundheit» waren auch die fortschrittlichsten Denker und Denkerinnen oft Gefangene des jeweiligen Zeitgeistes. So vertrat selbst Johanna Elberskirchen als Vorreiterin der Lesbenbewegung in ihren Schriften sozialhygienische und eugenische Argumentationen und war damit nicht die einzige in der Sozialdemokratie (Leidinger 2008).

Insgesamt spielten die Debatten um Homosexualität in der sozialistischen Bewegung jedoch nur eine Nebenrolle. Elberskirchen war eine absolute Randfigur in der Sozialdemokratie und auch Bebels couragierter Einsatz erreichte sein Ziel für Generationen nicht. Homosexualität zwischen erwachsenen Männern wurde in der DDR erst 1968 nicht mehr mit Strafe bedroht, die BRD folgte ein Jahr später. Für Minderjährige galten in beiden Staaten weiterhin diskriminierende Sonderregelungen, eine vollständige Streichung des § 175 erfolgte erst 1994.

## *Neugründung und Aufstieg der Gewerkschaften ab 1890*

Einen noch größeren Aufschwung als die SPD erlebte in den 1890er Jahren der zweite Arm der sozialistischen Bewegung: die Gewerkschaften. Diese hatten sich in der Vergangenheit eher im Windschatten politischer Parteien befunden. Die Lassalleaner lehnten in den 1860ern Gewerkschaften zunächst ganz ab, später duldeten sie diese als Anhängsel ihrer Partei. Aber auch die mit den Liberalen und den Eisenacher Sozialisten sympathisierenden Gewerkschaften waren trotz organisatorischer Selbständigkeit ideologisch-politisch von ihren politischen Partnern abhängig. In der sozialistischen Theorie sah man die Gewerkschaften insgesamt nicht als eigenständigen Zweck, sondern betrachtete sie eher als Mittel, als «Schule des Klassenkampfes». Hier sollten die Mitglieder an die eigentliche Aufgabe, nämlich die Eroberung der politischen Macht, herangeführt werden. Die realen sozialen Verbesserungen, um die die

Gewerkschaften kämpften, wurden diesem Ziel untergeordnet oder standen in der Praxis unverbunden daneben. Die Verbotszeit, in der die Parlamentarier der Partei legal agieren konnten, die Gewerkschaften aber nicht, hatte diese hierarchische Arbeitsteilung vertieft. Nach dem Fall der Sozialistengesetze drehte sich das Verhältnis langsam. Der Aufschwung der Gewerkschaften übertraf den der Partei und führte nach der Jahrhundertwende zu ernsthaften Konflikten zwischen beiden Armen der sozialistischen Bewegung.

Zunächst mußte die Gewerkschaftsbewegung sich jedoch neu konsolidieren. Zwar hatten sich bereits in den späten 1880er Jahren, als das Sozialistengesetz etwas weniger streng gehandhabt wurde, einige Gewerkschaften neu gründen können. Doch anders als die Partei entwickelte die Gewerkschaftsbewegung in der Verbotsphase keine zentrale Leitung, sondern organisierte sich in rein lokalen Zusammenhängen.

Dennoch fand schon im November 1890 in Berlin eine überregionale Funktionärskonferenz statt, auf der eine «Generalkommission der Gewerkschaften» gegründet wurde. Vorsitzender der Kommission wurde der 1861 in Marienburg (Westpreußen) geborene Carl Legien. Legien war in einem Waisenhaus aufgewachsen und erlernte als Jugendlicher den Beruf des Drechslers. In der Verbotsphase stieß er zur Gewerkschaftsbewegung und schaffte es 1887, die lokalen Drechslergewerkschaften in der «Vereinigung der Drechsler Deutschlands» zu bündeln. Carl Legien leitete die Generalkommission der Gewerkschaften über 29 Jahre hinweg, bis sie 1919 aufgelöst und in den «Allgemeinen Deutschen Gewerkschaftsbund» (ADGB) umgewandelt wurde. Der ADGB war direkter Vorläufer des heutigen DGB.

Mit der Generalkommission existierte ein gemeinsames Koordinationsorgan aller «freien», d. h. sozialistischen Gewerkschaften. Diese vertraten 1890 etwa 290.000 Mitglieder und hatten damit die christlichen und liberalen Verbände bereits erfolgreich an den Rand gedrängt. Angesichts der proletarischen Millionenmassen waren die freien Gewerkschaften jedoch noch weit davon entfernt, die Mehrheit der Arbeitenden zu vertreten.

Die Gründung des Deutschen Metallarbeiterverbandes (DMV) im Jahr 1891 bedeutete einen Schritt auf dieses Ziel hin. Denn der DMV, direkter Vorläufer der heutigen IG Metall, wagte eine Neuheit. Diese bestand im Konzept der *Industriegewerkschaft*. Das bedeutete nichts anderes als den Versuch, alle Beschäftigten der Metallindustrie in einer Organisation zu erfassen. Das war für die auch Ende des 19. Jahrhunderts noch stark handwerklich geprägte Arbeiterbewegung ein großer Schritt nach vorne. Ziel war, daß in einer Fabrik nicht mehr verschiedene Berufsgewerkschaften konkurrierten, sondern die gesamte Belegschaft mit einer Stimme sprach. Gleichzeitig wurde so die Spaltung in Facharbeiter und Angelernte überwunden oder zumindest abgemildert. Dies erhöhte die Geschlossenheit bei Konflikten und half der Arbeiterbewegung, langsam auch in die Großbetriebe mit ihrer mehrheitlich ungelernten Belegschaft vorzudringen.

Als im März 1892 in Halberstadt erstmals ein gesamtdeutscher Gewerkschaftskongreß zusammentrat, setzte sich das neue Prinzip jedoch nicht durch. Die Delegierten der 57 vertretenen Gewerkschaften empfahlen zwar die Kooperation von Einzelgewerkschaften, behielten jedoch die bestehenden Berufsverbände bei. Der Beschluß entsprach nicht nur dem nach wie vor starken Traditionsbewußtsein, sondern auch dem realen Nebeneinander von handwerklichen Kleinbetrieben und industriellen Großbetrieben. Da die Bewegung in Kleinbetrieben stärker war, blieben deren zünftige Strukturen noch über längere Zeit erhalten. Das Prinzip der Berufsverbände führte dazu, daß z. B. Dachdecker und Maurer auf derselben Baustelle arbeiteten, jedoch getrennte Gewerkschaften hatten und mitunter zu verschiedenen Zeiten mit unterschiedlichen Forderungen streikten. Um solche Probleme zu minimieren, koordinierten sich schließlich die lokalen Gewerkschaftsverbände in sogenannten «Ortskartellen».

Auf dem Halberstädter Kongreß wurde auch festgelegt, daß es weiterhin eine Generalkommission, aber keinen Generalfonds geben sollte. Jede Gewerkschaft würde Streikunterstützung und sonstige Zahlungen aus den eigenen Beiträgen leisten. Die Generalkommission sollte sich auf Öffentlichkeitsarbeit, Koordination, Statistik und Mitgliederwerbung beschränken. Diese eher geringen Vollmachten stärkten die Autonomie der einzelnen Verbände.

Innerhalb der Einzelverbände entschieden sich die Delegierten jedoch für das Prinzip des Zentralismus. Obwohl in der

Illegalität eine arbeitsfähige basisdemokratische Struktur von lokalen Vertrauensleuten entstanden war, sollte es jetzt zentrale Leitungen und vor allem eine zentrale Finanzverwaltung geben. Man wollte auf diese Art die Streikunterstützung bündeln und der organisierten Macht des Kapitals besser entgegentreten. Mit demselben Argument wurde auf einem späteren Kongreß im Jahr 1899 das Recht zur Ausrufung eines Streiks von den örtlichen Gewerkschaftsgliederungen auf die Leitungen der Verbände übertragen. Es gab also bei den Entscheidungen von Halberstadt ein starkes Bestreben nach Autonomie der Einzelgewerkschaften bei gleichzeitiger Neigung zum Zentralismus.

Die zentralistische Tendenz entsprach weder dem Machtstreben einzelner Funktionäre noch wurde sie irgendwie aus der marxistischen Theorie «abgeleitet». Sie war in erster Linie eine Reaktion auf die Kampfbedingungen vor Ort.

Dies zeigten etwa die Konflikte um die erste proletarische «Maifeier» in Deutschland, die 1890 in Hamburg stattfand. Die Tradition des 1. Mai als Kampftag der sozialistischen Arbeiterbewegung kam ursprünglich aus den USA. Dort wurde am 1. Mai 1886 auf dem Haymarket in Chicago eine von Anarchisten organisierte Massendemonstration für den 8-Stundentag durch ein Bombenattentat angegriffen. Bei dem von unbekannten Tätern durchgeführten Anschlag kam ein Polizist ums Leben, der Vorfall führte zur gewaltsamen Auflösung der Demonstration und zur Verhaftung der Organisatoren. Im Gedenken an die Opfer des *Haymarket-Riot* erklärte der Gründungskongreß der Zweiten Internationale im Jahr 1889 den 1. Mai zum Kampftag der Arbeiterklasse.

Die Hamburger Hafenarbeiter waren die ersten, die diese Tradition in Deutschland aufgriffen (Schneider 1971: 49ff). Sie riefen dazu auf, den Tag als arbeitsfreien Feiertag zu begehen – faktisch ein eintägiger Streik. Die Unternehmer hatten als Reaktion auf den Vorstoß einen regionalen Unternehmerverband gebildet und reagierten mit einer Aussperrung von 20.000 Arbeitenden. Dies war eine Machtdemonstration, um die Solidarität der Lohnabhängigen zu brechen. Die Aussperrungen zogen sich teilweise über Wochen hin, noch im Juni waren 3.500 Menschen ohne Beschäftigung. Gewerkschaften überall in Deutschland reagierten mit Solidaritätsaktionen und sammelten 970.000 Reichsmark Streikunterstützung für die

Hafenarbeiter und ihre Familien. Sie konnten damit Hunger und extreme Not verhindern, nicht aber den Lebensstandard der Familien halten. Bis in den Herbst hinein mußten die Opfer der Aussperrung unterstützt werden – ein Kraftakt, der die Gewerkschaften an die Grenze ihrer Leistungsfähigkeit führte. In Reaktion auf die Hamburger Ereignisse erließen die Vertrauensleute der Metallindustrie einen Aufruf zur intensiveren Kooperation der verschiedenen Gewerkschaften – die Einrichtung der Generalkommission Ende 1890 war ein direktes Ergebnis dieses Aufrufs. Die Hamburger Hafenarbeiter, in ihrer Mehrheit ungelernte Männer, aus vielen Nationen stammend und immer wieder zur Aufsässigkeit neigend, sind für Karl Heinz Roth ein Paradebeispiel der «anderen Arbeiterbewegung» jenseits der Facharbeitertradition (Roth 1974: 32–36). Daß gerade die Erfahrungen aus den radikal-spontanen Aktionen der Hafenarbeiter die Zentralisierungstendenzen der organisierten Bewegung beförderten, zeigt jedoch, wie stark beide Gruppen kommunizierten bzw. sich überschnitten.

Die Erfahrungen in Hamburg und ähnliche Angriffe andernorts schwächten die Bewegung zunächst. Trotz Legalisierung schrumpfte die Zahl der Gewerkschaftsmitglieder Anfang der 1890er Jahre.

In den folgenden zwei Jahrzehnten perfektionierten die Unternehmer ihre Taktik, durch Massenaussperrungen Arbeitskämpfe zu eskalieren. Die Idee dabei war, die Gewerkschaften finanziell auszubluten. Von einer Tarif- oder Sozialpartnerschaft wollten die Unternehmer nichts wissen, Ziel war nichts weniger als die Zerschlagung der sozialistischen Arbeiterbewegung. Nachdem staatliche Repression als Mittel versagt hatte, einigte man sich daher auf die Aussperrung als ökonomischen Frontalangriff. Zu diesem Zweck bildeten sich seit den 1890ern «Arbeitgeber»-Verbände für die einzelnen Industriesektoren. Während vorher allenfalls lokal kooperiert wurde, bündelten die Unternehmer nun ihre Ressourcen. In gewisser Weise lernte das Kapital von der Arbeiterbewegung, indem es die eigene Klassensolidarität verstärkte. Während früher Einzelunternehmer oder lokale Branchen immer wieder von Streiks in die Knie gezwungen wurden, konnten sie nun durch einen überregionalen Arbeitgeberverband finanzielle Unterstützung erhalten und Streiks aussitzen. Obwohl sich bald zeigte, daß eine

Zerschlagung der Gewerkschaften auch auf diese Weise nicht zu verwirklichen war, wurden die Aussperrungen fortgesetzt. Sie betrafen jeweils mehrere zehntausend Menschen und steigerten sich. Eine Statistik des Deutschen Metallarbeiterverbandes zählte für das Jahr 1901 drei Aussperrungen mit 216 Betroffenen. Drei Jahre später waren es 24 Aussperrungen mit 6.873 Betroffenen, im Jahr 1905 blieb die Zahl der Konflikte gleich, aber es wurden 56.975 Arbeiter und Arbeiterinnen ausgesperrt (DMV 1932: 172).

Selbst diese Zahlen waren noch steigerungsfähig. Im April 1910 wurden 130.000 Bauarbeiter in einer koordinierten Aussperrung in die Arbeitslosigkeit geschickt – eine ungeheure finanzielle Belastung für die Gewerkschaft. Andere Branchen erlebten ähnliches: Es gab eine Aussperrung aller Schneider in ganz Deutschland, eine Aussperrung aller Zigarrettenarbeiterinnen in Dresden. Ziel war es, auch in kleinen Konflikten, die vielleicht nur ein Werk oder eine Fabrik betrafen, den Preis sofort derart in die Höhe zu treiben, daß die Streikbereitschaft insgesamt sank. Im Jahre 1905 etwa streikten in Berlin 300 Lagerarbeiter bei Siemens & Halske gemeinsam mit 170 Schraubendrehern im Kabelwerk Oberspree. Die Unternehmer ignorierten die Forderungen der Streikenden, legten die Produktion still und sperrten 10.000 Beschäftigte aus. Als dies nicht wirkte, wurden weitere 23.000 Menschen ausgesperrt. Die Schraubendreher und Lagerarbeiter blieben hart. Als der Arbeitgeberverband der Berliner Metallindustrie eine weitere Aussperrung ankündigte, gaben die 470 Betroffenen des ursprünglichen Streiks jedoch nach und verzichteten auf ihre Forderungen (Schneider 1971: 56). Die Aussperrungen waren für Siemens und das Kabelwerk Oberspree teurer als die ursprünglichen Forderungen. Es ging jedoch darum, durch massive Eskalation die Streikenden zu entmutigen und von weiteren Forderungen abzuhalten.

Den Unternehmern gelang es durch die Eskalation von Lohnkämpfen auch, überregionale Flächentarifverträge zu erzwingen. 1896 wurde im Buchdruckergewerbe erstmals sogar ein reichsweiter Vertrag abgeschlossen (Kuhn 2004: 113). Tarifverträge an sich waren anfangs auf beiden Seiten umstritten gewesen. Die Unternehmer wollten die Arbeitenden zunächst gar nicht in dieser Weise als Vertragspartner anerkennen. Auf Gewerkschaftsseite wurde dagegen argumentiert, durch friedliche Verhandlung erreichte Verträge seien eine Abkehr vom Klassenkampf. In den 1890er Jahren jedoch hatten sich Einzeltarifverträge durchgesetzt und das Kapital drängte darauf, diese überregional – am besten landesweit – zu vereinheitlichen. Die Unternehmer wollten so im Klassenkampf die Initiative behalten und der Gegenseite die Bedingungen diktieren. Dies gelang auch teilweise. Die Gewerkschaften wurden in überregionale Arbeitskämpfe gezwungen und mußten ihr Handeln koordinieren. Die beschriebene Tendenz zur Zentralisierung entsprang dieser Dynamik des Klassenkampfes. Zentrale Organisationsformen machten die Gewerkschaften effizienter und erlaubten es überhaupt erst, die Frontalangriffe der Unternehmer zu parieren. Gleichzeitig bedeutete der Zentralismus einen empfindlichen Verlust von Demokratie. Die Ortsverwaltungen mußten nach dem Verlust der Streikkompetenz vor jedem Arbeitskampf um Erlaubnis fragen. Zusätzlich wurden ihre Finanzen vom Vorstand verwaltet, was im Falle von Differenzen Disziplin erzwang.

Obwohl die Kampfdynamik in den Jahrzehnten zwischen dem Ende des Sozialistengesetzes und dem Ausbruch des Weltkrieges zu großen Teilen von den Unternehmern bestimmt wurde, konnten diese ihre Ziele nicht durchsetzen. Sie erzwangen Flächentarifverträge und teilweise Reichstarife, konnten jedoch die Gewerkschaftsbewegung weder zerschlagen noch ihren Aufstieg verhindern. Denn die Massenaussperrungen hatten immer wieder den Effekt, daß große Massen unorganisierter und bisher indifferenter Arbeiter und Arbeiterinnen in die Kämpfe hineingezogen wurden. Die Angriffe der Unternehmer machten ihnen die Notwendigkeit kollektiver Solidarität bewußt, allein schon dadurch, daß sie auf die Streikunterstützung angewiesen waren, um sich und ihre Familien zu ernähren. Trotz enormer finanzieller Belastungen wuchs die Gewerkschaftsbewegung daher unaufhaltsam. War ihre Zahl 1892 auf 232.000 Mitglieder abgesunken, so waren es im Jahr 1900 schon 680.000 Mitglieder. Im Jahr 1906 waren 1,8 Millionen Menschen in den freien Gewerkschaften organisiert, im Jahr 1912 dann 2,6 Millionen Menschen. Die freien Gewerkschaften besaßen 1907 ein kombiniertes Vermögen von 33 Millionen Reichsmark. Die Sozialdemokratische Partei konnte dagegen nur über 1,3 Millionen Mark verfügen und hatte 587.000 eingetragene Mitglieder

(Grebing 1966: 102, 104). Die Gewerkschaften begannen also, die SPD an Einfluß und Finanzkraft zu überflügeln. Dennoch waren bis zum Ausbruch des Weltkrieges nur etwa zwölf Prozent der Lohnabhängigen gewerkschaftlich organisiert (Kuhn 2004: 112). Insbesondere in der Großindustrie gelang es den Unternehmern, durch loyale «gelbe Gewerkschaften» die freien Gewerkschaften zu bekämpfen. Die Mitgliedschaft in den gelben Vereinen war meist mit firmeneigenen Sozialleistungen und anderen Privilegien verbunden. Hinzu kamen klassische Mittel der Repression wie der Austausch von schwarzen Listen von Streikenden, die daraufhin auch bei der Konkurrenz keine Arbeit mehr fanden. Diese paternalistische Verbindung von Sozialleistungen, Repression und sozialer Kontrolle hielt die Gewerkschaften aus den Großbetrieben heraus. Paradebeispiele für eine solche Politik waren BASF und die Krupp-Werke in Essen (Weitz 1997: 23f).

## *Lokalismus, Syndikalismus, Zentralismus – Strömungen in der Gewerkschaftsbewegung*

Die Zentralisierung war in der Gewerkschaftsbewegung keinesfalls unumstritten. Direkt nach dem Fall des Verbotes der Sozialdemokratie gab es nicht nur das starke Verlangen nach einer Autonomie der Berufsverbände, sondern auch zahlreiche Befürworter einer komplett lokalen Organisation. Diese «Lokalisten» wollten die während der Illegalität erprobten basisdemokratischen Strukturen beibehalten. Wichtig war ihnen insbesondere die Streikkompetenz der örtlichen Gewerkschaftsgliederungen, über die weiterhin auf lokalen Versammlungen entschieden werden sollte. Zudem kritisierten sie die sich etablierende Arbeitsteilung zwischen ökonomischen und politischem Kampf. Ihrer Vorstellung nach sollten sich Gewerkschaften nicht auf Lohnkämpfe beschränken, sondern auch auf anderen Gebieten aktiv werden.

Auf dem Halberstadter Kongreß 1892 konnten sich die Befürworter des Lokalismus nicht durchsetzen. Ihre 13 Delegierten verließen den Saal, und die lokalistischen Organsisationen gliederten sich nicht in die Zentralverbände ein. Sie setzten ihre gewerkschaftliche Arbeit eigenständig fort und trafen sich ab

1897 zu regelmäßigen Kongressen. Diese mündeten 1903 in die Gründung des Dachverbandes «Freie Vereinigung deutscher Gewerkschaften» (Müller 1985: 140–197). Die Lokalisten hatten ihre Schwerpunkte im Baugewerbe, regional insbesondere in Halle und Berlin, wo die Verfolgungen unter dem Sozialistengesetz besonders stark waren. Sie blieben eine Minderheitenströmung und organisierten mit gewissen Schwankungen etwa zehn- bis zwanzigtausend Mitglieder. Aufgrund ihres geringen Einflusses gelten die Lokalisten in den meisten Darstellungen als bedeutungslose Sackgasse in der Entwicklung der Arbeiterbewegung. Ihre Geschichte ist jedoch alles andere als uninteressant, denn sie bietet ein historisches Gegenbeispiel zur Entwicklung des bürokratischen Zentralismus in den freien Gewerkschaften.

Die Lokalisten wollten jede bürokratische Erstarrung vermeiden, hatten jedoch bei diesem Versuch mit ganz eigenen Widersprüchen zu kämpfen. Der schwerwiegendste war die praktische Organisation der Streikkompetenz vor Ort, ein Kernpunkt des lokalistischen Autonomiekonzeptes. Für einige der lokalen Verbände war dies kein Problem, da sie über eine ausreichende Mitgliederzahl und Kampfkraft verfügten. Sie konnten Streikgelder aus eigener Kasse finanzieren und daher den Zeitpunkt für Beginn und Abbruch von Verhandlungen selbst festsetzen. Andere Gruppen waren jedoch weniger kampfkräftig – um einen längeren Streik zu führen, waren sie auf Unterstützung von außen angewiesen. Zunächst setzte die Freie Vereinigung auf das Prinzip der «Freien Solidarität». Die stärkeren Verbände sollten die schwächeren nach eigenem Ermessen unterstützen. Auch finanzielle Zuwendungen der einzelnen Verbände an die koordinierende Geschäftskommission der Freien Vereinigung waren zunächst freiwillig. Schnell jedoch führte dies dazu, daß die Geschäftskommission Probleme bei der Finanzierung der Verbandszeitung hatte. Gleichzeitig konnte die freie Solidarität die Ungleichheiten zwischen starken und schwachen Verbänden nicht ausgleichen: Den kleineren Verbänden fehlte ständig Geld in der Streikkasse.

Als Konsequenz wurde bereits auf dem zweiten Kongreß der Lokalisten ein Mitgliedsbeitrag von fünf Pfennig pro Person für die Ausgaben der Geschäftskommission beschlossen. Auf dem dritten Kongreß 1899 stellte sich dann heraus, daß mit der bisherigen freiwilligen überregionalen Streikunterstützung größere Kämpfe nicht zu führen waren – die Geschäftskommission mußte sich verschulden. Als die Außenstände im Jahr darauf 8.000 Reichsmark überschritten, beschloß man ein Reglement für zentrale Streikunterstützung. Damit war das Problem jedoch nicht gelöst. Der Kompromiß der nachträglichen Finanzierung von Streiks durch nach den Löhnen gestaffelte Beiträge aller Einzelverbände rief schnell Protest hervor. So weigerten sich etwa die Berliner Metallbeschäftigten, für unvorbereitete und in ihren Augen planlos geführte Streiks anderer Verbände finanziell einzustehen. Ein Metallarbeiter beschwerte sich: «Es wird immer so bleiben. Wir sammeln eine Weile, dann bekommt eine Organisation das Geld, und, wenn 8 Tage später eine andere Gewerkschaft streikt, können wir ihr nichts geben.» (zit. nach Müller 1985: 149). Der Konflikt ums Geld führte auch dazu, daß die Freie Vereinigung gegen ihren Willen immer mehr von einer Versammlungs- zu einer Vereinsbewegung wurde: Streikgelder wurden nur noch an Mitglieder bezahlt, das Prinzip der offenen Vollversammlungen zunehmend unterlaufen. Aus dem örtlichen und tendenziell offenen Streikfonds entwickelten sich geschlossene Vereinskassen (Müller 1985: 156). Dies geschah, obwohl viele Lokalisten feste Streikkassen in Erwartung einer baldigen Revolution ablehnten (Bock 1969: 35).

Das Problem der Vereinbarkeit von Streikfinanzierung und Streikautonomie war ein Dauerkonflikt, der die Freie Vereinigung während ihrer ganzen Existenz begleitete. Kombiniert mit den durch Massenaussperrungen immer wieder eskalierenden Arbeitskämpfen zermürbte dies viele Mitglieder. So trat etwa die komplette lokalistische Maurerbewegung in Halle, Braunschweig und Berlin den freien Gewerkschaften bei, nachdem ein langer und erfolgloser Streik der Hallenser Maurer ihre Gewerkschaft finanziell völlig ruiniert hatte. Nur durch die Fusion mit dem zuständigen Zentralverband sahen sie die Chance, ihre Kampfkraft zu erhalten. Im Jahr 1907 führte eine Austrittswelle zu einer regelrechten Spaltung, als mehrere Verbände mit etwa 6.000 Mitgliedern die Freie Vereinigung verließen, nachdem die SPD mit Parteiausschluß gedroht hatte und die Freie Vereinigung sich deswegen weiter nach links entwickelte.

Obwohl die Lokalisten im Gegensatz zu den freien Gewerkschaften standen, waren sie anfangs keine Gegner der Sozialdemokratie. Viele ihre Mitglieder waren Sozialdemokraten und die Vereinigung als Ganzes bekannte sich zur Idee des Sozialismus. Auch einzelne AnarchistInnen und ganze anarchistische Gruppen wirkten bei den Lokalisten, waren jedoch in der Minderheit. Der Berliner Fachverein der Konfektions- und Maßschneider mußte sich sogar vorwerfen lassen, er betreibe eine «Sonderpolitik», da sein Vorstand ausschließlich von Anarchisten geführt wurde. In Konflikt mit der Sozialdemokratie geriet die Freie Vereinigung erst um 1905. Grund dafür war die Publikation interner SPD-Dokumente zum Massenstreik in der Verbandszeitung «Einigkeit». Ein größeres Problem war jedoch, daß die Lokalisten in der Debatte um politische Massenstreiks eine deutlich antiparlamentarische Stoßrichtung gezeigt hatten. Obwohl die Freie Vereinigung zur gleichen Zeit mit den sozialdemokratisch dominierten Zentralverbänden in Verhandlungen über eine gemeinsame Organisierung stand, spannte sich das Verhältnis immer mehr, weil die SPD die Freie Vereinigung ultimativ zum Anschluß an die Zentralverbände aufforderte (Bock 1969: 26). Schließlich verabschiedete ein Parteitag der SPD im Jahre 1908 mit knapper Mehrheit einen Beschluß, wonach die Mitgliedschaft in der Freien Vereinigung unvereinbar war mit der Mitgliedschaft in der Sozialdemokratie. Diese einseitige Trennung brachte die ohnehin schon in der Krise befindlichen Lokalisten um die letzten Reste ihres Einflusses in der Gewerkschaftsbewegung. Eine weitere Abwanderungswelle reduzierte die Vereinigung zur Bedeutungslosigkeit. Dennoch wurde die Restorganisation samt ihrer Zeitschrift bei Kriegsausbruch 1914 sofort verboten, während die sozialdemokratischen Gewerkschaften sich mit dem Staat und der Kriegspolitik arrangierten.

Die Lokalisten waren die deutsche Variante des *Syndikalismus*, einer in den romanischen Ländern weit stärker verbreiteten Strömung der Gewerkschaftsbewegung. Der Begriff leitet sich vom französischen «syndicat» für «Gewerkschaft» ab. Zentrale Ansprüche des Syndikalismus sind Autonomie der Basis und das Zusammendenken von Politik und Ökonomie. Syndikalistische Gewerkschaften wollten sich nicht auf Lohnkämpfe beschränken und die «eigentliche» Politik den Parteien überlassen. Sie wollten als direkte Vertretung der Arbeiterklasse selbst politisch eingreifen. Viele von ihnen vertraten daher die Idee des revolutionären Generalstreiks. Der Syndikalismus teilte viele Konzepte mit dem Anarchismus – es ist daher nicht verwunderlich, daß etwa in der spanischen Arbeiterbewegung beide Strömungen zum *Anarchosyndikalismus* verschmolzen. Wie das deutsche Beispiel zeigt, war dies jedoch nicht überall so. Syndikalismus und Sozialdemokratie waren zunächst keine Gegenbegriffe.

Auch in Frankreich existierte eine starke syndikalistische Gewerkschaftsbewegung, die sich auf frühsozialistische Theoretiker wie Proudhon bezog. Diese Strömung war wesentlich einflußreicher als die deutsche Variante und dominierte den 1895 gegründeten französischen Gewerkschaftsverband *Confédération Générale du Travail* (CGT). Der Syndikalismus schützte die französische Gewerkschaftsbewegung jedoch nicht vor den Fehlern der deutschen. Auch die CGT ging bei Beginn des Ersten Weltkrieges mit der sogenannten «*Union Sacrée*» ein nationalistisches Bündnis mit der Regierung ein. Dies gilt als Ende der Blütezeit des französischen Syndikalismus.

Der kurze Blick nach Frankreich zeigt also, daß der Syndikalismus keineswegs eine von vornherein lebensunfähige Sackgasse des Sozialismus war, wie es manch marxistische oder sozialdemokratische Darstellung zur deutschen Arbeiterbewegung nahelegt. Das Dilemma aus lokaler Autonomie und überregionaler finanzieller Solidarität war grundsätzlich lösbar. Jedoch schützte eine syndikalistische Politik nicht automatisch vor Nationalismus und politischer Integration – diesen Widersprüchen mußten sich die sozialistischen Bewegungen in ihren verschiedenen Organisationsformen immer neu stellen.

## *Linke Opposition: Die Revolte der Jungen*

**N**icht nur in der Gewerkschaftsbewegung, sondern auch in der SPD gab es nach dem Ende der Verbotszeit Konflikte um den politischen Kurs. Obwohl mit der Übernahme des Marxismus bereits eine gewisse Radikalisierung eingetreten war, formierte sich mit den «Jungen» eine Linksopposition. Sowohl die Lokalisten als auch die Jungen hatten ihre Ursprünge in Konflikten während der Illegalität.

Die Bezeichnung «die Jungen» stand im Gegensatz zur Generation der «Alten» um die Parteigründer Bebel und Liebknecht. Sie entstammte der bürgerlichen Presse, die sich auf eine im Sommer 1890 von den Oppositionellen ausgelöste Zeitungsdebatte bezog (Müller 1975: 46ff).

Urheber der Kontroverse waren Bruno Wille und Hans Müller. Wille war Mitbegründer und erster Vorsitzender des Berliner Arbeitertheater-Vereins «Freie Volksbühne», Müller war Student und freier Journalist. Beide kritisierten in ihren Artikeln die Machtkonzentration bei einigen führenden Persönlichkeiten der Partei. Ihre Kritik war nicht unbegründet, denn in den konspirativen Strukturen der illegalen Sozialdemokratie hatten sich starke informelle Hierarchien herausgebildet.

Zudem forderten Wille und Müller die Unabhängigkeit der Arbeiterzeitungen von der Partei. Die Presse sollte nicht in Parteibesitz übergehen, sondern im Privatbesitz bzw. im Eigentum lokaler sozialdemokratischer Gruppen weitergeführt werden – ein Vorschlag, der sich an der Praxis der halblegalen Zeitungen aus der Endphase der Verbotszeit orientierte. Wille und Müller argumentierten hier nicht ganz uneigennützig. Als freie Journalisten waren sie auf die Einkünfte aus ihren Artikeln in der sozialdemokratischen Presse angewiesen. Eine Zentralisierung und Auftragsentzug bei oppositionellem Verhalten hätte ihre Existenz bedroht. Die Forderung hatte jedoch sehr politische Dimensionen: Wer würde in Zukunft die Diskussionsforen der Partei kontrollieren, wer würde über Einstellung und Entlassung der zahlreichen Angestellten im Umfeld der Parteipresse entscheiden?

Wille und Müller gelang es jedoch nicht, ihre Forderungen präzise zu bündeln und persönliche Vorwürfe von einer politischen Debatte über die Struktur der Partei zu trennen. Dies und die Siegesfreude beim Fall des Verbotes machte es August Bebel und den «Alten» leicht, die Debatte in mehreren Diskussionsveranstaltungen mit überragender Mehrheit für sich zu entscheiden. Bebel nahm die Kritik durchaus persönlich und konnte es sich nicht verkneifen, in einem Artikel darauf zu verweisen, daß manche der von Müller als «Leisetreter» Angegriffenen schon für die Partei gekämpft hatten, als Müller «noch die ersten Höschen trug» (Müller 1975: 59).

Die «Literaten- und Studentenrevolte», wie Friedrich Engels die Opposition nannte, war mit diesem Ordnungsruf an die Jugend jedoch nicht beendet. Im Folgenden solidarisierte sich eine ganze Reihe von Parteimitgliedern mit den Forderungen Willes und Müllers, darunter auch viele Gewerkschafter wie etwa der Berliner Wilhelm Werner. Die Opposition präzisierte ihre Forderungen und kritisierte nun auch die parlamentarische Taktik der Sozialdemokratie. Man machte ihr den Vorwurf einer oberflächlichen, auf Wählerstimmen zielenden Agitation, die gleichzeitig reformistische Erwartungen förderte. Dementsprechend kritisierten die Jungen auch die herausgehobene Stellung der Reichstagsfraktion in der Partei, die in den neuen Parteistatuten noch festgeschrieben werden sollte.

Die Opposition lehnte jedoch die Teilnahme an Wahlen nicht komplett ab. Sie befürwortete die Aufstellung von Kandidaten und forderte, das Parlament als Bühne für die sozialistische Agitation und Öffentlichkeitsarbeit zu benutzen. Ansonsten solle Fundamentalopposition betrieben werden, denn auch positive kleinschrittige Reformen stärkten nicht die Stellung der Bewegung, sondern würden diese unterminieren. Die Jungen kämpften nach eigener Aussage für die «Beseitigung des Klassenstaates», nicht aber für die «Verbilligung des Schweineschmalzes» (Müller 1975: 61). Dies klang markig, überschritt aber die Grenze von der Parlamentarismuskritik zum Dogmatismus. Denn wer wollte den Arbeitern und Arbeiterinnen erklären, daß die sozialistische Bewegung sich für die Preise ihrer Lebensmittel nicht interessierte?

Etwas realistischer war die Politik des Oppositionellen Wilhelm Werner im Berliner Bierboykott von 1890. Dieses Kampfmittel war eine Neuheit – statt durch Einstellung der Arbeit sollte durch Verweigerung des Konsums Druck ausgeübt werden. Im Bierboykott wurden beide Kampfformen kombiniert: Um die Bierbrauer in einem Streik zu unterstützen, boykottierte die sozialistische Arbeiterschaft eine ganze Reihe Berliner Biermarken. Bebel hielt dies für undurchführbar, schimpfte über «frivole Streiks» und das unveranwortliche «Streikfieber» der Basis. Werner behielt jedoch recht. Als Vorsitzender der Berliner Lokalkommission der Sozialdemokratie war er für die Koordination der Versammlungslokale zuständig, zu denen sich die Bewegung erst durch einen vorangegangen Lokalboykott im Jahr zuvor den Zugang erkämpft hatte. Der Bierboykott war ein weit größeres Unternehmen – und dennoch erfolgreich: Die enormen Umsatzverluste zwangen das Kartell der Berliner Brauereien, die Forderungen ihrer Beschäftigten zu erfüllen (Müller

1975: 53). Diese Episode ist mehr als eine alkoholische Anekdote. Sie macht deutlich, daß die alten Kämpfer der Partei wie Bebel und zu einem gewissen Grad auch Friedrich Engels neue Formen des Massenkampfes der Basis nicht immer verstanden oder akzeptierten.

Die Opposition der Jungen schaffte es jedoch ebensowenig, eine alternative Strategie für die Verbindung von Basiskampf und Parlamentarismus zu entwerfen. Dies zeigt etwa ihre Intervention in der Debatte um das Erfurter Programm, in der der oppositionelle Wildberger eine Rückbesinnung auf das vermeintlich revolutionäre Gothaer Programm forderte. Wildberger plädierte dafür, Lassalles Formel von allen nichtproletarischen Schichten als einer einzigen «reaktionären Masse» im Programm zu behalten. Die Berufung auf Gotha war jedoch eher Arbeiterfolklore als fundierte Kritik. Denn die Formel von der «reaktionären Masse» löste nicht das Problem, wie die SPD die verarmenden Mittelschichten für ihre Sache gewinnen konnte, ohne dabei ihre sozialistischen Ziele zu verlieren.

Wie wichtig diese Aufgabe war, zeigt paradoxerweise gerade ein anonymes Flugblatt aus den Reihen der Jungen. Es warf der Partei vor, durch eine Annäherung an das Kleinbürgertum auf Masse und Wählerstimmen zu zielen und forderte eine Konzentration auf das Industrieproletariat. Es hieß: «Die Masse wird im gegebenen Augenblick ebenso rasch abfallen, wie sie gekommen ist [...] Die Masse kann schließlich jeder haben, der es versteht, sich überall den Verhältnissen anzupassen, wie die anti-semitische Agitation dies aufs Deutlichste beweist» (zit. nach Müller 1975: 89). In der Tat war es der Antisemitismus, der seit den 1870ern mit seiner Hetze gegen «die Juden» als vermeintlicher Ursache für die Konzentrationsbewegungen des Kapitals immer mehr Kleinselbständige und Angestellte an sich band. Die Jungen sahen dies klar vor sich – nahmen es aber als Bestätigung für die reaktionäre Natur der Mittelschichten und nicht als Anlaß für einen Kampf *um* die Mittelschicht und *gegen* den Antisemitismus.

Die Mehrheitspartei konnte das Problem jedoch genausowenig lösen. Sie beschloß in Erfurt ein Programm, daß die Proletarisierung der Mittelschichten für unaufhaltsam erklärte – gleichzeitig argumentierten auf demselben Parteitag verschiedene Redner zugunsten staatlicher Unterstützung für die mittelständische Zuckerproduktion, für kleinere Gewehrfabrikanten und die Helgoländer Fischer (Müller 1975: 98). Dieser Widerspruch wurde von den Jungen kritisiert – aber die Partei ließ eine Diskussion nicht zu. Obwohl sich auch die Subventionsbefürworter in direktem Gegensatz zum neuen Programm befanden, mußte nur die Linksopposition die Partei verlassen. Sie wurden auf dem Erfurter Parteitag ausgeschlossen, einige traten vorher selbst aus. Dieser Ablauf zeigte, daß die Kritik der Jungen an autoritären Verkrustungen in der Partei durchaus eine gewisse Berechtigung hatte. Und auch die von den Jungen kritisierte reformistische Unterströmung war hinter der neuen marxistischen Linie zweifellos vorhanden.

Die Jungen schafften es jedoch zu keinem Zeitpunkt, ihre Kritikpunkte zu systematisieren und eine offene Debatte zu erzwingen. Dies lag einerseits daran, daß sie sich zu einem frühen Zeitpunkt mit Ausschlußdrohungen konfrontiert sahen – die Bildung einer geschlossenen Gruppe und die Aufstellung eines Forderungskataloges hätte ihnen neue Spaltungsvorwürfe eingebracht. Gleichzeitig gab es für die Gruppenbildung kaum eine Basis, der Opposition fehlte selbst die innere Geschlossenheit.

Hinzu kam die Tendenz einiger Oppositioneller, persönliche und politische Vorwürfe zu vermischen. Diese personalisierte Debattenkultur war ein Überbleibsel der Verbotszeit, in der Richtungsstreits oft indirekt und über Personenstreits ausgetragen wurden. Als einziger Erfolg der Opposition blieb die Tatsache, daß die Reichstagsfraktion der SPD in Erfurt nicht noch zusätzlich den Status einer Kontrollkommission erhielt, sondern eine getrennte Kommission eingerichtet wurde.

Die Jungen schlossen sich außerhalb der Partei zu einem «Verein unabhängiger Sozialisten» zusammen. Der Verein entwickelte sich in den folgenden Jahren zum Anarchismus, sein Vereinsorgan «Der Sozialist» erreichte zeitweise bis zu 4.500 Leser und Leserinnen, jedoch waren weniger als 500 Menschen Mitglied des Vereins (Müller 1975: 142–143). Anfängliche Debatten zwischen Sozialdemokraten und Anarchisten hatten die neue Gruppierung geschwächt, ihr Einfluß blieb wesentlich geringer als der der Lokalisten, die selbst in ihrer Endphase noch mehrere tausend Mitglieder zählen konnten.

## *Anarchismus in Deutschland*

**D**ie Oppositionsbewegungen der Gruppe Most/Hasselmann sowie der Jungen und Lokalisten zeigten, daß es einen gewissen Zuspruch für antiautoritäre und sozialrevolutionäre Tendenzen in Deutschland gab. Die linksoppositionellen Tendenzen entstanden spontan und unabhängig voneinander, waren also weniger eine ideengeschichtliche Tradition, sondern Ausdruck eines Grundkonfliktes zwischen Zentralismus und Basisdemokratie. Dieser Konflikt wurde im deutschen Fall mehrfach zugunsten repräsentativer Strukturen entschieden. Die sozialistische Bewegung wurde nie diktatorisch und hielt die Praxis demokratischer Wahlen sehr hoch, aber ihre Organisationsprinzipien waren zentral, nicht föderalistisch. Unbewußte Vorbilder waren sowohl der liberale Parlamentarismus Süddeutschlands als auch der preußische Obrigkeitsstaat. Beide überschnitten sich in der Idee der Reform von oben – eine Tendenz, der auch die damals herrschende Lesart der marxistischen Theorie zuneigte (Hoffrogge 2009).

Diese Lesart entstand in den 1880ern, und in dieses Jahrzehnt fällt auch die organisatorische Trennung von Marxismus und Anarchismus. Auf internationaler Ebene wurde sie bereits 1872 vollzogen, als auf dem Haager Kongreß der Ersten Internationale die Anhänger Bakunins ausgeschlossen wurden. Erst nach dieser Kontroverse bürgerte sich auch die Übernahme des Begriffes «Anarchismus» als Selbstbezeichnung für einen antiautoritären Sozialismus ein – zuvor wurden Begriffe wie «föderalistisch» oder «anti-staatlich» benutzt (Schmück 2004). Prägend für die Findungsphase des Anarchismus waren Schriften und Reden des russischen Revolutionärs Michail Bakunin (Degen/Knoblauch 2008: 39–44, Wittkop 1994, Nettlau 1925). Zwar gab es mit Pierre-Joseph Proudhon oder Moses Heß auch unter den Philosophen des Frühsozialismus Vorläufer anarchistischer Ideen, doch Bakunin gilt allgemein als erster Organisator und Theoretiker einer spezifisch anarchistischen Bewegung.

Michail Bakunin wurde 1814 im westrussischen Prjamuchino als Sohn eines adeligen Gutsbesitzers geboren. Als junger Mann wurde er von seinem zarentreuen Vater zum Militärdienst verpflichtet und erlebte 1832 in Polen die Reaktionsphase nach der Niederschlagung der Unabhängigkeitsbewegung. Bakunin distanzierte sich aufgrund dieser Eindrücke zunehmend vom Militär und ging 1835 zum Studium an die Moskauer Universität. Hier kam er mit sozialistischen Ideen und deutscher Philosophie in Kontakt, was im Sommer 1840 zum Anlaß für einen Studienaufenthalt in Deutschland wurde. Bakunin stürzte sich wie andere vor ihm in die Diskussionen der Junghegelianer und begeisterte sich für die Religionskritik eines Ludwig Feuerbach. 1844 wechselte er nach Paris und führte hier erste Streitgespräche mit Karl Marx, im Revolutionsjahr 1848 beteiligte er sich an der Revolution in Frankreich und Deutschland. Die Niederschlagung der Bewegung führte zu seiner Verhaftung und Auslieferung nach Rußland. Bakunin verbrachte die fünfziger Jahre nicht im Exil, sondern unter härtesten Bedingungen in Gefängnis und Verbannung (Wittkop 1994: 48–60). Erst 1861 konnte er aus Sibirien fliehen und erreichte nach einer abenteuerlichen Odyssee über Japan und die USA wieder europäischen Boden. Er beteiligte sich mit Marx am Wiederaufbau der Arbeiterbewegung und das Verhältnis zwischen beiden Revolutionären war zeitweise so gut, daß Bakunin eine allererste Übersetzung des Kommunistischen Manifests ins Russische anfertigte. Erst durch den Richtungsstreit in der Internationalen Arbeiter-Assoziation trennten sich die Wege wieder. Obwohl Bakunin im Gegensatz zu Marx kein philosophischer Systematiker war, gelten seine Schriften dennoch als Grundstein eines *kollektivistischen* Anarchismus, der im Gegensatz zum individuellen Antiautoritarismus den Gedanken der Solidarität betonte.

Das organisatorische Zentrum der Anhänger Bakunins war die Schweizer «Jura-Föderation» als Mitgliedsorganisation der IAA. In Deutschland hingegen dominierte der Konflikt zwischen Lassalleanern und Eisenachern die sozialistische Bewegung.

Die internationale Formierung einer anarchistischen Bewegung hatte daher für Deutschland zunächst kaum Auswirkungen. Später hingegen absorbierten die Sogkraft der in Gotha vereinigten Sozialistischen Arbeiterpartei (SAP) und die Verbotszeit alle Kräfte der Linken.

Erst der Ausschluß von Most und Hasselmann auf dem Exilparteitag der SAP im schweizerischen Sankt Gallen 1887 warf die Frage nach einer eigenständigen Organisation antiautoritärer Kräfte auf. Zuvor hatten diese ihren Platz innerhalb der

Partei – nun jedoch trennte diese sich nicht nur von linken Kritikern, sondern beschloß auch eine allgemeine Resolution zur Verurteilung des Anarchismus.

Diese Anarchismuskritik umfaßte verschiedene Punkte. Erstens wurde der Anarchismus als eine Variante des bürgerlichen Liberalismus dargestellt, zweitens entspräche seine Gesellschaftstheorie nicht der modernen Großindustrie, dritter Punkt war die Verurteilung des Terrorismus. Dieser Punkt nahm den meisten Raum ein. Kritisiert wurde nicht revolutionäre Gewalt als solche, sondern deren individuelle Anwendung durch Attentate auf Politiker und Staatsoberhäupter. Der Parteitag hielt diese Taktik für wirkungslos und sogar schädlich, weil sie das Rechtsgefühl der Massen verletze. Die Sozialdemokratie machte jedoch nicht nur den Anarchismus für die Gewalttaten verantwortlich, sondern auch die «Verfolger und Ächter» – also die staatlichen Unterdrückungsorgane. Dies wurde jedoch relativiert, indem am Schluß auf das Treiben bezahlter Provokateure und die Ausnutzung der Gewaltakte durch die Reaktion verwiesen wurde (Kuhn 2004: 95, 300). Die Delegierten hatten nicht vergessen, daß es zwei Attentate waren, die 1878 dem Staat Vorwände für Grundrechtseinschränkungen und das Verbot der Arbeiterbewegung geliefert hatten.

Die Debatte um Gewalt und Terrorismus war deshalb so wichtig, weil in den 1880ern und 1890ern eine wahre Attentatswelle durch Europa zog. Das Dynamit, jener vom Chemiker Alfred Nobel 1867 zum Patent angemeldete Sprengstoff, faszinierte die Revolutionäre aller Länder und erlangte geradezu Symbolcharakter. Dynamitbomben waren 1881 bei der Ermordung des russischen Zaren benutzt worden und in Frankreich waren die Attentate so zahlreich, daß viele Zeitungen eine eigene Spalte mit dem Titel «La Dynamite» einführten. Dort wurde tagesaktuell über die neuesten Anschläge und Bekennerbriefe berichtet (Rocker 1974: 107). In Deutschland gab es weit weniger Aktionen dieser Art, aber durchaus einige spektakuläre Versuche. Im September 1883 unternahmen die Attentäter Emil Küchler und August Reinsdorf mit Hilfe von 13 Pfund Dynamit einen Anschlag auf den deutschen Kaiser und die Fürstenschaft – die Aristokratie des Reiches hatte sich zur Einweihung eines Denkmals versammelt. Das Unternehmen scheiterte nur, weil die Verschwörer aus Kostengründen auf wasserfeste Lunten verzichtet hatten, Reinsdorf und Küchler wurden 1885 in der Strafanstalt «Roter Ochse» in Halle hingerichtet.

Anschläge dieser Art wurden von Johann Most und anderen als «Propaganda der Tat» begrüßt, weil man auf eine Solidarisierung der Bevölkerung hoffte. Oft genug war jedoch das Gegenteil der Fall: Attentate und politische Morde verletzten das Gerechtigkeitsgefühl vieler Menschen. Presse und Staat setzten hier an und hatten ein großes Interesse, alle Fraktionen der sozialistischen Bewegung in Bausch und Bogen als terroristisch darzustellen und zu isolieren. Ausbleibende Erfolge bei der «Propaganda der Tat», eine zunehmende Bedeutung des gewerkschaftlichen Anarchosyndikalismus in Frankreich und Spanien sowie der Einfluß des Pazifismus nach dem Ersten Weltkrieg führten deshalb Anfang des 20. Jahrhunderts zur Abkehr von diesem Konzept, das bereits in seiner Hochphase durchaus umstritten war.

Indem der Parteitag der SAP von 1887 den Anarchismus auf Attentate reduzierte und ihn für eine «antisozialistische» Ausgeburt des Liberalismus erklärte, übernahmen die Delegierten jedoch das Zerrbild vom anarchistischen Bombenwerfer. Statt verschiedene Punkte anarchistischen bzw. antiautoritären Denkens herauszugreifen und einzeln abzuhandeln, wurden zutreffende Kritikpunkte mit Unterstellungen zu einer Generalabrechnung vermischt. So verschenkte man eine Gelegenheit, über das Verhältnis zum Staat, Organisationsfragen, Gewaltfrage und Menschenbild Diskussionen zu führen, die auch innerhalb des entstehenden Marxismus Klärungen gebracht hätten.

Die Ausgeschlossenen, Most und Hasselmann, setzten aus dem amerikanischen Exil ihre Publikationstätigkeit fort – die Leser und Leserinnen von Mosts «Freiheit» bildeten nun die Grundlage für ein anarchistisches Zirkelwesen. Dessen Strukturen waren aufgrund der Illegalität jedoch eher amorph, anarchistische Schriften hatten eine weit geringere Verbreitung als die marxistische Literatur.

Ein organisierter Anarchismus bildete sich in Deutschland erst 1890–92, als mit dem Ausschluß der Jungen und der Lokalisten neue Strukturen entstanden. Es ist jedoch zu bemerken, daß die Jungen sich erst nach dem Ausschluß zum Anarchismus entwickelten, während die Lokalisten lange eine anarchistisch-sozialdemokratische Mischorganisation waren – es ging ihnen nicht um die Bildung einer politischen Strömung, sondern um basisorientierte Gewerkschaftsarbeit. Obwohl sie in diesem Sinne undogmatisch waren, konnten sie keine Mehrheit für sich gewinnen.

Die Isolation der anarchistischen Gruppen beförderte eine ideologische Abwendung von der Arbeiterbewegung, der zunehmende Einfluß von Gustav Landauer (1870–1919) verstärkte diese Tendenz zur «Akademisierung» (Brandstetter 1977: 34–38, Bock 1969: 16ff).

Landauer war Führungsmitglied des 1908 gegründeten «Sozialistischen Bundes» und Redakteur von dessen Zeitschrift «Sozialist». Sie erreichte ein Publikum von etwa dreihundert Personen, die rivalisierende «Anarchistische Föderation Deutschlands» hatte ähnliche Dimensionen – der deutschsprachige Anarchismus vor 1914 war ein extremes Minderheitenphänomen (Bock 1969: 19, Linse 1969).

Landauers Relevanz besteht daher vor allem in seiner intellektuellen Nachwirkung. Er hob durch zahlreiche Übersetzungen das theoretische Niveau der anarchistischen Theorie in Deutschland, seine Schriften erlebten in den 1920ern viele Neuauflagen und hatten anhaltenden internationalen Einfluß – etwa in der linkszionistischen Kibbuz-Bewegung. Landauers Theorie positionierte sich explizit gegen den «Arbeiteranarchismus» und den «feindseligen Klassenstolz des Arbeiters». Dies beinhaltete eine berechtigte Kritik an der marxistischen Verachtung für das «Lumpenproletariat», trug aber zur weiteren Isolierung des Anarchismus bei. Landauer vertrat den Versuch, eine befreite Gesellschaft schon in der Gegenwart vorwegzunehmen. Beispiele dafür waren freie Schulen, die Propagierung von freier Sexualität, Wohngemeinschaften und Produktivgenossenschaften (Brandstetter 1977: 37). Diese Form des Anarchismus griff vernachlässigte Themen auf: das «private» Geschlechterverhältnis, individuelle Emanzipation, antiautoritäre Erziehung der Kinder. Durch die Integration emanzipatorischer Ideale in den Alltag bekam der Sozialismus eine konkrete Dimension, die von der Sozialdemokratie auf nachrevolutionäre Zeiten vertagt wurde. Auch auf die Mündigkeit der Einzelmitglieder wurde großer Wert gelegt. Gleichzeitig verlor sich aber die Trennschärfe zur bürgerlichen Reformbewegung: Mit einer Relativierung des Klassenkampfes und dem Schwerpunkt auf

Erziehung und Selbstverwirklichung reduzierte sich die gesamtgesellschaftliche Perspektive auf die Vorbildwirkung guter Beispiele. Landauer selbst rechtfertigte dies in der Formel «Durch Absonderung zur Gemeinschaft» (Bock 1969: 18).

In Frankreich lief die Entwicklung völlig anders. Hier festigte sich die Verbindung von Arbeiterbewegung und Anarchismus im Anarchosyndikalismus, der auch in Spanien zur Massenbewegung wurde. In Deutschland hingegen entstand erst im Zuge der Novemberrevolution eine syndikalistische Massenbewegung. Sie gipfelte 1919 in der Umgründung der Reste der lokalistischen «Freien Vereinigung» zur anarchistischen «Freien Arbeiter-Union Deutschlands» (FAUD). Diese hatte zeitweise über hunderttausend Mitglieder, schrumpfte jedoch bis 1933 wieder auf unter fünftausend Anhänger.

## Die Zweite Internationale

Am 14. Juli 1889, dem hundertsten Jahrestag des Sturmes auf die Bastille, trafen sich in Paris sozialistische Parteien und Gewerkschaften aus ganz Europa und den USA sowie aus Argentinien und Ägypten auf einem internationalen Sozialistenkongreß. Das symbolische Datum wurde zum Gründungstag der «Sozialistischen Internationale», in der Geschichtsschreibung auch Zweite Internationale genannt. Obwohl ihre Vorgängerin eher klanglos geendet hatte, war die Idee des Internationalismus in der Arbeiterbewegung lebendig geblieben. Dies lag nicht zuletzt an der fortschreitenden Industrialisierung, die weltweit neue und heftigere Klassenkämpfe hervorrief. In den USA zeigten 1886 die Haymarket-Riots einen Aufschwung der Arbeiterbewegung an, in Deutschland war der große Bergarbeiterstreik gerade beendet worden, und es gab Hoffnung auf einen baldigen Fall des Sozialistengesetzes.

Die sozialistische Bewegung hatte seit dem Ende der Ersten Internationale einen qualitativen Sprung gemacht. Dies zeigte auch die Ausstrahlung des Sozialistenkongresses – vierhundert Delegierte vertraten über dreihundert Organisationen mit etwa einer Million Mitgliedern. Diese Zahlen sollten in den nächsten Jahren noch sprunghaft ansteigen.

Während die Erste Internationale eher die Geburtshelferin der europäischen Arbeiterbewegung war, entwickelte sich ihre Nachfolgerin zu einer Vereinigung von sozialistischen Massenbewegungen. Ihren globalen Anspruch konnte sie jedoch auch nicht einlösen – sie blieb eine überwiegend europäische Veranstaltung, obwohl sich auch Delegationen aus Japan und den USA kontinuierlich beteiligten. Diese europäische Dominanz blieb nicht ohne Wirkung auf die Debatten, in denen teilweise auch die Kolonialpolitik der Imperialmächte befürwortet wurde. Derartige Stimmen fanden zwar keine Mehrheit, verhinderten aber eine grundsätzliche Stellungnahme der Internationale gegen den Kolonialismus.

Im Vorfeld des Pariser Kongresses war aufgrund heftiger Richtungsstreits jedoch nicht einmal die europaweite Etablierung einer neuen Internationale absehbar. Friedrich Engels als wesentlicher Organisator des Kongresses zweifelte noch im Mai 1889 am Erfolg des Unternehmens. Einem Genossen schrieb er: «Die Schreibereien und Laufereien wegen des verdammten Kongresses lassen mir keine Zeit zu etwas anderem. Es ist eine Schererei vom Teufel, nichts als Mißverständnisse, Krakeel und Verdrießlichkeit von allen Seiten, und dabei kommt bei der ganzen Sache schließlich nichts heraus» (MEW 37: 200).

Tatsächlich fanden in Paris zwei Kongresse gleichzeitig statt, weil sich die reformorientierte Richtung der französischen «Possibilisten» nicht mit den anderen Gruppierungen einigen konnte. Der Possibilistenkongreß blieb jedoch das Unternehmen einer Minderheit, das Fernbleiben der französischen Reformer begünstigte sogar die Durchsetzung der Marxschen Theorien auf internationaler Ebene.

Zwischen 1891 und 1912 führte die in Paris gegründete Sozialistische Internationale noch acht weitere Kongresse durch, die zunächst von Engels persönlich koordiniert wurden, bis schließlich 1900 in Brüssel ein «Internationales Sozialistisches Büro» eingerichtet wurde. Damit besaß die Internationale eine kontinuierliche Repräsentation. Sie blieb jedoch stets ein loser Zusammenschluß, dessen Beschlüsse trotz ihrer offiziell verbindlichen Natur eher demonstrative Resolutionen für die Öffentlichkeit waren. Dies war durchaus so gewollt, um die Autonomie der jeweiligen Bewegungen nicht einzuschränken. Man lernte dabei auch aus den negativen Erfahrungen beim Versuch einer zentralistischen Organisation der Ersten Internationale (Meyer 1984: Bd. 1, Teil 2, S. 262).

Eine Bilanz der Zweiten Internationale zog der sozialistische Historiker Max Beer bereits Anfang der zwanziger Jahre: «Die Geschichte der Zweiten Internationale zerfällt – ihren wichtigsten Beschlüssen nach – in drei Abschnitte:

1. bis einschließlich 1896 galt es eine klare Scheidelinie zwischen Sozialismus und Anarchismus zu ziehen und der Internationale eine feste Organisationsform zu geben: Es wurden das Internationale Sozialistische Bureau geschaffen und die Zulassungsbedingungen formuliert.
2. bis einschließlich 1904 drehten sich die Auseinandersetzungen um die Festlegung der Grundsätze des politischen Klassenkampfes.
3. die letzte Phase war gekennzeichnet durch ihre Bemühungen, die Völker auf die wachsende Gefahr imperialistischer Kriege aufmerksam zu machen sowie die Stellungnahme der Internationale zu diesen katastrophalen Ereignissen zu bestimmen.

Erfolgreich war die Zweite Internationale nur in ihrer Fernhaltung der Anarchisten. Das Ergebnis der Züricher und Londoner Kongreßdiskussionen war wie folgt: Zuzulassen sind nur Organisationen, die die Prinzipien des Sozialismus und den politischen Klassenkampf anerkennen. Weit weniger entschieden war man im Kampfe gegen ‹rechts›, gegen den wachsenden Einfluß des Reformismus» (Beer 1932: 581).

Obwohl der Marxist Beer nicht an der Notwendigkeit einer Bekämpfung des Anarchismus zweifelte, mußte selbst er im Rückblick zugeben, daß die Sozialistische Internationale keineswegs aus dieser Richtung bedroht wurde. Die beim Brüsseler Kongreß des Jahres 1891 erstmals anwesenden anarchistischen Delegierten waren nicht zahlreich, obwohl ihre zwei spanischen Abgesandten eine Mehrheit der dortigen Gewerkschaftsbewegung repräsentierten. Der Vertreter der spanischen Sozialisten Pablo Iglesias vertrat hingegen nur eine geringe Minderheit. Der aus Deutschland angereiste SPD-«Junge» Rudolf Rocker berichtete in seinen Memoiren, daß die spanischen Sozialisten so einflußlos waren, daß sie in ihrem Heimatland als «partido microscópico» verspottet wurden (Rocker 1974: 53). Rocker selbst wurde später zu einem der bekanntesten Vertreter des deutschsprachigen Anarchismus. Trotz ihres Einflusses wurden die Anarchisten schon am zweiten Konferenztag ausgeschlossen, während Iglesias als legitimer Vertreter der spanischen Arbeiterklasse anerkannt wurde.

Der Anarchismus war den Marxisten nicht nur wegen der alten Querelen zwischen Marx und Bakunin ein Dorn im Auge, sondern vor allem deshalb, weil er den Kampf um die Übernahme des Staates einschließlich der Teilnahme an Wahlen ablehnte, denn nichts anderes war mit der Formel vom «politischen Klassenkampf» gemeint. Die Sozialistische Internationale definierte den Begriff des Politischen bewußt so eng, daß er die im Anarchosyndikalismus übliche Organisationsform einer selbständig politisch handelnden Gewerkschaftsbewegung ausschloß. Damit wurde eine problematische Trennung von Politik und Ökonomie samt Arbeitsteilung von Partei und Gewerkschaftsbewegung festgeschrieben und die politische Praxis der sozialistischen Parteien gleichzeitig auf Wahlen eingeengt.

Trotz ihrer positiven Einstellung zu Wahlen und Parlamentsarbeit verurteilte die Sozialistische Internationale jedoch in ihrer «zweiten Phase» jede Form von Koalitionsregierung mit bürgerlichen Partnern. Anlaß dieser Entscheidung war der 1899 erfolgte Eintritt des französischen Sozialisten Alexandre Millerand in eine bürgerliche Regierung. Obwohl Millerand gegen den Willen seiner Partei handelte, warf sein Schritt die Frage nach den konkreten Umständen einer möglichen sozialistischen Machtübernahme auf. Im Ergebnis wurde die Koalitionspolitik verurteilt und auf dem Kongreß von 1904 sogar eine allgemeine Resolution gegen den Reformismus angenommen (Meyer 1984: Bd. 1, Teil 2, S. 240, 264, 273f). Es kam aber im Rahmen der Internationale nicht zu einer produktiven Debatte über die Ausweitung des alltäglichen Klassenkampfes zu einer revolutionären und systemüberwindenden Praxis. Die auf Regierungsebene abgelehnte Praxis von Reformen und Kompromissen wurde auf weniger prominenten Bühnen wie der Sozialpolitik oder dem Arbeitsrecht weiterpraktiziert.

Es war letztlich nicht der Reformismusstreit, sondern die in der «dritten Phase» diskutierte Friedensfrage, welche zum tragischen Ende der Internationale führte. Obwohl die sozialistischen Parteien und Gewerkschaften Angriffskriege prinzipiell ablehnten und verschiedene Resolutionen dazu verfaßten, wurden keine konkreten Widerstandsformen verabredet (Beer 1932: 582ff). Als im Sommer 1914 der lange befürchtete Weltkrieg kam, brach die Internationale auseinander – genau dann, als die Welt sie am dringendsten gebraucht hätte. Bis zuletzt hatte sich Jean Jaurès als Vorsitzender der SFiO, der größten sozialistischen Partei in Frankreich, für einen Ausgleich zwischen Deutschland und Frankreich eingesetzt. Er wurde jedoch am 31. Juli 1914 von einem Nationalisten ermordet. Die Geschichte lief mit beschleunigtem Tempo in die «Julikrise» des Jahres 1914. Jahrelange Versäumnisse der Zweiten Internationale ließen sich angesichts der sich überschlagenden Ereignisse nicht mehr beheben.

Einen Tag nach Jaurès Tod begann mit einer Kette von Kriegserklärungen das Verhängnis. Die Mitgliedsparteien der Internationale unterstützten mit wenigen Ausnahmen die Politik ihrer nationalen Regierungen, überall behaupteten sie einen Verteidigungskrieg und machten die jeweiligen Gegner für die Eskalation verantwortlich. Der Sozialismus hatte die bisher größte Niederlage in seiner Geschichte erlitten.

Eine Neugründung der Zweiten Internationale erfolgte erst 1923 unter dem Namen «Sozialistische Arbeiter-Internationale», nun als sozialdemokratische Dachorganisation in Konkurrenz zur «Dritten Internationale» der Kommunistischen Parteien. Nach dem Zweiten Weltkrieg gründete sich die Sozialistische Internationale unter dem alten Namen neu und existiert seit 1951 als Zusammenschluß der internationalen Sozialdemokratie – jedoch zeitweise mit dubiosen Mitgliedern wie der tunesischen Staatspartei RDC samt ihrem Diktator Zine Ben Ali. Die RDC wurde erst in letzter Minute ausgeschlossen, bevor sie im Januar 2011 durch eine Revolution gestürzt wurde. An ihre revolutionäre Gründerzeit konnte oder wollte die Sozialistische Internationale nach dem Zweiten Weltkrieg nicht mehr anknüpfen.

## *Rosa Luxemburg vs. Eduard Bernstein: Der Revisionismusstreit*

Zeitgleich zu den Debatten der Internationale wurde auch in Deutschland ein Reformismusstreit geführt. «Reform oder Revolution» war das Stichwort, unter dem dieser Konflikt damals diskutiert wurde – ein Gegensatz, der bis heute eine Gretchenfrage der Linken darstellt.

Obwohl es bereits in früheren Jahrzehnten ähnliche Auseinandersetzungen gab, standen sich im Revisionismusstreit der 1890er Jahre die verschiedenen Positionen erstmals ausformuliert gegenüber. Dies lag daran, daß eine Beeinflussung der Regierungspolitik mit der neuen Stärke der Bewegung eine reale Möglichkeit geworden war, während etwa Lassalles Dialog mit Bismarck kaum als Gespräch unter Gleichen anzusehen war.

Trotz der vermeintlichen Unversöhnlichkeit beider Positionen wird beim genauen Hinsehen klar, daß sich der Revisionismusstreit keineswegs nur auf die Frage der revolutionären Prinzipienfestigkeit reduzierte. Auch die damaligen Vertreter und Vertreterinnen einer revolutionären Strategie mußten immer wieder mit der Bewegung um alltägliche Verbesserungen in der Gegenwart kämpfen. Alles andere wäre zynisch gewesen, denn auch die kleinschrittigste Politik behandelte immer wieder Überlebensfragen, etwa bei den Lohnkämpfen der immer noch periodisch vom Hunger geplagten Arbeiterklasse.

Aber auch die Reformisten waren fest davon überzeugt, daß nur eine grundsätzliche sozialistische Umwälzung die durch die Herrschaft des Kapitals verursachten sozialen Probleme lösen würde. Sie glaubten, gerade durch Reformen zum Sozialismus zu gelangen. Ohne Ausnahme stellten sie sich deshalb auf dem Erfurter Parteitag hinter das von Kautsky formulierte marxistische Programm.

Es gab also durchaus Überschneidungen zwischen den gegensätzlichen Strömungen. Wichtiger ist daher, daß der sich herausbildende Konflikt der politischen Richtungen nicht allein den verschiedenen Ideen in den Köpfen der politisch Aktiven entsprang. Er entwickelte sich vielmehr direkt aus den Widersprüchen der politischen Praxis.

Daher ist es auch nicht verwunderlich, daß die Reformdebatte eine ständige Kontinuität aufwies. Nicht zu Unrecht bezogen sich etwa die oppositionellen «Jungen» in den Diskussionen von 1890 auf eine parlamentarismuskritische Schrift Wilhelm Liebknechts aus dem Jahr 1869 – sie versuchten erfolglos, die Veteranen der Partei mit ihren eigenen Ansichten zu überführen (Liebknecht 1869, Müller 1985: 96).

Etwas mehr Resonanz fand die Kritik der Jungen an den Positionen des bayrischen Sozialdemokraten Georg von Vollmar. Dieser hatte 1891 in zwei Reden im Münchener Bierlokal «Eldorado» für ein Bündnis mit anderen Parteien und die Aufstellung reformorientierter «positiver Aktionsprogramme» geworben. Die darauf folgende Debatte war ein direkter Vorläufer des Revisionismusstreites. Vollmar war ein klassischer Vertreter der süddeutschen Sozialisten, die schon in vergangenen Jahrzehnten auf eine parlamentarische Zusammenarbeit mit liberalen Kräften orientiert waren. Obwohl die Sozialdemokratie diese Taktik 1875 mit dem Gothaer Programm aufgegeben hatte, gab es immer wieder Versuche, den Kurs umzukehren.

Die Jungen fanden mit ihrer Kritik an Vollmar schnell Gehör. So forderte z. B. eine Schuhmacherversammlung in Berlin unter ihrem Einfluß den Ausschluß Vollmars aus der Bewegung. Interessant ist, daß die Redaktion der Parteizeitung «Vorwärts» auf diese Kritik nicht inhaltlich einging, sondern der Versammlung stattdessen das formale Recht absprach, einen Parteiausschluß zu beschließen oder auch nur zu diskutieren (Müller 1985: 83). August Bebel distanzierte sich in der Folge von Vollmars Ansichten, erklärte diese jedoch gleichzeitig zu einer Privatmeinung. Damit wurde der in Bayern sehr einflußreiche Vollmar geschont, während sich die Jungen in der Parteipresse als «Krakeeler» und «Radaumacher» beschimpfen lassen mußten. Vollmar konnte sich mit seinen Ansichten dennoch nicht durchsetzen: Im Erfurter Programm wurden Bourgeoisie und Proletariat als «feindliche Heerlager» beschrieben, der Parteitag stimmte dieser Formulierung einstimmig zu. Allerdings wurde Vollmar im Gegensatz zu den Jungen nicht aus der Partei ausgeschlossen und die Übergangsforderungen am Ende des Erfurter Programms kamen seiner Forderung nach einem Aktionsprogramm durchaus nahe.

Auf diese Vorgeschichte folgte fünf Jahre später der eigentliche Revisionismusstreit, ausgelöst durch die Thesen von Eduard Bernstein. Bernstein kam 1850 in Berlin-Schöneberg als Sohn eines Lokomotivführers zur Welt. Er musste mit 16 Jahren aus

Geldmangel das Gymnasium verlassen und begann eine Lehre als Bankkaufmann. 1872 stieß er zur Eisenacher SDAP, 1875 beteiligte er sich an den Vorbereitungen des Gothaer Vereinigungsparteitages. In der Verbotszeit lebte er zunächst in der Schweiz und dann in London, wo er Kontakt zu Friedrich Engels knüpfte. Im Exil wirkte Bernstein als Redakteur der Zeitung «Sozialdemokrat» und förderte die Verbreitung des Marxismus in der Bewegung. Die preußischen Behörden hielten ihn für so gefährlich, daß sie ein gegen ihn verhängtes Einreiseverbot erst 1901 aufhoben. Seine Interventionen in die Parteipolitik mußten sich daher lange Zeit auf die theoretische Debatte beschränken.

Auf diesem Feld löste er 1896/97 mit einer Artikelserie in der sozialistischen Theoriezeitschrift «Neue Zeit» eine Kontroverse um die «Revision» des Marxismus aus. Bernsteins Revision bestand vor allem darin, daß er die im Kommunistischen Manifest und im Erfurter Programm enthaltene Annahme von einer raschen Konzentration des Kapitals und der daraus abzuleitenden Proletarisierung der Mittelschichten widerlegen wollte. Gemäß der damals gängigen Lesart sollte die Konzentration zu einer raschen Verschärfung der Klassenkämpfe und letztlich zur Revolution führen. Bernstein beobachtete stattdessen eine Stabilisierung der Mittelschichten, eine geringere Krisenanfälligkeit des Kapitalismus sowie Tendenzen zu stärkerer staatlicher Regulation bei gleichzeitiger Demokratisierung. Bernstein beschrieb einen realen Wandel der kapitalistischen Produktion, die von ihrer halbfeudalen Erscheinung in den 1840er Jahren zu immer organisierteren und regulierteren Formen fand. Anonyme Eigentumsformen wie Aktiengesellschaften lösten mehr und mehr die Herrschaft der einzelnen Privatkapitalisten ab, und auch der Staat spielte eine aktivere Rolle – was sich in Form von Arbeitsschutz- und Sozialgesetzen teilweise günstig für die Arbeiter und Arbeiterinnen auswirkte. Diese Tendenzen wurden begleitet vom Konjunkturaufschwung der 1890er Jahre, der das Ende einer langen Stagnationsphase der Weltwirtschaft einleitete. Aufgrund dieser Erfahrungen kritisierte Eduard Bernstein die damals verbreiteten Zusammenbruchstheorien, welche nicht selten einer religiösen Naherwartung glichen.

Bernstein orientierte sich auf einen evolutionären Übergang zum Sozialismus und nicht auf einen revolutionären Bruch. Dabei hatte er als langjähriger Londoner auch das Vorbild der englischen Arbeiterbewegung vor Augen. Diese wurde von sehr pragmatischen Gewerkschaften – den *trade unions* – dominiert. Eine landesweite Arbeiterpartei bildete sich in England erst im Jahre 1900 als Wahlbündnis aus *trade unions* und kleineren sozialistischen Gruppen und Parteien wie der *Fabian Society*, der auch Bernstein nahestand. Der Marxismus spielte in der neugegründeten *Labour Party* nur eine untergeordnete Rolle, während er in Deutschland die integrative Klammer der gesamten sozialistischen Bewegung war. Bernstein verteidigte die Schlüsselstellung des Marxismus, wollte diesem jedoch eine reformerische und evolutionäre Orientierung geben.

Obwohl Reformpolitik und evolutionistische Ideen auch bei vielen vermeintlich revolutionären Marxisten verbreitet waren, beging Bernstein durch die Direktheit seiner Thesen einen Tabubruch. Er schrieb etwa: «In einem guten Fabrikgesetz kann mehr Sozialismus stecken als in der Verstaatlichung einer ganzen Reihe von Fabriken. Ich gestehe offen, ich habe für das, was man gemeinhin unter ‹Endziel des Sozialismus› versteht, außerordentlich wenig Sinn und Interesse. Dieses Ziel, was immer es sei, ist mir gar nichts, die Bewegung alles» (Bernstein 1897). Bernstein forderte, die Sozialdemokratie umzubenennen und sie zu einer «demokratisch-sozialistischen Reformpartei» zu machen. Der Revisionist Bernstein prägte damit die Formel vom «demokratischen Sozialismus», die bis heute in Programmen sozialdemokratischer Parteien enthalten ist, meist jedoch die Rolle des linken Feigenblatts einnimmt, das eine offensichtliche programmatische Nacktheit verdeckt.

Bernstein faßte seine Thesen 1899 im Buch «Die Voraussetzungen des Sozialismus und die Aufgaben der Sozialdemokratie» zusammen. Es war sein Verdienst, eine längst fällige Debatte über den Zusammenhang von Theorie und Praxis in der sozialistischen Bewegung einzufordern.

Die entschiedenste innerparteiliche Gegnerin fand Bernstein in Rosa Luxemburg (Laschitza 1996, Schütrumpf 2006). Luxemburg wurde 1871 im polnischen Zamosc geboren, das damals Teil des russischen Reiches war. Sie stammte aus einer wohlhabenden jüdischen Familie und konnte nach dem Abschluß des Gymnasiums als eine der ersten Frauen ihrer Generation ein Studium an der Universität Zürich antreten und promovierte sogar in Nationalökonomie. Schon vor dem Studium war sie in sozialistischen Gruppen aktiv, gemeinsam mit ihrem Lebensgefährten Leo Jogiches hatte sie 1893 die Gründung der *Sozialdemokratie des Königreiches Polen und Litauen* vorangetrieben. Diese Partei verstand sich als revolutionäre Alternative zur *Polnischen Sozialistischen Partei* (PPS), welche in erster Linie die nationale Unabhängigkeit Polens anstrebte. Luxemburg und ihre Genossen hatten für nationale Sonderwege nichts übrig und argumentierten für eine sozialistische Revolution im gesamten russischen Imperium, daß sie als wirtschaftliche Einheit betrachteten. 1898 erlangte Rosa Luxemburg durch eine Scheinehe die preußische Staatsbürgerschaft und siedelte nach Berlin über, wo sie sich an den Debatten der deutschen Sozialdemokratie beteiligte. Die deutschen Diskussionen besaßen damals Ausstrahlung in ganz Europa, denn die SPD war die weltweit mitgliederstärkste sozialistische Partei und führende Kraft der Sozialistischen Internationale. Zudem waren nicht nur die Werke der Klassiker Marx und Engels in deutscher Sprache verfaßt, sondern das Deutsche hatte insgesamt den Rang einer europäischen Wissenschaftssprache. Viele Intellektuelle vor allem in Osteuropa sprachen es fließend, darunter auch prominente Sozialisten wie Lenin, Trotzki und eben Luxemburg. Letztere machte sich vor allem als Rednerin und Autorin einen Namen – an einer klassischen Organisationskarriere wurde sie dadurch gehindert, daß Frauen weder aktives noch passives Wahlrecht für Reichstag und Länderparlamente besaßen.

Rosa Luxemburg widersprach Bernsteins Thesen in einer Artikelserie in der Leipziger Volkszeitung und durch Redebeiträge auf dem Stuttgarter Parteitag von 1898. Ein Jahr später faßte sie ihre Positionen unter dem Titel «Sozialreform oder Revolution?» in Buchform zusammen. Ähnlich wie den «Jungen» machte man auch der damals 28 Jahre zählenden Rosa Luxemburg ihre vermeintliche Unerfahrenheit sowie Respektlosigkeit gegenüber «Veteranen» wie Vollmar und Bernstein zum Vorwurf. Diese Vorwürfe wischte Luxemburg jedoch gekonnt vom Tisch, wie ein Blick ins Protokoll des Stuttgarter Parteitages zeigt: «Daß ich noch meine Epauletten in der deutschen Bewegung erst holen muß, weiß ich; ich will es aber auf dem linken Flügel tun, wo man mit dem Feinde kämpfen, und nicht auf dem rechten, wo man mit dem Feinde kompromisseln will. (*Widerspruch.*) Wenn aber Vollmar gegen meine sachlichen

Ausführungen das Argument ins Feld führt: Du Gelbschnabel, ich könnte ja dein Großvater sein, so ist das für mich ein Beweis, daß er mit seinen logischen Gründen auf dem letzten Loche pfeift. (*Lachen*)» (Luxemburg 1898a).

Luxemburg war nicht nur rhetorisch geschickter als die Jungen, sie besaß auch alle nötigen nationalökonomischen Kenntnisse, um Bernstein auf dem Gebiet der Theorie zu begegnen. Die Revisionisten hatten eine Gegnerin von Format gefunden. Luxemburg konterte Bernsteins Auffassung von der Aktiengesellschaft als vermeintlicher Demokratisierung des Kapitalismus, indem sie das Aktienkapital anhand empirischer Beobachtungen als Form der Kapitalkonzentration beschrieb – eine These, die sich im Zeitalter der Großkonzerne bestätigt hat.

In Fragen der politischen Taktik verteidigte Luxemburg vehement das «Endziel» der sozialistischen Bewegung, das sie auf die Eroberung der politischen Macht zuspitzte. In Abgrenzung zur Idee der revolutionären Verschwörung, wie sie im Frühsozialismus und den Geheimbünden des Handwerkerkommunismus noch üblich war, betonte Luxemburg jedoch die Notwendigkeit einer Machteroberung durch die *gesamte* Arbeiterklasse als Mehrheit der Bevölkerung. Diese könne nicht durch «eine Handvoll von Emissären» ersetzt werden. Nur im praktischen Kampf um Reformen könne eine solche Mehrheit für das Ziel der sozialistischen Gesellschaft gewonnen werden, aber nur durch Orientierung auf das Endziel würden die Reformkämpfe überhaupt zu einer sinnvollen Politik zusammenfinden. Luxemburg schrieb: «Der eigentliche praktische Kampf zerfällt in drei Punkte: den gewerkschaftlichen Kampf, den Kampf um die Sozialreform und den Kampf um die Demokratisierung des kapitalistischen Staates. Sind diese drei Formen unseres Kampfes eigentlicher Sozialismus? Durchaus nicht. Zunächst die gewerkschaftliche Bewegung! Schauen Sie nach England, dort ist sie nicht nur nicht sozialistisch, sondern zum Teil ein Hindernis für den Sozialismus. Die Sozialreform wird vom Kathedersozialismus, den Nationalsozialen und ähnlichen Leuten ebenfalls betont.[9] Demokratisie-

9 Das «Katheder» ist ein Redepult; mit dem «Kathedersozialismus» ist ein akademischer, letztendlich auf kleinteilige Änderungen hinauslaufender Sozialismus gemeint, oft auch ein Synonym für konservativ-reformerischen «Staatssozialismus» im Sinne Bismarcks. Der 1896 gegründete «Nationalsoziale Verein» verband Kolonialpropaganda mit einer christlich-nationalen Sozialidee.

rung ist aber etwas spezifisch Bürgerliches. Die Demokratie hatte die Bourgeoisie schon vor uns auf ihre Fahne geschrieben. Was macht uns dann in unserem alltäglichen Kampfe zur sozialistischen Partei? Es ist nur die Beziehung dieser drei Formen des praktischen Kampfes zum Endziel. Nur das Endziel ist es, welches den Geist und den Inhalt unseres sozialistischen Kampfes ausmacht, ihn zum Klassenkampf macht» (Luxemburg 1898a).

Luxemburg forderte eine Dialektik von Reform und Revolution – eine Doppelstrategie, bei der jede Reform den Sozialismus nicht *schrittweise* verwirklichen, sondern die Arbeiter und Arbeiterinnen zu seiner *vollen* Verwirklichung im revolutionären Bruch ermächtigen sollte. Um diesen Bruch zu unterstreichen, schreckte sie nicht vor deutlichen Worten zurück: «Klipp und klar müssen wir sagen, wie der alte Cato: ‹Im übrigen bin ich der Meinung, daß dieser Staat zerstört werden muß›»(Luxemburg 1898a).

Eine fertige Utopie der sozialistischen Gesellschaft, die über die Forderungen des Erfurter Programms nach sozialistischen Eigentums- und Produktionsformen hinausging, vertrat Luxemburg jedoch nicht. Das Endziel sah sie ganz klassisch als Machtübernahme durch Klassenkampf, jedoch mit starker Betonung der Eigenaktivität der Arbeitenden. Sie befand sich damit im Widerspruch zur bisherigen Repräsentationspolitik von Sozialdemokratie und Gewerkschaften, kritisierte später aber auch ähnliche Tendenzen bei Lenin.

Oberflächlich betrachtet blieb Luxemburg Siegerin im Revisionismusstreit. Das Zentrum der Partei um Bebel und Kautsky stellte sich gegen den Revisionismus, mehrere Parteitagsresolutionen folgten ihrem Votum. Im Jahr 1903 lehnte der Dresdener Parteitag Bernsteins Ideen endgültig ab.

Die Idee einer «Revision» der Marxschen Theorie war damit beerdigt – der Marxismus hatte in der sozialistischen Bewegung Deutschlands einen unangreifbaren Status erreicht. Die Geschlossenheit, mit der Bernsteins Thesen bei allen Abstimmungen zurückgewiesen wurden, beruhte auf einem Einverständnis der Linken um Rosa Luxemburg mit dem marxistischen «Zentrum» der Partei, das politisch von Bebel und auf theoretischem Gebiet von Kautsky geführt wurde. Das Bündnis kam dadurch zustande, daß sich sowohl Luxemburg als auch Kautsky und Bebel als Verteidiger einer klassischen sozialistischen Theorie im

Geiste von Marx und Engels fühlten. Die Vertreter des um den Parteivorstand gruppierten Zentrums der Partei scheute sich nicht, für seinen Standpunkt schließlich die Bezeichnung des «orthodoxen Marxismus» zu übernehmen, obwohl der Begriff orthodox ursprünglich aus der Kirchengeschichte stammte und rechtgläubige Christen von Ketzern unterscheiden sollte.

Trotz des Bündnisses blieben auch nach der Debatte politische Unterschiede bestehen. Erstmals waren überhaupt ausformulierte Strömungen innerhalb der Partei entstanden, die sich in den folgenden Jahren noch verfestigten, etwa durch den Bruch von Luxemburg und Kautsky um 1910. Die Unterteilung in Linke, Zentrum und Revisionisten deckte dabei nicht die ganze Palette des politischen Spektrums ab. Denn neben den bekennenden Revisionisten gab es eine ganze Reihe von Sozialdemokraten, die in der Theorie stets mit dem Zentrum gingen, obwohl sie in der Praxis längst eine Politik nach bernsteinschem Muster betrieben. Der wichtigste Vertreter dieser Strömung war Carl Legien als Vorsitzender der Generalkommission der Gewerkschaften. Das Geheimnis der widersprüchlichen Haltung dieser Reformisten lag schlicht darin, daß viele der «Praktiker» sich einfach nicht für politische Theorie interessierten. Ganz in diesem Sinne schrieb das SPD-Vorstandsmitglied Ignaz Auer seinem Freund Bernstein im Juli 1899: «Mein Lieber Ede […] so was beschließt man nicht, so was sagt man nicht, so etwas tut man» (Weber 1991: 107).

Im Gegensatz zu den Revisionisten wurden die Reformisten vom Parteizentrum nicht offen angegriffen, obwohl ihre Reformpraxis selten oder gar nicht in Verbindung mit dem im Erfurter Programm geforderten sozialistischen Endziel trat. Denn die wichtigste Priorität des marxistischen Zentrums war es, die Einheit der Partei zu wahren. Diese war angesichts der Stärke des Gegners nichts, was leichtfertig aufs Spiel gesetzt werden konnte. Mit der durch Formelkompromisse oft nur oberflächlich hergestellten Einheit wurde jedoch stillschweigend in Kauf genommen, daß der Marxismus und die theoretischen Leitsätze der Partei immer mehr den Charakter von Bekenntnissen annahmen. Man durfte ihnen nicht offen widersprechen, mußte sie aber im alltäglichen Kampf nicht weiter ernstnehmen. Diese fast schon rituelle Hinwendung zum Marxismus erinnert nicht zufällig an die Doppelmoral der katholischen Kirche. In der Tat war der Sozialismus für viele Mitglieder auch ein Religionsersatz: Weniger eine Theorie zum Verständnis des praktischen Lebens und seiner Kämpfe, sondern eine ferne Zukunftsvision, in die man sich angesichts des trüben Alltags flüchtete. Insbesondere die geschichtsphilosophische Gewißheit, eines Tages zu den Siegern der Geschichte zu gehören, kompensierte die tatsächliche Ohnmacht der Arbeiter und Arbeiterinnen in der wilhelminischen Gesellschaft (Lucas 1983: 71–88).

## Die Massenstreikdebatte als Konflikt zwischen Partei und Gewerkschaften

**M**it der Einigung der Partei durch das «marxistische Zentrum» um Bebel und Kautsky war die Debatte um die politische Praxis der sozialistischen Bewegung nicht beendet. Denn beschlossen wurde hier nur die Beibehaltung der marxschen Theorie in ihrer bisherigen Lesart, nicht aber ihre konkrete Anwendung auf die Dynamik der politischen Verhältnisse.

Zum Auslöser für einen neuen Konflikt um die politischen Kampfformen wurde die Wahlrechtsfrage. Trotz großer Erfolge der Sozialdemokraten bei den Reichstagswahlen und einer immer professionelleren parlamentarischen Arbeit war die Bewegung ihrer Forderung nach einer Demokratisierung des deutschen Staatswesens keinen Schritt nähergekommen. Im Gegenteil: 1896 wurde im Königreich Sachsen, einer der Hochburgen der Sozialdemokratie, das Dreiklassenwahlrecht nach preußischem Vorbild eingeführt. Sozialdemokratie und Gewerkschaften gelang es nicht, effektiven Widerstand gegen diesen «Wahlrechtsraub» zu organisieren. Auch in anderen Regionen wie etwa den Städten Hamburg, Dresden und Kiel mußte sie undemokratische Wahlrechtsänderungen hinnehmen (Meyer 1984: Bd. 1, Teil 2, S. 246).

Es war Rosa Luxemburg als Vertreterin der revolutionären Linken, die der Debatte über die eigentlich «reformistische» Forderung nach freien Wahlen neuen Auftrieb gab. Sie konkretisierte ihre Überlegungen zur Dialektik von Reform und Revolution, indem sie die Erkämpfung der Wahlrechtsreform durch das revolutionäre Mittel des politischen Massenstreiks vorschlug. Mit dem Wort «Massenstreik» meinten die Verfechter eine Maßnahme, die alle verfügbaren Kräfte auf ein Augenblicksziel konzentriert, im Idealfall alle Branchen erfaßte und damit die Wirtschaft einer Region oder eines Staates zum Erliegen brachte. Das war ein Unterschied zum von den Anarchisten und Anarchistinnen propagierten Generalstreik, der möglichst gesamten Arbeiterklasse, welcher der Auftakt zur sozialen Revolution sein sollte (Bock 1969:30). Jedoch wurden beide Aktionsformen im damaligen Verständnis nicht auseinandergehalten, auch Luxemburg sah den Massenstreik als Etappe im revolutionären Prozeß.

Ähnliche Vorschläge hatte es schon vorher gegeben: Ausgerechnet ihr alter Widersacher Bernstein hatte schon 1902 Streiks für den Kampf um Wahlrechtsreformen vorgeschlagen. Auf diesen Vorschlag berief sich zwei Jahre später Karl Liebknecht und beantragte, die Frage politischer Streiks auf einem Parteitag zu diskutieren. Liebknechts Vorschlag wurde «zur Erwägung» an den Parteivorstand überwiesen. Dies war eine damals wie heute beliebte Methode, mißliebige Anträge loszuwerden, ohne sie formell abzulehnen.

Rosa Luxemburg nahm schließlich die 1905 in Rußland ausgebrochenen revolutionären Unruhen zum Anlaß, die Taktik des Generalstreiks neu zu diskutieren.

Denn trotz der Vorschläge von Bernstein und Liebknecht hatte dieses Kampfmittel im Marxismus bisher keinen Platz. Schon Marx und Engels hatten in der Kontroverse mit Bakunin und dem Anarchismus gegen den Generalstreik argumentiert. Engels wies in einem Artikel von 1873 die Idee des revolutionären Generalstreiks zurück, weil zu dessen Durchführung erst ein enorm hoher Organisationsgrad der Arbeiterbewegung erreicht werden müsse. Wenn das Proletariat jedoch eines Tages so gut organisiert sei, daß es tatsächlich die gesamte Produktion stillegen könne, dann brauche es den Generalstreik nicht, sondern könne gleich die politische Macht übernehmen (MEW 18: 479). Engels` Kritik bezog sich auf den teilweise voluntaristischen Charakter der damaligen Generalstreiksideen. Sie gingen davon aus, allein der revolutionäre *Wille* sei zur Durchsetzung des Sozialismus nötig. Diese Auffassung unterschätzte in der Tat die Notwendigkeit kontinuierlicher Organisierung und die wechselseitige Abhängigkeit von politischer Bewegung und ökonomischen Strukturen. Gerade die ökonomischen Strukturen warfen jedoch Engels` Thesen über den Haufen. Proletarisierung und Konzentration von Menschenmassen in den Industriezentren hatten dazu geführt, daß dreißig Jahre nach Engels` Kritik selbst unorganisierte und vorher politisch inaktive Arbeiter und Arbeiterinnen zur Durchführung von Massenstreiks fähig waren. Der Bergarbeiterstreik 1889 hatte dies für Deutschland gezeigt. Die Massenstreiks und Aufstände der Russischen Revolution bewiesen, daß diese Taktik auch in nationalem Maßstab eingesetzt werden konnte. Gerade in der Wahlrechtsfrage waren die Massenstreiks erfolgreich: Der Zar sah sich zur Beruhigung der Lage gezwungen, der Einrichtung eines gewählten Parlaments zuzustimmen.

Die Tatsache, daß Rosa Luxemburg sich mit ihrer Verbindung von Massenstreik und Wahlrechtskampf auf Anregungen ihres alten Widersachers Bernstein stützen konnte, zeigt, daß in der neuen Debatte nicht dieselben Fronten wie im Revisionismusstreit gegeneinander standen. Prominente Revisionisten unterstützten die Idee des Wahlrechtsstreiks, denn freie Wahlen in allen deutschen Teilstaaten und eine Aufwertung des Reichstags waren Voraussetzung ihrer parlamentarischen Strategie.

Die Gegner des Massenstreiks rekrutierten sich aus einem anderen Lager: den Reformisten innerhalb der Gewerkschaften. Bereits im Mai 1905 lehnte in Köln ein landesweiter Gewerkschaftskongreß die Taktik des Massenstreiks ab. Der Antragstext von Theodor Bömelburg gab folgende Begründung: «Der Generalstreik, wie er von Anarchisten und Leuten ohne jegliche Erfahrung [...] vertreten wird, hält der Kongreß für undiskutabel; er warnt die Arbeiterschaft, sich durch die Aufnahme und Verbreitung solcher Ideen von der täglichen Kleinarbeit zur Stärkung der Arbeiterorganisationen abhalten zu lassen» (Meyer 1984: Bd. 1 Teil 2, S. 253). Weiter wurde argumentiert, die Gewerkschaften würden sich nicht von vornherein auf eine bestimmte Taktik festlegen wollen – außer der «organisatorischen Kleinarbeit» wurde jedoch kein Alternativvorschlag gebracht. Während Engels seine Kritik an Bakunin noch taktisch begründen mußte und ihn damit als ebenbürtigen Gegner ernstnahm, war dreißig Jahre später schon der Vorwurf des «Anarchismus» Anlaß genug, neue Ideen ohne weitere Diskussion abzulehnen.

Die SPD wollte sich jedoch mit einer einseitigen Entscheidung der Debatte durch die Gewerkschaften nicht abfinden und das Thema selbst diskutieren. Der Jenaer Parteitag beschloß als Ergebnis im September 1905 die «umfassende Anwendung der Massenarbeitseinstellung» zur Eroberung von Grundrechten und zur Abwehr von Angriffen etwa gegen die Gewerkschaftsfreiheit (Meyer 1984: Bd. 1 Teil 2, S. 254). Die Resolution wurde mit einer überwältigenden Mehrheit von 287 gegen 14 Gegenstimmen angenommen, diese kamen vor allem aus dem von Carl Legien geführten gewerkschaftlichen Flügel.

Damit standen in der Frage des Massenstreiks zwei Entscheidungen nebeneinander. Die Partei befürwortete ihn unter bestimmten Bedingungen, die Gewerkschaften lehnten ihn rundweg ab. Dies war natürlich kein Zustand, denn gegen den Willen der Gewerkschaften mit ihren fast zwei Millionen Mitgliedern konnte ein Massenstreik kaum durchgeführt werden. Auf dem Mannheimer Parteitag von 1906 suchte man daher den Kompromiß. Die Gewerkschaften gaben ihre grundsätzliche Ablehnung des Massenstreiks formal auf, die Partei mußte sich im Gegenzug dazu verpflichten, vor Ausrufung eines Massenstreiks mit der Generalkommission der Gewerkschaften in Verbindung zu treten. Diese Verpflichtung galt explizit auch für andere «Aktionen, die die Interessen der Gewerkschaften und der Partei gleichermaßen berühren» (Meyer 1984: Bd. 3, 194).

Durch diese später als «Mannheimer Abkommen» bezeichnete Vereinbarung erhielten die Gewerkschaften ein formelles Vetorecht nicht nur in der Frage des Massenstreiks, sondern in allen größeren politischen Kampagnen.

Die Gewerkschaften hatten damit den Anspruch der Partei auf die politische Führung innerhalb der sozialistischen Bewegung abgeschüttelt. Sie taten dies jedoch nicht wie die französischen Syndikalisten, indem sie die Einheit von wirtschaftlichem und politischem Kampf forderten. Stattdessen wehrten sie sich vehement gegen den Einsatz ihrer Organisationen in Kämpfen außerhalb der ökonomischen Sphäre von Lohnstreiks und Sozialreformen. Die Trennung von Ökonomie und Politik war damit endgültig zementiert und blockierte die Suche nach einer strategischen Verbindung von marxistischer Theorie und politischer Kampfpraxis.

Die Vertreter der Massenstreikforderung versuchten trotzdem, die verfahrene Situation aufzubrechen. Rosa Luxemburg hatte die Massenstreikforderung im 1906 erschienenen Werk «Massenstreik, Partei und Gewerkschaften» ausführlich begründet, ihre Ideen wurden weiter diskutiert (Luxemburg 1906).

Als die Regierung schließlich eine Demokratisierung des preußischen Wahlrechts versprach, dazu jedoch Anfang 1910 einen völlig unzureichenden Gesetzesentwurf vorlegte, stand die Frage vom Wahlrechtskampf wieder auf der Tagesordnung (Groh 1973: 128–156). Die Sozialdemokratie reagierte mit einer großangelegten Kampagne, die keine Massenstreiks, wohl aber große Straßendemonstrationen und Versammlungen unter freiem Himmel beinhaltete. Die Beteiligung übertraf schnell den Kreis der sozialdemokratischen Mitglieder und Wähler. Bisher waren sozialdemokratische Veranstaltungen meist in Sälen und Versammlungslokalen abgehalten worden – die neue offene Form und die Einsichtigkeit der Forderungen sorgte nun für wesentlich breiteren Zuspruch.

Der preußische Wahlrechtskampf von 1910 war die erste von der Sozialdemokratie organisierte außerparlamentarische Massenbewegung. Sie erkämpfte unter der Losung vom «Recht auf die Straße» erstmals das Demonstrationsrecht (Warneken 1986). Denn während in England öffentliche Demonstrationen und Versammlungen zum öffentlichen Alltag gehörten, beherrschte in Deutschland immer noch der Schutzmann das Straßenbild.

Die Dynamik der Bewegung warf die Frage nach dem weiteren Vorgehen auf. Rosa Luxemburg erweiterte nun ihre politische Strategie um die neue Kampfform der Straßendemonstration und schlug vor, die Bewegung zu eintägigen Warnstreiks auszuweiten und bis zum Massenstreik weiterzuführen. Die allmähliche Eskalation sollte immer weitere Bevölkerungsgruppen in den Kampf einbinden und vor allem auch die bisher nicht in Partei oder Gewerkschaft organisierten Menschen mitreißen. Bereits in ihrer Schrift von 1906 hatte Rosa Luxemburg diesen Aspekt der Massenbeteiligung von Unorganisierten betont: «In diesem Fall kommt es aber wieder […] nicht sowohl auf ‹Disziplin›, ‹Schulung› und auf möglichst sorgfältige Vorausbestimmung der Unterstützungs- und der Kostenfrage an als vielmehr auf eine wirklich revolutionäre, entschlossene Klassenaktion, die imstande wäre, die breitesten Kreise der nichtorganisierten, aber ihrer Stimmung und ihrer Lage nach revolutionären Proletariermassen zu gewinnen und mitzureißen» (Luxemburg 1906).

Diese Betonung der revolutionären Spontaneität im Klassenkampf widersprach jedoch den Konzepten von Partei und Gewerkschaft über die Notwendigkeit von Organisation und Disziplin. Die Parteiführung, die sich fünf Jahre zuvor noch für den Massenstreik eingesetzt hatte, versuchte in der neuen Situation gar nicht erst, die Zustimmung der Gewerkschaften für eine Ausweitung des Kampfes zu erhalten. Auch eine Intensivierung der Demonstrationen ohne die Mitarbeit der Gewerkschaften wurde nicht versucht. Stattdessen wurden die Kampfaufrufe eingestellt und die Wahlrechtsbewegung von oben gebremst (Groh 1973: 153).

Um dennoch die vermeintliche Stellung als «marxistisches Zentrum» zu halten, musste sich der Parteivorstand ein besonderes Manöver ausdenken. Auf einem Parteitag in Magdeburg wurden sowohl Rosa Luxemburgs Massenstreikagitation als auch die Bewilligung des Staatshaushaltes durch die Landtagsfraktion der SPD in Baden verurteilt. Die Budgetdebatte war ein weiterer Ausläufer der Kontroverse um die Stellung der Sozialdemokratie zu Reformen und Parlamentarismus: Die süddeutschen Parlamentarier vertraten hier eine Koalitionstaktik, während der Berliner Parteivorstand eine grundsätzliche Opposition in bürgerlichen Parlamenten verlangte. Mit der Resolution von 1910 setzte sich der Vorstand in dieser Frage durch. Die Verurteilung der Massenstreikagitation bedeutete den Bruch zwischen Kautsky und Luxemburg und die Trennung des Zentrums von der Parteilinken.

Mit dem Doppelbeschluss gegen Budgetbewilligung und Massenstreik hatte das «marxistische Zentrum» der Partei einmal rechts und einmal links ausgeteilt. Bebel, Kautsky und der Parteivorstand konnten sich somit weiterhin als Hüter einer «bewährten marxistischen Taktik» präsentieren.

Tatsache war jedoch, daß das «marxistische Zentrum» und damit die Mehrheit der SPD über keinerlei Strategie oder Taktik verfügte. Sie hatten sowohl Bernsteins Ausbruch nach rechts als auch Luxemburgs Ausbruch nach links verhindert und damit jeden Versuch einer Neubestimmung von Theorie und Praxis unterbunden. Selbst beim Einsatz des Massenstreiks für die

Wahlrechtsreform, wo Revisionisten, Zentrum und Linksradikale einer Meinung waren, schwenkte die Parteiführung plötzlich auf den konservativen Kurs der Gewerkschaften ein. Sie übernahm schließlich sogar deren Formulierungen. Auf dem Jenaer Parteitag 1913 verwarf eine Resolution des Parteivorstandes den Massenstreik «im Sinne der anarchistischen Auffassung» und rief stattdessen dazu auf, «unermüdlich für den Ausbau der politischen und gewerkschaftlichen Organisation zu wirken» (Meyer 1984: Bd. 1, Teil 2, S. 259). Darauf folgte zwar eine vage Anerkennung von Massenstreiks bei «vollkommener Einigkeit aller Organe der Arbeiterbewegung». Die damit angedeutete Idee eines nicht-anarchistischen, «disziplinierten» Masssenstreiks blieb jedoch eine fiktive Kompromißformel.

Mit dem Kurswechsel beim Massenstreik wollte der Parteivorstand einmal mehr die Einheit der sozialistischen Bewegung sichern, zementierte jedoch deren politische Ohnmacht. Der Historiker Dieter Groh prägte für diesen Zustand den treffenden Begriff des «Revolutionären Attentismus», wobei der Attentismus keineswegs auf Attentate verwies, sondern auf das lateinische «attendere» – *aufpassen* oder auch *abwarten* (Groh 1973). Mit dem revolutionären Abwarten verblieben nur der Ausbau der Organisation und die Werbung um Wählerstimmen als politische Praxis. Im autoritären Regime des deutschen Kaiserreichs bedeutete dies aber nichts anderes als einen großangelegten politischen Leerlauf, denn die entscheidenden Institutionen dieses Staates waren gegen demokratische Mehrheiten immunisiert.

Ein früher Kritiker der inneren Stagnation der deutschen Sozialdemokratie war der französische Sozialist Jean Jaurès. Auf dem Internationalen Sozialistenkongreß von 1904 griff er die deutsche Delegation frontal an. Er kritisierte die Politik der SPD in der Sozialistischen Internationale und warf ihr vor, daß sie «die Notwendigkeiten des Abwartens, die sich zur Stunde der deutschen Sozialdemokratie aufdrängen, zu verallgemeinern sucht». Das Proletariat erwarte taktische Führung von der deutschen SPD als stärkster Kraft der Internationale, diese sei jedoch nicht in der Lage dazu: «Und da habt ihr vor eurem eigenen Proletariat, vor dem internationalen Proletariat, eure Ohnmacht, zu handeln, hinter die Intransingenz theoretischer Formeln verhüllt, die euer ausgezeichneter Genosse Kautsky euch bis an sein Lebensende liefern wird» (Internationaler Sozialisten-Kongress 1904: 35–39).

Jaurès war kein Revolutionär, sondern argumentierte als Reformist. Aber gerade deshalb hatte er einen scharfen Blick für die fehlenden politischen Erfolge der Sozialdemokraten bei der Umsetzung demokratischer Reformen – er geißelte die Ohnmacht hinter der Prinzipientreue der SPD.

August Bebel sah sich natürlich zu einer Antwort gezwungen. Er relativierte die oft verklärte Größe der französischen Republik und kritisierte, diese sei in sozialen Konflikten ein ebenso despotischer Polizeistaat wie die preußische Monarchie. Jaurès und seine Sozialisten würden keinen frontalen Kampf gegen das republikanische Polizeiregime führen, sondern immer wieder in Kompromissen einknicken und sogar die Aufrüstung des französischen Militärs mittragen. Auf den Vorwurf Jaurès`, die drei Millionen sozialdemokratischen Wählerstimmen seien wirkungslos zum Sturz der Monarchie, entgegnete Bebel: «Bei uns reichen die drei Millionen eben nicht. Aber lassen Sie uns sieben und acht Millionen haben, dann wollen wir weitersehen» (Internationaler Sozialisten-Kongress 1904: 43). Obwohl Bebel das Rededuell gewann, hatte er mit dieser Antwort seinen Kritiker im Prinzip bestätigt: Die SPD hatte sich auf Wahlkämpfe beschränkt und konnte sich andere Formen der politischen Auseinandersetzung kaum noch vorstellen.

## *Kolonialismus und Friedenspolitik: Zum Verhältnis von Sozialismus und Internationalismus*

**D**ie Fixierung der SPD auf Wahlen lähmte nicht nur die Innenpolitik, sondern schränkte auch ihre Handlungsfähigkeit in internationalen Fragen ein. Die zwei wichtigsten Debatten auf diesem Feld drehten sich um Widerstandsmöglichkeiten im Falle eines europäischen Krieges und um die Stellung des Sozialismus zur Kolonialpolitik.

Der Konflikt über die Kolonialpolitik erreichte in Deutschland einen Höhepunkt während der sogenannten «Hottentottenwahlen» des Jahres 1907. «Hottentotten» war die koloniale Fremdbezeichnung für die Nama, eine Bevölkerungsgruppe in der Kolonie Deutsch-Südwestafrika. Gegen diese führten die kaiserlichen «Schutztruppen» im Jahre 1906 einen brutalen Kolonialkrieg, nachdem bereits im Jahre 1904 eine Widerstandsbewegung der Herero im selben Gebiet niedergeschlagen worden war. Die Methoden der Aufstandsbekämpfung zielten nicht auf eine bloße Niederwerfung, sondern auf die Vernichtung des Gegners. Neben Erschießungen wurden Tausende Herero und Nama in Lagern konzentriert und dem Tod durch Hunger oder Krankheiten überlassen. Etwa 80.000 Menschen starben.

August Bebel hatte sich bereits im Januar 1905 in einer Reichstagsrede gegen die Kolonialkriege eingesetzt, die deutschen Verbrechen öffentlich gemacht und eine Grundsatzkritik der Sozialdemokratie am Kolonialismus ausgedrückt. Die steigenden Kosten des Kolonialkrieges heizten die Diskussion an und führten Ende 1906 zu einer Regierungskrise und der Auflösung des Reichstages.[10] Dies nutzte die politische Rechte zu einem Gegenangriff. Sie intensivierte die Kolonialpropaganda und bezeichnete die Sozialdemokraten als Verräter an der Nation. Mit Hilfe des Feindbildes Sozialdemokratie gelang es, Konservative, Linksliberale und Nationalliberale zu einem neuen Bündnis zu verbinden, dem sogenannten Bülow-Block, benannt nach Reichskanzler Fürst von Bülow (Groh 1973: 83–101). Bei den im Januar 1907 durchgeführten Neuwahlen geriet die SPD gegenüber der national-kolonialen Rhetorik in die Defensive. Sie konnte die Zahl der absoluten Stimmen gegenüber 1903 um etwa eine Viertelmillion steigern, jedoch sank ihr relativer Stimmenanteil von 31,7 % auf 29 %. Obwohl dies nur 2,7 % Verlust bedeutete, reduzierte sich die Zahl der sozialdemokratischen Reichstagssitze von 81 auf 43. Dieser dramatische Mandatsverlust war auf Stichwahlabsprachen der Blockparteien zurückzuführen. Durch die Aufstellung gemeinsamer Kandidaten konnte die Rechte den Sozialdemokraten, aber auch der katholischen Zentrumspartei eine Reihe von Sitzen abnehmen.

Das Wahlergebnis wurde von den Sozialdemokraten als dramatische Niederlage empfunden, obwohl die absolute Wähler-

---

10 Die gleichzeitige und ähnlich brutale Bekämpfung des Maji-Maji-Aufstandes in der Kolonie Deutsch-Ostafrika 1905–1907 löste weder bei der Sozialdemokratie noch im Reichstag größere Reaktionen aus. Die Kriegskosten waren hier geringer, das Medieninteresse ebenso. Ohne eigene Vertreter oder Partner in den Kolonien war die SPD jedoch für ihre Kritik auf bürgerliche Presse und Regierungsberichte angewiesen.

zahl der SPD sogar gestiegen war. Da jedoch die Reichstagsfraktion die Politik der SPD bestimmte, dominierte deren traumatischer Repräsentationsverlust die Interpretation. Das Wahlergebnis von 1907 war mit dafür verantwortlich, daß der Internationalismus der Sozialdemokratie zunehmend unter Druck geriet.

Dieser Internationalismus der sozialistischen Bewegung war nie ein Antinationalismus im Sinne einer De-Konstruktion der Nation gewesen (Groh/Brandt 1992). Bebel und Lassalle, aber auch Marx und Engels hatten die Idee des Nationalstaates nicht als solche angegriffen – vor dem Hintergrund der Französischen Revolution und als Zeitzeugen der europäischen Revolution von 1848 betrachteten sie den demokratischen Nationalstaat als Errungenschaft und Zwischenstufe auf dem Weg zum Sozialismus. Die Loyalität der Arbeiterklasse sahen sie jedoch keinesfalls bei der Nation. Das Proletariat war in ihren Augen eine eigene Kollektividentität zur *Überwindung* aller nationalen Gegensätze. Im Kommunistischen Manifest hieß es dazu: «Den Kommunisten ist ferner vorgeworfen worden, sie wollten das Vaterland, die Nationalität abschaffen. Die Arbeiter haben kein Vaterland. Man kann ihnen nicht nehmen, was sie nicht haben. Indem das Proletariat zunächst sich die politische Herrschaft erobern, sich zur nationalen Klasse erheben, sich selbst als Nation konstituieren muß, ist es selbst noch national, wenn auch keineswegs im Sinne der Bourgeoisie.

Die nationalen Absonderungen und Gegensätze der Völker verschwinden mehr und mehr schon mit der Entwicklung der Bourgeoisie, mit der Handelsfreiheit, dem Weltmarkt, der Gleichförmigkeit der industriellen Produktion und der ihr entsprechenden Lebensverhältnisse.

Die Herrschaft des Proletariats wird sie noch mehr verschwinden machen. Vereinigte Aktion, wenigstens der zivilisierten Länder, ist eine der ersten Bedingungen seiner Befreiung» (MEW 4: 479). Die politische Besonderheit der Kommunisten bestand für Marx und Engels gerade darin, daß diese «in den verschiedenen nationalen Kämpfen der Proletarier die gemeinsamen, von der Nationalität unabhängigen Interessen des gesamten Proletariats hervorheben» (MEW 4: 474).

Marx und Engels gingen also bereits Mitte des 19. Jahrhunderts davon aus, daß eine fortschreitende «Globalisierung» von Handel und Politik den Nationalstaat überflüssig machen würde. Die Interessen und Kampfformen der Arbeitenden waren für sie international, denn die Arbeitenden waren von der Teilhabe am politischen Leben der Nationen ausgeschlossen und selbst in demokratischen Staaten blieb ihnen die soziale Emanzipation versperrt. Bürgerlich-nationale Revolutionen waren für Marx und Engels also bestenfalls ein Etappenziel. Eigentliche Aufgabe der Arbeiterklasse war die Überwindung der Nation und die Vollendung der widersprüchlichen Dynamik der kapitalistischen Globalisierung durch die Schaffung eines Weltsozialismus. Dabei war es Aufgabe der Kommunistischen Bewegung, diese internationalistische Ausrichtung der Klassenkämpfe zu fördern.

Die spätere Entwicklung des Imperialismus zeigte jedoch, daß die von Marx und Engels als Automatismus beschriebene Tendenz zur Öffnung des Weltmarktes nicht zwangsläufig war. Gleichzeitig wurde besonders am deutschen Beispiel sichtbar, daß Nation und demokratischer Staat zunehmend auseinanderfielen. Der Nationalismus löste sich von liberalen Freiheits- und Rechtsideen und wurde auch im Proletariat als eigenständige, dem Sozialismus entgegengesetzte Ideologie wirksam.

Die schwerwiegenden Folgen dieser Entwicklung blieben den Zeitgenossen vor 1914 jedoch weitgehend verborgen. Die Sozialdemokratie intensivierte den Kampf um Demokratisierung, ohne das Problem des Nationalismus neu zu diskutieren. Die Nation wurde als politische Bühne nicht hinterfragt, teilweise sogar für den Sozialismus vereinnahmt. Man sprach den herrschenden Klassen das Recht ab, für «das Volk» oder «das Vaterland» zu sprechen, und meinte, sein Schicksal besser und vor allem in Frieden mit den Nachbarländern gestalten zu können. Auch August Bebel, der sonst den Militäretat mit den Worten «diesem System keinen Mann und keinen Groschen» ablehnte, sprach an anderer Stelle von «unserem Land» und nannte die Liebe zum Land als Grund für den Kampf gegen das herrschende System (Groh/Brandt 1992: 45, Groh 1973: 64f). Hier zeigte sich, wie die im traditionellen Internationalismus von Marx angelegte Idee der Überwindung der Nation in politischen Tagesdebatten aufgeweicht wurde. Das Etikett der «vaterlandslosen» Sozialdemokratie wurde zurückgewiesen, um die damit verbundene Ausgrenzung zu durchbrechen. Dies lief auf eine Diskursstrategie heraus, die den von der politischen Rechten ethnisch aufgeladenen Begriff des «Volkes» wieder demokratisch zurückholen sollte. Im 19. Jahrhundert, ohne die Erfahrungen von Weltkrieg und Faschismus, war dies durchaus plausibel. Man betrachtete die «Masse des Volkes» als Gegenbegriff zur Elite der Herrschenden. Dies war der Volksbegriff aus der Französischen Revolution. Ihn verteidigte die Sozialdemokratie, konnte aber seine Widersprüche nicht aufheben – denn auch das Volk als unterdrücktes Subjekt blieb definiert im Gegensatz zu anderen, als «fremd» markierten Völkern. In den täglichen Debatten liefen die verschiedenen Volksbegriffe schließlich unscharf ineinander, immer weniger wurde gegen die Gleichsetzung von Bevölkerung und Deutschtum angeredet.

Der Widerspruch zeigte sich auch bei der Befürwortung des Selbstverteidigungsrechtes der Nationen durch prominente Marxisten wie Bebel. Auch hier gab es demokratische Hintergedanken: Man schloß jede Parteinahme für das bestehende Militär aus, weil dieses als Unterdrückungsinstrument der herrschenden Klassen galt. Stattdessen wurde die Einführung der allgemeinen Volksbewaffnung gefordert (Groh/Brandt 1992: 13, 44). Auch wenn es paradox klingt – die Idee dahinter war pazifistisch. Man vertraute darauf, daß die Bevölkerung ohne eine reale Bedrohung niemals ihr Leben im bewaffneten Kampf riskieren würde. Ein Angriffskrieg wäre strukturell unmöglich. Ebenso würde jede Diktatur oder Tyrannei am bewaffneten Widerstand der Bevölkerung scheitern. Diese Forderung blieb jedoch agitatorisch. In realen Konflikten war kaum an eine kurzfristige Volksbewaffnung zu denken, ganz abgesehen von den Problemen, die sich aus dem freien Zugang zu Kriegsgerät ergeben mochten.

Auch die Sozialistische Internationale beschäftigte sich um die Jahrhundertwende vermehrt mit der Frage von Krieg und Frieden. Bereits ihre Gründung im Jahr 1889 war vom Gedanken der internationalen Solidarität getrieben – keine andere politische Richtung besaß eine derartige internationale Sammlungsbewegung. Die in Frankreich erst 1905 aus mehreren Gruppierungen entstandene Sozialistische Partei brachte den Vorrang des Internationalismus auch im Namen zum Ausdruck – sie nannte sich noch bis 1969 «*Section française de l'Internationale ouvrière*» – Französische Sektion der Arbeiterinternationale.

Die Sozialistische Internationale erkannte ebenfalls das Recht auf Landesverteidigung an, verurteilte jedoch jede Form von imperialer Aggression. Sie befaßte sich in mehreren Kongressen mit der Frage des Widerstandes gegen einen möglichen Weltkrieg. Grund für die verbreitete Kriegsangst waren wachsende internationale Spannungen seit dem Aufstieg Deutschlands zur imperialen Großmacht. Bismarck hatte noch einen Imperialismus verfochten, der das europäische Gleichgewicht der Kräfte wahren sollte und z. B. in der Berliner Konferenz 1884 die koloniale Aufteilung Afrikas auf dem Verhandlungswege abschloß. In den Jahrzehnten darauf drängte jedoch die deutsche Außenpolitik immer konfrontativer in die Sphären der großen Kolonialmächte England und Frankreich. Das Ergebnis waren diplomatische Krisen, eine außenpolitische Isolierung Deutschlands sowie ein beschleunigtes Wettrüsten zwischen den Großmächten.

Der neue imperiale Kapitalismus Ende des 19. Jahrhunderts war gekennzeichnet durch Schutzzölle und nationale Abschottung der Märkte, zunehmende Konzentration des Kapitals in Form von nationalen Monopolen und dem Konflikt imperialer Blöcke um Rohstoffe und internationale Einflußsphären. Der im Kommunistischen Manifest erwartete weltweite Freihandelskapitalismus realisierte sich nicht. Vor diesem Hintergrund wurde die marxsche Theorie durch verschiedene Autoren wie Rudolf Hilferding, Karl Kautsky, Lenin und Rosa Luxemburg um Theorien des Imperialismus erweitert (Deppe 2004, Schröder 1968). Kriegsgefahr und Kolonialismus waren die Kernpunkte dieser Theorien.

Zur Friedenserhaltung beschloß die Sozialistische Internationale mehrere Resolutionen, die die Gefahr eines Weltkrieges benannten und das internationale Proletariat zum Widerstand aufriefen. Auf dem Stuttgarter Kongreß von 1907 diskutierte man deshalb erneut die Frage des Generalstreiks. Fatalerweise wurde dabei die deutsche Selbstblockade aus der Massenstreikdebatte international festgeschrieben. Die französische Delegation verlangte den Generalstreik im Kriegsfall, Bebel und Kautsky hielten diesen jedoch für undurchführbar: «Wir können nichts tun als aufklären, Licht in die Köpfe bringen, agitieren und organisieren», sagte Bebel in einem Wortbeitrag und offenbarte damit einmal mehr die Ohnmacht der deutschen

Sozialdemokratie (zit. nach Meyer 1984: Bd. 1, Teil 2, S. 265). Man einigte sich auf eine Kompromißformel, nach der die sozialistischen Mitgliedsorganisationen verpflichtet seien, «durch die Anwendung der ihnen am wirksamsten erscheinenden Mittel den Ausbruch des Krieges zu verhindern». Weitere Friedensresolutionen auf den Kongressen in Kopenhagen 1910 und in Basel 1912 demonstrierten wiederholt Friedenswillen und internationale Solidarität. Es wurden jedoch keinerlei *praktische* Vorbereitungen für den von allen erwarteten Kriegsfall getroffen.

Internationale Krisen und Kriegsgefahr hingen fast immer mit Kolonialkonflikten zusammen, Friedenspolitik und Kolonialkritik wurden daher in der Sozialistischen Internationale oft gemeinsam diskutiert. Während jedoch trotz aller Halbheiten niemand ernsthaft gegen die Friedenspolitik argumentierte, gab es durchaus entschiedene Befürworter des Kolonialismus. Hier tat sich der niederländische Sozialist Henri (Hendrikus) van Kol (1852–1925) besonders hervor. Er argumentierte vor dem Hintergrund der holländischen Kolonialpolitik in Indonesien, deren Grundidee er voll unterstützte. Er kritisierte zwar Mißstände und Probleme, forderte jedoch als Alternative eine vermeintlich humane «sozialistische Kolonialpolitik». Die einheimische Bevölkerung der Kolonien hielt er für unfähig zur Selbstverwaltung: Sie müsse erzogen und an zivilisierte Verhältnisse herangeführt werden. Außerdem betrachtete er die Kolonialpolitik als notwendigen Schritt beim Vordringen kapitalistischer Verhältnisse außerhalb Europas, was wiederum eine Voraussetzung für jede sozialistische Entwicklung sei (Nishikawa 1976).

Die Gegenposition vertrat Karl Kautsky als Delegierter der SPD auf dem Stuttgarter Kongreß der Internationale 1907: «Kolonialpolitik bedeutet die Eroberung und gewaltsame Festhaltung eines überseeischen Landes. Ich bestreite, daß Demokratie und Sozialpolitik mit Eroberung und Fremdherrschaft etwas zu tun haben. (‹*Bravo!*›) Weiter hat man gesagt, wir hätten Zivilisationspolitik zu treiben und müßten hinausgehen zu wilden Völkerschaften, um die Naturvölker als Lehrer und Berater zu bilden. Ja, das müssen wir allerdings, ich stimme dem, was Bebel darüber im Reichstage gesagt hat, vollständig zu. Wir sind selbst daran interessiert, daß diese Naturvölker auf eine höhere Stufe gelangen, aber ich bestreite, daß dazu eine Kolonialpolitik, daß dazu die Eroberung und Festhaltung eines fremden

Landes nötig ist. Ja, ich möchte sagen, daß Kolonialpolitik im Grunde einer Zivilisationspolitik schädlich ist. *(‹Sehr richtig!›)* Es ist ein weitverbreiteter Irrtum, daß niedrigstehende Völker der Zivilisation, die ihnen höherstehende Völker bringen, feindlich gegenüberstehen. Alle Erfahrung zeigt im Gegenteil, daß da, wo man den Wilden freundlich entgegenkommt, sie die Werkzeuge und Hilfsmittel der höheren Zivilisation gern annehmen. Kommt man aber, um sie zu unterdrücken und zu unterjochen, sollen sie unter die Bevormundung eines wenn auch wohlwollenden Despotismus gebracht werden, so werden sie mißtrauisch. Dann verwerfen sie mit der fremden Herrschaft auch die fremde Kultur, dann kommt es zu Kämpfen und Verwüstungen. So sehen wir, daß überall, wo Kolonialpolitik besteht, es nicht zur Hebung, sondern zur Depression der Völker kommt. Auch ein sozialistisches Regime könnte daran nichts ändern. Es müßte ebenfalls die Kolonien als Fremdkörper betrachten und müßte dort eine Fremdherrschaft errichten» (Kautsky 1907).

Auch Kautsky hinterfragte nicht die Hierarchie zwischen einem vermeintlich zivilisierten Europa und den «niedrigstehenden Völkern» im Rest der Welt. Aber er wehrte sich im Gegensatz zu van Kol grundsätzlich gegen jede Form des Kolonialismus und argumentierte stattdessen für technische Zusammenarbeit auf freiwilliger Basis. Van Kol hielt davon nichts und polemisierte heftig zurück: «Wenn wir nun eine Maschine zu den Wilden Zentralafrikas bringen, was werden sie damit tun? Vielleicht werden sie einen Rundtanz darum aufführen (große Heiterkeit) oder auch die große Zahl ihrer Abgötter um einen vermehren (Heiterkeit). Vielleicht sollen wir auch noch Europäer hinschicken, die die Maschinen treiben. Was die Eingeborenen mit ihnen machen würden, weiß ich nicht. Aber vielleicht machen Kautsky und ich den Versuch, vielleicht gehen Theorie und Praxis Arm in Arm in das wilde Land. Vielleicht werden die Eingeborenen unsere Maschinen zerschlagen, vielleicht werden sie uns auch totschlagen oder sogar fressen und dann (sich über den Bauch streichend) fürchte ich, daß ich vor Kautsky den Vorrang habe (Heiterkeit)» (Internationaler Sozialisten-Kongreß 1907: 36f).

Der korpulente van Kol als selbsternannter Praktiker, der magere Kautsky als vermeintlich weltfremder Theoretiker, umringt von wilden Menschenfressern – diese Polemik strotzte vor rassistischen Klischees. Vertrat Kautsky eine Art eurozentrische «Entwicklungshilfe» mit dem Bild des «edlen Wilden» im Hinterkopf, so ergriff van Kol mit seinem Bild vom bösen Menschenfresser offen Partei für den europäischen Imperialismus.

Es konnte daher auf dem Stuttgarter Kongreß nur eine Resolution gegen die Auswüchse und Verbrechen der Kolonialpolitik verabschiedet werden, nicht jedoch eine prinzipielle Verurteilung des Kolonialismus.

Diese Resolution war ein Musterbeispiel dafür, wie harter Verbalradikalismus in sozialistischen Positionspapieren Hand in Hand gehen konnte mit völliger Harmlosigkeit gegenüber den herrschenden Zuständen. Sie kritisierte anfangs die kapitalistische Kolonialpolitik in ihrem «inneren Wesen», lief dann in einer Kritik der Methoden des Kolonialismus aus und endete in der letztlich prokolonialen Forderung, sozialistische Politiker müßten in den Parlamenten für eine *Reform* der Kolonialpolitik eintreten.

Selbst diese Resolution war der niederländischen Delegation zu negativ – sie wollten eine explizite Anerkennung der zivilisierenden Mission des Kolonialismus. Van Kol und seine Genossen enthielten sich deshalb der Stimme. Die Sozialistische Internationale blieb in der Kolonialfrage gespalten. Ihre oberflächliche «Resolutionseinigkeit» verdeckte das Fehlen einer geschlossenen Position und brachte damit mehr Schaden als Nutzen. Resolutionen und Programme dieser Art gab es viele in der Geschichte der Arbeiterbewegung, die Kombination von Verbalprotest und praktischer Untätigkeit bzw. Anpassung ist ein bis heute beliebtes Mittel linker «Realpolitik».

Van Kol und Kautsky beriefen sich trotz ihrer vollkommen entgegengesetzten Ansichten beide auf Marx und Engels. Dieses Paradox hat seinen Ursprung in deren widersprüchlicher Position zum Kolonialismus. Einerseits forderten sie im Kommunistischen Manifest emphatisch die internationale Solidarität des Weltproletariats, vertraten jedoch andererseits im selben Text eine völlig auf Europa zugeschnittene Geschichtsphilosophie. Es hieß etwa: «Die Bourgeoisie reißt durch die rasche Verbesserung aller Produktionsinstrumente, durch die unendlich erleichterte Kommunikation alle, auch die barbarischsten Nationen in die Zivilisation. Die wohlfeilen Preise ihrer Waren sind die schwere Artillerie, mit der sie alle chinesischen Mauern in den

Grund schießt, mit der sie den hartnäckigsten Fremdenhaß der Barbaren zur Kapitulation zwingt. Sie zwingt alle Nationen, die Produktionsweise der Bourgeoisie sich anzueignen, wenn sie nicht zugrunde gehen wollen; sie zwingt sie, die sogenannte Zivilisation bei sich selbst einzuführen, d. h. Bourgeois zu werden. Mit einem Wort, sie schafft sich eine Welt nach ihrem eigenen Bilde.» (MEW 4: 466)

War also der Kolonialismus revolutionär und unvermeidlich? Man muss Marx und Engels zugestehen, daß sie die eurozentrische Zivilisationsrhetorik nicht völlig kritiklos übernahmen. Die bürgerliche Zivilisation war in ihren Augen nur eine «sogenannte Zivilisation», ein Zustand, der in seinem eigenen Inneren eine ganz eigene Barbarei barg, indem er die Mehrheit der Bevölkerung von Gesundheit, Bildung und Kultur ausschloß und sie zu bloßen Werkzeugen degradierte.

Im «Kapital» kritisierte Marx den Zivilisationsbegriff der bürgerlichen Gesellschaft auch theoretisch, indem er deren Abhängigkeit von der Bewegung der Waren als einen *Fetisch* bezeichnete (MEW 23: 85–99). Der Fetisch war bzw. ist ein Kultobjekt in verschiedenen animistischen Religionen – ein menschengemachter Gegenstand, dem jedoch eine magische Herrschaft über die Menschen zugeschrieben wurde. Indem Marx die Warenbewegung als Fetisch analysierte, legte er nahe, daß der Kapitalismus in seinem innersten Kern den «primitiven» Praktiken von Schamanen und Voodoo-Priestern um nichts überlegen war. In gewisser Weise war er sogar unterlegen, denn die Bürger im Kapitalismus machten die Ökonomie und damit ihre elementaren Lebensgrundlagen abhängig vom Warenfetisch. Bei den Schamanen und «Naturvölkern» war dagegen nur der religiöse Überbau fetischistisch. Ihre Wirtschaft war, wenn man der zeitgenössischen Wissenschaft folgte, eine Form des Urkommunismus ohne Privateigentum an Produktionsmitteln.

Trotz dieser positiven Sicht auf den in der vorkapitalistischen Vergangenheit und den Kolonien vermuteten Urkommunismus betrachteten Marx und Engels im Manifest und an anderen Stellen die zerstörerische Unterwerfung der außereuropischen Regionen als unvermeidlich. Sie begrüßten diese Prozesse als Vorbedingung für die revolutionäre Verwandlung der *Erdkugel* in eine *Welt*, also eine Weltgesellschaft. Der Urkommunismus hingegen galt ihnen als ein verlorener Zustand, der erst im Sozialismus auf höherer Ebene wiederhergestellt werden konnte. Dazwischen folgen jedoch verschiedene historische Stadien wie Sklavenhaltergesellschaft, Feudalismus und Kapitalismus. Henri van Kol stand daher nicht im Widerspruch mit Marx, wenn er behauptete: «Der Sprung vom Barbarismus zum Sozialismus ist unmöglich» (Internationaler Sozialisten-Kongreß 1907: 36).

Obwohl Marx in praktischen Analysen etwa zur französischen Geschichte differenzierter vorging, durchzog die Idee eines linearen Fortschritts sein gesamtes Werk. Erst im hohen Alter revidierte Marx seine Ansicht von einer historischen Notwendigkeit des Kapitalismus. In einem Briefwechsel mit der russischen Revolutionärin Vera Sassulitsch erkannte er ausdrücklich an, daß die Selbstverwaltungsformen der russischen Dorfgemeinschaft eine Vorstufe für einen spezifisch russischen Sozialismus sein könnte. In weiteren Studien zur russischen Geschichte bestätigte er seine Abkehr vom linearen Geschichtsbild (MEW 19: 107–113, 384–407, 407–425; Kalmring/Nowak 2004). Marx sah die russischen Selbstverwaltungsformen als Relikt des Urkommunismus an, obwohl sie in der damaligen Form wahrscheinlich erst durch das imperiale russische Steuerrecht festgeschrieben wurden, dem zufolge die Dörfer *kollektiv* Abgaben entrichten mußten. Es war daher sinnvoll, kollektive Formen der Landwirtschaft einzuführen oder beizubehalten, weil die Bauern gemeinsam und nicht individuell für den Ertrag verantwortlich gemacht wurden (Nolte 2003: 74). Die umstrittene Herkunft der russischen Dorfkommunen zeigt, wie unsicher die aus der bürgerlichen Philosophie und «Völkerkunde» übernommenen historischen Konzepte im marxschen Werk teilweise waren. Die Korrespondenz von Urkommunismus und Zukunftskommunismus war eine hegelianische Abstraktion, getrieben von der Idee einer Aussöhnung am Ende der Geschichte.

Marx` empirische Arbeiten blieben jedoch nicht bei derartigen Abstraktionen stehen, sondern bestätigen immer wieder die erstaunliche Flexibilität seines historischen Materialismus. Sein ökonomischer, aber nicht ökonomistisch verkürzter Materialismus lebte nicht von Stadien oder Idealtypen, sondern war eine analytische Methode zur Freilegung historischer Strukturmerkmale.

Anhand des Studiums der russischen Geschichte erkannte Marx im Gegensatz zu den eigenen Frühschriften die Möglichkeit eines eigenständigen Weges zum Sozialismus in den Randgebieten des Weltkapitalismus. Er solidarisierte sich sogar mit bäuerlichem Widerstand *gegen* eine durch Staat und Kapital angeführte Zerstörung traditioneller Produktionsformen. Der Sprung von der «Barbarei» zum Sozialismus war möglich.

Diese Idee erfuhr jedoch wenig Verbreitung. Engels verstärkte in seinen Schriften das geschichtsphilosophische Fortschrittskonzept des Historischen Materialismus, anstatt es zu differenzieren, ebenso tat es Kautsky. Die Idee vom Proletariat als vorherbestimmtem Sieger des Geschichtsprozesses war zu verführerisch, um sie in Frage zu stellen. Sie motivierte die Basis und eignete sich perfekt dazu, allen Diskussionen über Details einer revolutionären Taktik auszuweichen. Mit der linearen Geschichtsphilosophie blieb aber auch die Hierarchie zwischen Europa und dem Rest der Welt erhalten.

Daher ist es wenig überraschend, wenn es im Erfurter Programm hieß: «Die Befreiung der Arbeiterklasse ist also ein Werk, an dem die Arbeiter aller *Kulturländer* gleichmäßig beteiligt sind.» Im Schlußsatz hingegen fand sich die bereits zitierte Forderung, die Sozialdemokratie wende sich gegen «jede Art der Ausbeutung und Unterdrückung, richte sie sich gegen eine Klasse, eine Partei, ein Geschlecht oder eine Rasse». Dieser Widerspruch entspricht ziemlich genau der Ambivalenz des Kommunistischen Manifestes. Auch dies sprach zunächst von einer «vereinigten Aktion» der Arbeiterklassen «wenigstens der *zivilisierten Länder*» um am Schluß die «Proletarier *aller Länder*» zur Vereinigung aufzufordern (Hervorhebungen von mir, RH). Ein revolutionäres Konzept der internationalen Solidarität wurde entworfen, dabei der vermeintliche Widerspruch «Zivilisation» vs. «Barbarei» jedoch nicht kritisiert oder aufgelöst.

Es spricht im Grunde für Kautsky und die deutsche Sozialdemokratie, daß sie trotz dieser Ambivalenzen auf den Kongressen der Zweiten Internationale so entschieden das Ende des Kolonialismus forderten. Auch in den deutschen Debatten positionierte sich die Sozialdemokratie deutlich gegen die kaiserliche Kolonialpolitik. Den Anfang machte eine Resolution des Mainzer Parteitages im Jahr 1900. Sie lieferte eine energische Kritik der deutschen Beteiligung bei der Niederschlagung des Aufstandes der Yihetuan in China, in Europa abfällig «Boxeraufstand» genannt. Der Resolutionstext wandte sich gegen die «gewaltsame Aneignung fremder Ländergebiete» und die «rücksichtslose Unterjochung und Ausbeutung der in denselben wohnenden Völkerschaften». Interessant ist der Verweis, die Kolonialpolitik führe auch «nothwendig zur Demoralisation und Verrohung der ausbeutenden Elemente» (Meyer 1984: 290). Dies war eine sehr weitsichtige Vorahnung. Denn zu Beginn des 20. Jahrhunderts vermutete noch niemand, daß der in den Kolonien praktizierte Krieg ohne Grenzen bald mitten in Europa Einzug halten sollte. Dies ist ein wesentlicher Grund, warum der sozialistische Internationalismus nicht schon vor 1914 zu einer Dekonstruktion der Nation weiterentwickelt wurde: der Nationalismus hatte seinen Weg von der demokratischen Bewegung zum Völkermord noch nicht vollendet. Zwar wurde in den Kolonien schon vom Rassenkrieg gesprochen. Aber erst die Erfahrungen des Ersten und Zweiten Weltkrieges machten auch innerhalb Europas deutlich, in welche Abgründe eine ethnische Zuspitzung des nationalen Gedankens führen würde.

Der Mainzer Resolution folgten die genannten antikolonialen Reichstagsreden von August Bebel anläßlich der Widerstandsbewegungen von Herero und Nama, in der Folgezeit entwickelte sich auch eine theoretische Diskussion zum Imperialismus. Hier bildeten sich drei verschiedene Positionen heraus. Das Parteizentrum konzentrierte sich auf die Friedensfrage und wollte den Imperialismus mit klassischen Mitteln wie Abrüstung und internationalen Schiedsgerichten bekämpfen. Kautskys Theorie vom «Ultraimperialismus» legte nahe, die imperiale Ausbeutung könne sich als gemeinsame Front der Industrienationen gegen die Kolonien richten. Er verneinte somit die vorher gängige Annahme, der Imperialismus führe notwendig zum Weltkrieg.

Verschiedene Stimmen aus der Parteilinken, darunter am prominentesten Rosa Luxemburg, waren weniger optimistisch. Sie betonten das Konfliktpotential imperialer Politik, sahen darin aber auch ein wachsendes revolutionäres Potential. Luxemburg forderte später konsequent die Umwandlung des Weltkrieges in eine Weltrevolution. Bernstein und die deutschen Revisionisten hingegen betonten in verschiedenen Beiträgen die «fortschrittliche» Natur einzelner Züge des Imperialismus.

Sie gingen jedoch nie so weit wie van Kol und die niederländische Sozialdemokratie. Eine kolonialkritische Parteimehrheit zwang sie, verdeckt und verhalten zu argumentieren – etwa, indem der «humanere» englische Kolonialismus der deutschen Vernichtungspolitik gegenübergestellt wurde.

Die eigentliche Triebkraft bei der Aufweichung des sozialistischen Internationalismus in Deutschland bildeten aber auch hier diejenigen, die sich an den Theoriedebatten niemals beteiligt hatten: die selbsternannten «Praktiker», von ihren Gegnern als Reformisten bezeichnet.

Sie waren am ehesten geneigt, ideologischem Druck und realpolitischen Widersprüchen nachzugeben. Die vaterländische Kampagne und der Mandatsverlust bei den Wahlen von 1907 waren Beispiele für diesen Druck. Sie waren jedoch kein singuläres Ereignis, sondern Teil einer nationalistischen Welle, die von bestimmten Fraktionen des Bürgertums auch in den folgenden Jahren massiv geschürt wurde. Neu gegründete Gruppen wie der «Alldeutsche Verband», der «Deutsche Flottenverein» und sogar ein eigener «Reichsverband gegen die Sozialdemokratie» verbreiteten mit großem Aufwand nationale, militaristische und koloniale Propaganda in der Bevölkerung und gezielt auch unter den Arbeitern und Arbeiterinnen. Dieser Druck beförderte schleichend nationalistische Positionen auch innerhalb der SPD, die sich jedoch erst nach 1914 voll entfalten konnten.

Ein Beispiel für das Einsickern eines ethnischen Nationalismus in die SPD war die Karriere des Reichstagsabgeordneten Gustav Noske, der vor dem Weltkrieg als führender sozialdemokratischer Militär- und Kolonialexperte auftrat. Noske wurde 1868 als Sohn eines Webers in Brandenburg an der Havel geboren und besuchte die Volksschule, bevor er eine Lehre als Korbmacher begann. Er politisierte sich durch sein Engagement gegen die harten Arbeitsbedingungen seiner Zeit und verehrte den damals schon legendären August Bebel, den er auf einer Versammlung kennengelernt hatte. Gustav Noske engagierte sich als Journalist für sozialdemokratische Zeitungen und erhielt 1906 bei einer Nachwahl im Chemnitzer Wahlkreis ein Reichstagsmandat. Als fleißiger Autodidakt erarbeitete er sich im Reichstag eine Stellung als Experte für Kolonialfragen, denn bisher war zu diesem Thema in der Sozialdemokratie wenig empirisches Wissen vorhanden. Es hatte noch kein Sozialdemokrat die deutschen

Kolonien besucht, die Kenntnisse der Parteifunktionäre speisten sich nur aus Pressemeldungen (Schröder 1979: 17).

Noske näherte sich als Mitglied des Rechnungsausschusses dem Kolonialthema und kritisierte daher immer wieder die hohen Kosten, welche die deutschen Kolonien der Allgemeinheit verursachten. Diese Argumentation wurde von der Sozialdemokratie in tagespolitischen Debatten in verschiedenen Varianten immer wieder vorgetragen. Obwohl sie bei Noske und anderen oft mit prinzipiellen Verurteilungen des Kolonialismus verbunden war, enthielt sie doch die unausgesprochene Annahme, ein kostenneutraler oder gar profitabler Kolonialismus wäre vielleicht akzeptabel.

Die an sich schon problematischen Haushaltsargumente des Praktikers verbanden sich bei Noske jedoch mit tieferliegenden Vorurteilen. In einer Reichstagsrede von 1908 begründete er einen Antrag, auf Schiffen staatlich subventionierter Linien nur noch eine ausschließlich «weiße» Mannschaft an Bord zu nehmen. Der Antrag war auf starken Druck der Seemannsgewerkschaft zustandegekommen, die sich gegen den Einsatz von niedrig bezahlten Seeleuten unter anderem aus China wehren wollte. Noske begründete den Antrag unter anderem damit, daß bei schwerem Seegang «die farbigen Leute viel eher kopflos werden als intelligente deutsche Seeleute». Ein bürgerlicher Abgeordneter fragte daraufhin nach, ob eine solche Haltung mit dem Internationalismus der Sozialdemokratie vereinbar sei. Noskes Antwort ist im Protokoll folgendermaßen wiedergegeben: «Soweit geht unsere Solidarität nicht, daß wir den Chinesen alles Gute wünschen, während unsere eigenen Arbeiter auf der Straße liegenbleiben, wir erklären, daß uns natürlich das Hemd näher ist als der Rock (sehr richtig! bei den Sozialdemokraten), daß in erster Linie dafür zu sorgen ist, daß der deutsche Arbeiter, in diesem Fall der deutsche Seemann, unter annehmbaren Existenzbedingungen zu leben hat; und wenn das erreicht ist, wollen wir allerdings den Chinesen gern dazu helfen, zu einer höheren Kulturstufe zu gelangen» (zit. nach Schröder 1979: 15f).

Dieses Beispiel zeigt einen Bruch an. Während Bebel und Liebknecht als Zeitgenossen der Revolution von 1848 noch einen radikaldemokratischen Nationsbegriff vertraten, waren Teile der jüngeren Generation bereits zu jener essentialistischvölkischen Nationalidee übergegangen, die sich nach 1871 durchgesetzt hatte. Dieser Nationalismus wurde vermischt mit kulturrassistischen und kolonialen Argumenten. Noske war kein Einzelfall: Statt Kritik drückten einzelne Abgeordnete mit Zwischenrufen ihre Zustimmung aus.

Am zitierten Beispiel wird auch sichtbar, daß nicht allein die Kolonialpropaganda der Herrschenden Ursache für nationalistisches Denken in der Arbeiterbewegung war. Teile der Gewerkschaften trugen derartige Ansichten auch von unten in die Partei hinein. In einem konkreten Konflikt entschieden sie sich gegen eine Forderung nach gleichem Lohn für gleiche Arbeit, sondern vertieften mit Verbotsforderungen die von den Reedereien betriebene Spaltung in deutsche und ausländische Seeleute. Partikularinteressen standen dem internationalistischen Gedanken entgegen und wurden mit Phrasen gerechtfertigt, denen zufolge das «Hemd näher als der Rock» sei. Besser hätten auch kritische Stimmen die für jeden Standortnationalismus charakteristische Kurzsichtigkeit kaum ausdrücken können. Weltmarkt und Weltmarktkonkurrenz führten also nicht, wie im Kommunistischen Manifest angenommen, zur Abschaffung, sondern unter Umständen sogar zur Verschärfung des Nationalismus.

Man muß zur Verteidigung der Gewerkschaftsbewegung sagen, daß diese keinesfalls in allen Konflikten zum Hemd und zur Nation tendierte. Sie versuchte etwa an anderer Stelle, polnische und italienische Arbeiter und Arbeiterinnen in Deutschland als Mitglieder zu gewinnen, und ließ sich dabei vom Gedanken leiten, daß gemeinsame Lohnkämpfe das beste Mittel gegen Lohnkonkurrenz durch Arbeitsmigration war.

Denn mit dem Konjunkturaufschwung der 1890er Jahre war die Beschäftigung nichtdeutscher Arbeitskräfte stark angestiegen. Außerdem lebte auch innerhalb der Grenzen des Deutschen Reiches eine große polnische Minderheit, die aus den Ostprovinzen Preußens zunehmend in die Industrieregionen abwanderte. Gerade im Ruhrgebiet gab es ein ausgedehntes polnisches Arbeitermilieu. Die Gewerkschaften versuchten deshalb, mit polnischen Flugblättern Mitglieder zu gewinnen. Die Erfolge blieben jedoch begrenzt, denn die Gewerkschaftsbewegung konnte die aus dem Konflikt zwischen deutscher Germanisierungspolitik und polnischer Selbstbehauptung in den preußischen Ostprovinzen entstandenen gegenseitigen Vorurteile nicht überwinden. Von dieser Uneinigkeit profitierten Unternehmer und der Staat, welche sich um eine Verfestigung der Spaltungen bemühten. Auch die Kirche war hier aktiv. Der katholische Klerus verbreitete im Ruhrgebiet systematisch antisozialistische Propaganda in polnischer Sprache. Aber auch unter den deutschen Arbeitern und Arbeiterinnen sind die Auswirkungen obrigkeitsstaatlicher Propaganda nicht zu unterschätzen: Acht Jahre religiös-nationale Indoktrination in den kaiserlichen Volksschulen und der Wehrdienst für die Männer hinterließen ihre Spuren in Ansichten und Verhaltensformen (Groh 1973: 55). Um die Jahrhundertwende wurde die Klassenspaltung jedoch langsam überwunden. Nachdem die polnischen Bergleute im Ruhrgebiet 1902 mit der «Zjednoczenie Zawodowe Polskie» (ZZP) eine eigene Gewerkschaft gegründet hatten, beteiligten sich sozialdemokratische und polnische Gewerkschaften gemeinsam an Streiks gegen die Zechenherren (Herbert 2001: 80). Langfristig wurde die Spaltung aber nur dadurch beseitigt, daß die zweite und dritte Generation der Ruhrpolen sich schnell assimilierte – sie unterschieden sich bald nur noch durch den Familiennamen von ihren nichtmigrantischen Kollegen und Kolleginnen. In den Preußischen Ostprovinzen war dies anders – sie wurden nach 1918 Teil eines unabhängigen polnischen Staates, die Germanisierungspolitik war gescheitert.

Anders als bei der Arbeitsmigration ergaben sich aus der Kolonialfrage keine direkten Spaltungen innerhalb der Arbeiterschaft. Dies erklärt die in Deutschland vergleichsweise konsequente Ablehnung des Kolonialismus. Ausnahmen gab es auch hier – wie etwa im Dampfersubventionsstreit von 1885, als sozialdemokratische Reichstagsabgeordnete auf Druck der Werftarbeiter Subventionen für Schiffslinien in die Kolonien zustimmen wollten. Dies wurde jedoch durch den Widerstand Bebels und anderer verhindert (Lehnert 1983: 73). Im Allgemeinen bildete die Unterstützung des Kolonialismus ein Tabu, auch wenn revisionistische Autoren und «Praktiker» wie Noske immer wieder prokoloniale Ansichten in die Debatte einbrachten.

Neben dem Zentrum war auch die sozialdemokratische Linke in Deutschland gegen den Kolonialismus eingestellt. Rosa

Luxemburg scheute sich nicht, in dieser Frage sogar den Parteivorstand anzugreifen. In ihrer Erwiderung auf ein Flugblatt des Parteivorstandes aus dem Jahr 1911 verlangte sie eine Kolonialismuskritik, die auch den Standpunkt der Kolonisierten mit einbezog: «Fügen wir noch hinzu, daß in dem ganzen Flugblatt nicht ein Wort von den Völkern, von den Eingeborenen der Kolonien, von ihren Rechten, Interessen und Leiden infolge der Weltpolitik gesagt wurde, daß das Flugblatt mehrmals von der ‹glänzenden Englischen Kolonialpolitik› spricht, ohne den periodischen Hungertyphus der Inder, die Ausrottung der Eingeborenen Australiens, die Nilpferdpeitsche auf dem Rücken der ägyptischen Fellahs zu erwähnen...» (zit. nach Meyer 1984: Bd. 1 Teil 2, S. 297).

Luxemburg kritisierte die einseitig auf ökonomische Erfolglosigkeit und Kriegsgefahr abzielende Kolonialkritik des Parteivorstandes und den fehlenden Blick auf das Leiden der Kolonisierten. Jedoch war es gerade die Verbindung von Kolonialismus und Friedensfrage, die eine gewisse Standfestigkeit des Antikolonialismus beförderte. Anders als die Mehrheit der bürgerlichen Parteien wollte die Sozialdemokratie für imperiale Abenteuer keinen Weltkrieg riskieren. Auch in der Sozialistischen Internationale stützte sie deshalb einerseits eine antikoloniale Politik. Andererseits verhinderte dort gerade die deutsche Sozialdemokratie die Entwicklung praktischer Widerstandsformen im Falle eines Weltkrieges.

Diese Inkonsequenz der SPD ging soweit, daß sie mit der Wehrbeitragsvorlage Mitte 1913 sogar einer Steuererhöhung zugunsten des Militärs zustimmte. Ein bemerkenswertes Einknicken, denn um die Jahrhundertwende hatte man noch militaristische Veranstaltungen des Deutschen Flottenvereins gestört und verhindert.

Ursache der heftig umstrittenen Entscheidung war die Tatsache, daß 1913 erstmals eine direkte Vermögenssteuer auf Reichsebene eingeführt wurde (Abendroth 1985: 144). Die SPD hatte aus sozialen Gründen immer wieder für eine Vermögenssteuer statt indirekter Steuern auf Konsumgüter argumentiert. Mit der Zustimmung zur Wehrbeitragsvorlage hatte sie dieses Ziel scheinbar erreicht, entfernte sich jedoch durch ihre «Kompensationspolitik» von internationalistischen und friedenspolitischen Grundsätzen.

Gemessen an den hohen Ansprüchen eines sozialistischen Internationalismus ist die Bilanz der sozialistischen Bewegung in Deutschland also durchwachsen: eigene Ansprüche wurden nicht konsequent zu Ende gedacht, Tendenzen zur Aufweichung internationalistischer Prinzipien gewannen schon vor 1914 an Boden.

Selbst in seiner unvollkommenen Durchsetzung bedeutete jedoch die Idee des sozialistischen Internationalismus eine Revolution in der Geschichte der Neuzeit. Zwar hatten Philosophen wie Immanuel Kant schon lange vorher über den ewigen Frieden geschrieben, aber die Vision von der friedlichen Gemeinschaft der Weltrepubliken wurde durch das europäische Bürgertum nach 1848 schnell aufgegeben. Kolonialpropaganda und Nationalismus waren in mehr oder weniger ausgeprägter Form Merkmal aller bürgerlichen Parteien in Deutschland. Vor diesem Hintergrund war allein die Existenz der Sozialistischen Internationale eine ständige Provokation. Der Sozialismus mit seiner Idee eines Weltproletariates jenseits der Nationen war die politische Kraft, die trotz aller Schwächen am konsequentesten eine humanistische, auf die Gleichheit aller Menschen zielende Politik einforderte.

## Antisemitismus und Universalismus

Die «Entliberalisierung der Liberalen» seit der Reichsgründung und die Entstehung vaterländischer und völkischer Verbände um die Jahrhundertwende wurde begleitet von einer Renaissance des Antisemitismus in Deutschland. Dies erschien den Zeitgenossen in rätselhafter Weise anachronistisch, denn die rechtliche Emanzipation der Juden hatte sich während des ganzen 19. Jahrhundert immer mehr durchgesetzt. Sie lag ganz auf der Linie eines universalen Menschheitsfortschritts, von dessen langfristigem Sieg Sozialismus und Liberalismus gleichermaßen überzeugt waren – auch wenn sie etwas anderes darunter verstanden. Mit der Reichsgründung 1871 waren nicht alle gesellschaftlichen, aber doch alle gesetzlichen Benachteiligungen für die Juden gefallen – sie waren nun Staatsbürger mit gleichen Rechten und Pflichten. Damit hatte sich die Idee des Rechtsstaates durchgesetzt gegenüber der Ideologie des christlichen Staates, in dem Juden allenfalls eine Stellung als privilegierte Untertanen einnehmen konnten. Der Einflußverlust des christlichen Antisemitismus verlief jedoch parallel mit dem Aufstieg des modernen, biologistisch argumentierenden Rasseantisemitismus.

Als Vertreter dieser Denkrichtung wurde bereits Eugen Dühring genannt, dessen Einfluß in der sozialistischen Bewegung jedoch durch die Intervention von Friedrich Engels unterbunden wurde. Engels äußerte sich bereits hier explizit gegen den Antisemitismus und den «bis ins Lächerliche übertriebne Judenhaß, den Herr Dühring bei jeder Gelegenheit zur Schau trägt». Er kritisierte, daß Dühring «das aus der Bigotterie des Mittelalters überkommne Volksvorurteil gegen die Juden» als ein auf »Naturgründen» beruhendes «Naturmteil» bezeichnete (MEW 20: 104). Engels nahm den Antisemitismus jedoch zunächst als nebensächliche Marotte und Symptom für Dührings Beschränktheit: «Er kann die Wirklichkeitsphilosophie nicht fertigbringen, ohne seinen Widerwillen gegen Tabak, Katzen und Juden als allgemeingültiges Gesetz der ganzen übrigen Menschheit, die Juden eingeschlossen, aufzudrängen» (MEW 20: 134). Erst als sich in den 1880er Jahren die Agitation der Antisemiten immer mehr steigerte, erkannte Engels den Antisemitismus als eigenständiges Problem an (Traverso 1994: 25f).

Im Jahre 1890 formulierte er deshalb in einem Zeitungsartikel eine eindeutige Kritik: «Der Antisemitismus ist also nichts anderes als eine Reaktion mittelalterlicher, untergehender Gesellschaftsschichten gegen die moderne Gesellschaft, die wesentlich aus Kapitalisten und Lohnarbeitern besteht, und dient daher nur reaktionären Zwecken unter scheinbar sozialistischem Deckmantel; er ist eine Abart des feudalen Sozialismus, und damit können wir nichts zu schaffen haben. Ist er in einem Lande möglich, so ist das ein Beweis, daß dort noch nicht genug Kapital existiert. [...] Dazu kommt, daß der Antisemitismus die ganze Sachlage verfälscht. Er kennt nicht einmal die Juden, die er niederschreit. Sonst würde er wissen, daß hier in England und in Amerika, dank den osteuropäischen Antisemiten, und in der Türkei, dank der spanischen Inquisition, es Tausende und aber Tausende jüdischer Proletarier gibt; und zwar sind diese jüdischen Arbeiter die am schlimmsten ausgebeuteten und die allerelendesten. Wir haben hier in England in den letzten zwölf Monaten *drei* Streiks jüdischer Arbeiter gehabt, und da sollen wir Antisemitismus treiben als Kampf gegen das Kapital?» (MEW 22: 49: 51).

Engels klärte damit die Position des Marxismus zum Antisemitismus und beugte Fehlinterpretationen der Schriften seines Freundes vor. Denn Marx, aus jüdischer Familie stammend, jedoch der jüdischen Religion und Kultur fernstehend, hatte an verschiedenen Stellen ironisierend das Stereotyp des jüdischen Händlers und Schacherers verwendet. Etwa in seiner Schrift «Zur Judenfrage» aus dem Jahr 1844, wo er den «Schacher» als das praktische Judentum bezeichnete (MEW 1: 347–377). Eigentliche Intention der Schrift war eine Kritik der Trennung von politisch-staatlicher und privat-ökonomischer Sphäre im Kapitalismus. Marx kritisierte die Forderung einer speziellen jüdischen Emanzipation wegen ihrer Beschränkung auf die politisch-staatliche Sphäre und argumentierte für eine universale menschliche Emanzipation durch die Aufhebung der Sphärentrennung. Er wollte also den Gedanken der Emanzipation nicht antisemitisch einengen, sondern ausdehnen (Traverso 1994: 17).

Im «Kapital» schrieb Marx 1867: «Nebenbei bemerkt, hat auch die *Warensprache*, außer dem *Hebräischen*, noch viele andre mehr oder minder korrekte Mundarten» (MEW 23: 67). Diese und ähnliche Bemerkungen übernahmen wiederum antisemitische Klischees seiner Zeit. Sie blieben jedoch verstreute Einsprengsel und bildeten nicht die Argumentationsbasis für Marx` Gesellschaftskritik. Sie standen unverbunden neben ähnlichen Ausfällen etwa gegen «Pfaffen» oder die «Schafsnatur des Christen», die der erklärte Atheist Marx ebenfalls nicht leiden konnte.

Marx` eigentliche Gesellschaftsanalyse richtete sich explizit gegen jede völkische oder sonstwie personalisierte Form der Kapitalismuskritik, in der die kapitalistische Moderne als eine Verschwörung bestimmter Gruppen erschien. Marx beschrieb das Kapital stattdessen als ein gesellschaftliches Herrschaftsverhältnis jenseits aller Religion und Kultur. Seine bereits erwähnte Analyse vom Fetischcharakter der Ware lieferte dementsprechend eine Kritik an jeder Personalisierung von Herrschaftsverhältnissen im Kapitalismus. (MEW 23: 85–99) Sie wurde von späteren Autoren zu einer expliziten Kritik des Antisemitismus weiterentwickelt (Heinrich 2004: 83ff und 186ff).

Im sozialdemokratischen Marxismus der Zweiten Internationale spielten jedoch Marx` Theorien über den Warenfetisch keine besondere Rolle. Marx selbst starb, bevor der moderne Antisemitismus größere Kreise erreicht hatte. Daher blieb es Engels überlassen, im Namen des Marxismus gegen den Antisemitismus zu intervenieren. Seine Kritik und kurz danach die Verabschiedung des Erfurter Programms mit der Ablehnung eines jeden Rassismus formulierten einen Standard für alle zukünftigen sozialistischen Programme.

Wie schon die Befürwortung der Frauenemanzipation war auch die Ablehnung des Antisemitismus Ausdruck des spezifischen *Universalismus* der marxistischen Theorie. Ihre Kapitalismuskritik war eingebettet in eine breitere Herrschaftskritik, sie forderte eine umfassende menschliche Emanzipation ohne Ausnahmen.

Angezogen von dieser Programmatik engagierten sich viele Juden an prominenter Stelle in Sozialdemokratie und Gewerkschaften. Sie taten dies auf allen Flügeln der Partei – etwa Eduard Bernstein und Ludwig Frank bei den Revisionisten, Rosa Luxemburg als theoretischer Kopf der radikalen Linken, Hugo Haase als prominenter Vertreter des Zentrums. Von den 110 Abgeordneten der sozialdemokratischen Reichstagsfraktion des Jahres 1912 hatten zwölf einen jüdischen Hintergrund, also mehr als ein Zehntel (Heid 2009: 31, Rürup 1991: 24). Dies übertraf den Anteil der Juden in der Bevölkerung um das Zehnfache.

Grund für die starke Repräsentation von Juden in der Sozialdemokratie war deren explizite Ablehnung des Antisemitismus in einer Zeit, in der die bürgerliche Öffentlichkeit in die Gegenrichtung tendierte. Denn der Antisemitismus eignete sich als ideologische Brücke, um in einer Ära verschärfter sozialer Umwälzungen widerstrebende Interessen zusammenzuhalten und gleichzeitig Modernisierungsverlierern ein Ventil für ihren Frust zu bieten. Beispielhaft für diese Politik war der 1893 gegründete «Bund deutscher Landwirte». Die von Großgrundbesitzern geführte konservative Sammelorganisation fand mit der Hetze gegen die Juden eine Klammer, um auch Teile der Bauernschaft und des Mittelstandes politisch zu binden (Volkov 1994: 51). Allein aus dem Mittelstand rekrutierte sich der im selben Jahr gegründete Deutschnationale Handlungsgehilfenverband (DHV). Diese gewerkschaftsähnliche Organisation machte die

Konkurrenz von Frauen und Juden für die prekäre Lage der Angestellten veranwortlich und sah sich als Anwalt der «Kleinen Leute» gegen das «jüdische» Großkapital. Der mitgliederstarke Verband war wesentlich inspiriert von den Ideen des protestantischen Hofpredigers Adolf Stoecker, der eine eigene antisemitische Arbeiterbewegung auf die Beine stellen wollte. Seine 1878 gegründete «Christlich-Soziale Arbeiterpartei» blieb jedoch im Proletariat ohne nennenswerten Einfluß – im Gegenteil: Die Berliner Sozialisten und Sozialistinnen bekämpften sie mit heftigen Kampagnen (Rürup 1991: 24).

Die antisemitischen Organisationen blieben daher hauptsächlich im Bürgertum und den lohnabhängigen Mittelschichten sowie in Teilen der Bauernschaft verwurzelt. Teilweise bedienten sie direkt Interessen des Großbürgertums, wie etwa der Bund der Landwirte oder der «Alldeutsche Verband», der mit seiner Flottenpropaganda die Rüstungsindustrie stützte. Voraussetzung für den Erfolg war jedoch die ökonomische Existenzangst der Mittelschichten. Der Antisemitismus kam somit nicht allein von oben, sondern auch aus der gesellschaftlichen Mitte. Seine Zielscheibe war das gebildete bürgerliche Judentum, das für die Krisenhaftigkeit der kapitalistischen Moderne verantwortlich gemacht wurde. Die Bilder vom arbeitsscheuen jüdischen Börsenspekulanten, vom vaterlandslosen Kosmopoliten, von der «Zinsknechtschaft» und den Wucherern drückten die Furcht vor den Verselbständigungsprozessen des Kapitalismus aus: Angst vor Konkurrenz durch Großunternehmen, der Auflösung traditioneller Bindungen und dem Verlust des Arbeitsplatzes. Kurzum die Furcht vor einem Wirtschaftsprozeß, der sich jeder Kontrolle entzog und längst nicht mehr den traditionellen Gerechtigkeitsvorstellungen von ehrlicher Arbeit und gutem Lohn entsprach – eine Vorstellung, die jedoch auch in frühkapitalistischen Zeiten wenig mit der Realität zu tun hatte.

Da aber auch die Arbeiterbewegung sich an diesem handwerklichen Arbeitsethos ausgerichtet hatte, waren ihre Mitglieder nicht immun gegen hier ansetzende Vorurteile. Die marxistische Theorie vom Klassenkampf bot jedoch ein Gegengewicht, weil sie wachsende soziale Spaltungen als untrennbaren Bestandteil des kapitalistischen Systems kritisierte und eine Trennung in «gute» und «böse» Kapitalisten nicht zuließ. Bei aller Kritik an der geschichtsphilosophischen Lesart des sozialdemokratischen Marxismus ist daher Arno Klönne zuzustimmen, wenn er schreibt: «Noch die größten Mißverständnisse des Marxismus boten Denkalternativen zu jenen vorfaschistischen Weltanschauungen, die bald auch in der Arbeiterschaft Verbreitung suchten» (Klönne 1989: 67).

Indem die Sozialdemokratie Klassenkampf und Universalismus miteinander verband, verhinderte sie also an vielen Fronten den Erfolg der an die Arbeiterschaft gerichteten Propaganda der völkischen und antisemitischen Gruppen und Verbände (Rürup 1991:21). Gleichzeitig räumte sie Juden führende Stellungen in ihrer Organisation ein, während die bürgerlichen Parteien mit Ausnahme der Linksliberalen zunehmend Rücksicht auf die antisemitischen Vorurteile der Wähler nahmen. Der Antisemitismus hatte sich als «kultureller Code» der politischen Rechten etabliert und griff von dieser Basis aus weiter um sich (Herzig 2006: 186, Volkov 1994: 120).

Der Nachteil des marxistischen Universalismus war, daß er eine geistig-kulturelle Eigenexistenz der Juden nicht anerkannte. Hier war wieder der emphatische Fortschrittsbegriff des Manifestes am Werk. Er führte dazu, daß die Emanzipation der Juden mit ihrer Assimilation gleichgesetzt wurde, ähnlich wie schon die Integration der außereuropäischen Kulturen in eine Weltgesellschaft nur als Angleichung an die westlich-europäischen Normen gedacht wurde. Der Begriff des Universalen wurde (miß-)verstanden als eine Form der Homogenität – in dieser Interpretation diente er nicht mehr der Gleichheit und Emanzipation, sondern konnte ebensogut als Unterdrückungswerkzeug gegenüber jeder Form von Differenz wirken.

In bezug auf den Antisemitismus widersprach die Forderung nach Assimilation aber nicht unbedingt den Empfindungen der Juden und Jüdinnen. Rosa Luxemburg etwa sagte von sich, sie habe in ihrem Herzen «keinen Sonderwinkel für das Ghetto» und assoziierte die Kultur des osteuropäischen Judentums mit Rückständigkeit und Isolation (Laschitza 2009: 48). Emanzipation und Befreiung boten dagegen die bürgerlichen Verkehrsformen des Kapitalismus, der die Tore der Ghettos gesprengt hatte. Dieser Fortschritt mußte daher bis zum Sozialismus weitergetrieben werden, dann würde sich der Antisemitismus von selbst erledigen. Daß dabei die jüdische Kultur ebenso verschwand, galt vielen säkularen Juden nicht als Verlust.

Gegen Ende des 19. Jahrhunderts war der Antisemitismus in Rußland und Osteuropa am stärksten, von dort flüchteten viele Juden vor Pogromen in die USA und nach Deutschland. Engels konnte daher den Antisemitismus mit einem «zu wenig» an kapitalistischer Moderne gleichsetzen. Er verkannte jedoch, daß der Antisemitismus sich gerade durch die ideologische Wahrnehmung der kapitalistischen Moderne sogar erneuern konnte. Eine 1894 in Frankreich begonnene antisemitische Kampagne gegen den Offizier Alfred Dreyfus zeigte, daß dies nicht nur in Deutschland der Fall war.

Die Erneuerung des Antisemitismus führte zur Gegenreaktion in Form des Zionismus. Seine Propagandisten waren vor allem bürgerliche Juden aus Westeuropa, ihre größte Anhängerschaft fand die Bewegung jedoch in Osteuropa (Keßler 1994: 26ff). Die Zionisten forderten die Errichtung eines jüdischen Staates als «nationale Heimstätte» für das jüdische Volk und kämpften für die Erhaltung der jüdischen Kultur – wobei sehr umstritten war, was diese im Kern ausmachte. Denn der Zionismus war überwiegend nicht religiös, sondern säkular ausgerichtet. Es gab auch marxistische und sozialistische Unterströmungen. Diese bildeten mit «Poale Zion» und den «Zionisten-Sozialisten» auch eigene Organisationen, die sich ab 1907 sogar um den Beitritt zur Sozialistischen Internationale bemühten (Keßler 1994: 85ff).

Diese direkte Konfrontation führte innerhalb der sozialistischen Bewegung zu Diskussionen. Karl Kautsky faßte deren Ergebnis mit seiner Broschüre «Rasse und Judentum» aus dem Jahr 1914 für die deutsche SPD zusammen. Die Schrift lehnte den Zionismus als nationalistischen Sonderweg ab und erkannte eine Lösung der von den Antisemiten gestellten «Judenfrage» nur in der Assimilation. Damit stand er durchaus in der Tradition von Marx` Aufsatz zur «Judenfrage». Kautsky argumentierte ähnlich und forderte offen das Verschwinden des traditionellen Judentums, welches er für eine Erscheinung des Mittelalters hielt.

Einen bedenkenswerten Kern hatte Kautskys Schrift, wo sie den nationalistischen Partikularismus der zionistischen Bewegung kritisierte: Der Zionismus argumentierte für eine Absonderung der Juden im eigenen Staat, sah sich selbst als Befreiungsnationalismus und forderte dafür Anerkennung. Den demokratischen Nationalismus hatte die sozialistische Bewegung nie abgelehnt – sie hatte die deutsche und italienische Nationalbewegung in ihrer demokratischen Phase unterstützt und erkannte auch die polnische Befreiungsbewegung an. Der zionistische Fall lag jedoch anders, weil die Juden in Westeuropa – anders als die Polen in Rußland – alle Bürgerrechte genossen. Würde eine zionistische Agitation diesen Fortschritt nicht in Frage stellen und alle Errungenschaften hinwerfen?

Die Lage wurde auch dadurch verkompliziert, daß die Juden kein geschlossenes Siedlungsgebiet hatten. Dieses sollte in Palästina erst geschaffen werden, was faktisch auf eine Form der Kolonisation hinauslief. Denn sowohl Palästina als auch andere damals diskutierte Orte für einen Judenstaat waren bereits besiedelt. Die zionistische Bewegung widersprach damit den antikolonialen Prinzipien des Sozialismus.[11] Es ist kein Zufall, daß ausgerechnet in den «Sozialistischen Monatsheften» um Eduard Bernstein prozionistische Positionen zeitweise ein Forum fanden, denn die Revisionisten befürworteten einen «humanen» Kolonialismus. Es war bezeichnenderweise der Kolonialist Henri van Kol, der 1907 durchsetzte, daß die Gruppierung der «Zionisten-Sozialisten» mit beratender Stimme in die Zweite Internationale aufgenommen wurde (Keßler 1994: 56, 89).

Kautskys Schrift trug jedoch wenig dazu bei, die Widersprüche des Zionismus zwischen Emanzipation und Eurozentrismus kritisch herauszuarbeiten. Im Gegenteil: Seine Forderung nach einer Auflösung des Judentums verschärfte die Spannungen und bestätigte die vom Zionismus behauptete Unmöglichkeit einer freien jüdischen Existenz im «christlichen» Europa. Kautskys Schrift ist ein Beispiel dafür, wie die deutsche Sozialdemokratie die Bedeutung des Antisemitismus verkannte, obwohl sie ihn programmatisch klar ablehnte.

---

11 Hier gab es natürlich im einzelnen starke Unterschiede innerhalb des Spektrums der zionistischen Gruppen. Vertreter eines Kulturzionismus strebten z. B. gar keine Siedlungsprojekte an, andere bemühten sich früh um friedliche Koexistenz mit den alteingesessenen Bewohnern Palästinas. Die hier zitierte sozialistische Kritik am Zionismus bezieht sich auf die Epoche vor 1914, nach den Erfahrungen des Holocausts änderte sich das Verhältnis grundsätzlich. Während Teile der Linken sich mit sozialistisch-zionistischen Strömungen solidarisierten, behielten andere die zitierte Kritik bei oder radikalisierten sie. Differenzierte Positionen haben es bis heute schwer.

Dazu paßt, daß im sozialdemokratischen Witzblatt «Der Wahre Jakob» mehrfach Karikaturen erschienen, die Kapitalisten mit einer überzeichneten «jüdischen» Physiognomie darstellten (Heid 2009: 30, Evans 1989: 303). Es ist nach wie vor umstritten, ob solche Entgleisungen oder die offizielle, den Antisemitismus verurteilende Haltung der Partei die Realität an der Basis widerspiegelten. Einen interessanten Einblick dazu liefern erneut die von Richard J. Evans unter dem Titel «Kneipengespräche im Kaiserreich» edierten Stimmungsberichte der Hamburger politischen Polizei. Sie überliefern durchaus antisemitische Äußerungen aus Arbeiterkreisen, die sich allerdings meist auf den Konflikt zwischen Kleinhändlern und Warenhäusern bezogen. Der Antisemitismus war also sogar in den Hafenkneipen als Mittelstandsbewegung bekannt. Als politische Bewegung wurde er im klaren Gegensatz zur Sozialdemokratie wahrgenommen, man mißtraute den antisemitischen Abgeordneten, weil sie durch die Befürwortung von Getreidezöllen für eine Verteuerung der Lebensmittelpreise sorgten (Evans 1989: 320). Evans bemerkt zusätzlich, daß es in Hamburg getrennte antisemitische und sozialdemokratische Kneipen gab. Ein Polizeibericht von 1893 berichtet, daß einige sozialdemokratische Wirte zu den Antisemiten überliefen, um das wohlhabendere Kleinbürgertum als Kundschaft zu gewinnen. Dies ging jedoch schief: «Da nun ihre Wirtschaften des Abends immer leer standen und dieselben nicht mehr vor Hunger ins Bett gehen konnten, so kamen sie auch zu der richtigen Einsicht und haben sich der Sozialdemokratie wieder angeschlossen, wodurch auch ihre Wirtschaften wieder in den Gang kommen» (Evans 1989: 27f). Die Berichte zeigen, daß im Arbeiteralltag immer wieder antisemitische Stereotypen geglaubt und verbreitet wurden. Gleichzeitig war der Gegensatz zwischen Sozialdemokratie und Antisemitismus an der Basis überall bekannt und die politische Bewegung der Antisemiten wurde gemieden. Die Sozialdemokratie wirkte also der Ausbreitung des politischen Antisemitismus klar entgegen, obwohl ihr Universalismus wenig Verständnis für eine kulturelle jüdische Autonomie hatte.

Eine andere Antwort auf den Widerspruch zwischen Differenz und Universalismus fand die sozialistische Bewegung in Osteuropa. Dort gründete sich 1897 der «Bund», wie die Kurzbezeichnung für den «Allgemeinen Jüdischen Arbeiterbund von

Litauen, Polen und Rußland» lautete. Der Bund war eine sozialistische Organisation der zahlreichen jüdischen Arbeiter und Arbeiterinnen im Westteil des russischen Imperiums. Er kritisierte die sozial-religiöse Abschottung der Juden Osteuropas und forderte ihre Integration in die Gesellschaft. Auch der Zionismus wurde abgelehnt. Statt Auswanderung forderte der Bund einen revolutionären Klassenkampf für die Rechte des jüdischen Proletariats. Dabei widersetzte er sich der Forderung nach Assimilation und forderte eine «National-Kulturelle Autonomie» für die osteuropäischen Juden (Mendel 2004: 56). Dieses Konzept deckte sich mit den vom Austromarxisten Otto Bauer für Österreich-Ungarn entwickelten Ideen (Keßler 1994: 62). Österreich-Ungarn und Rußland waren multinationale Imperien, und die sozialistischen Bewegungen beider Länder sahen sich mit dem Widerspruch konfrontiert, die imperiale Unterdrückung nationaler Minderheiten zu kritisieren, gleichzeitig jedoch den völkischen Nationalismus nicht noch zu vertiefen. Denn bereits die Balkankriege der Jahre 1912 und 1913 mit ethnisch motivierten Morden und Kriegsverbrechen hatten gezeigt, daß das oft geforderte «Selbstbestimmungsrecht der Völker» zum mörderischen Paradox werden konnte, wenn ein «Volk» kein eindeutig geschlossenes Siedlungsgebiet hatte. Und dies war historisch eher die Regel als die Ausnahme. In beiden Imperien wurden daher föderale Sozialismuskonzepte entwickelt, die die kulturellen Unterschiede verschiedener Bevölkerungsgruppen berücksichtigten. Ein multinationaler Sozialismus war das Gegenbild zum ethnisch homogenen Nationalismus.

In Deutschland wurden diese Konzepte jedoch nicht besonders diskutiert. Dies lag nicht nur an der Autorität Kautskys, sondern daran, daß das Kaiserreich trotz dänischer, jüdischer, und polnischer Minderheiten kein Vielvölkerstaat war. Lange sah man daher keinen Bedarf, sich mit dem Problem kultureller Autonomie auseinanderzusetzen. In der Sozialistischen Internationale war der «Bund» als Teil der russischen Delegation anerkanntes Mitglied. Die internationale sozialistische Bewegung hielt also an einer Kritik des Zionismus fest, verweigerte aber nicht die Anerkennung einer jüdischen Arbeiterpartei (Keßler 1994: 85ff).

Der Blick auf die Fragen von Kolonialismus und Antisemitismus zeigt Stärken und Schwächen des sozialistischen

Universalismus. Einerseits förderte er eine Ausweitung des Sozialismus vom Klassenkampf auf eine grundsätzliche Herrschaftskritik, die auch vor gesellschaftlichen «Tabuthemen» wie Frauenrechten und Homosexualität nicht halt machte. Hinter diese umfassende Perspektive dürfen auch heutige Bewegungen nicht mehr zurückfallen.

Andererseits wurde der Universalismus als Homogenisierung und Anpassung an europäisch-bürgerliche Standards mißverstanden. Dieser eingeengte Universalismus betrachtete Differenz aus geschichtsphilosophischer Perspektive als Form von Rückständigkeit. Damit verbunden war die Erwartung eines baldigen, automatischen Zusammenbruchs des Kapitalismus. Dies bedeutete die Vertagung der vollständigen Emanzipation auf einen sozialistischen «Zukunftsstaat», was nicht nur Kämpfe gegen Patriarchat und Antisemitismus hemmte, sondern sich gleichermaßen negativ auf den Kampf um die politische Macht auswirkte.

## *Sozialdemokratie und Sozialismus im Kaiserreich*

**D**ie sozialistische Bewegung im wilhelminischen Deutschland hatte einen seltsamen Doppelcharakter. Sie war die größte Europas und damit der Welt und brachte die bedeutendsten Theoretiker und auch Theoretikerinnen hervor. Die deutsche Sozialdemokratie hatte die Deutungshoheit über den Marxismus, war im Grunde dessen Erfinderin. Mit diesem Anspruch bekämpfte sie national und international die Phänomene des Reformismus und Revisionismus ebenso wie die rassistische Kolonialpolitik. Trotz aller Widersprüche nahm die Sozialdemokratie den emanzipatorischen Gehalt von Universalismus und Aufklärung ernster als das gesamte Bürgertum. Sie unternahm Vorstöße zur Entkriminalisierung von Homosexualität, organisierte eine sozialistische Frauen- und Jugendbewegung, bekämpfte den Antisemitismus und verweigerte sich dem Trend, jüdische Politiker und Politikerinnen von der Mitarbeit auszuschließen. Sie räumte ihnen stattdessen führende Positionen ein.

Die öffentlichen Auftritte sozialdemokratischer Redner waren feurig und kompromißlos, der legendäre Parteigründer

August Bebel bezeichnete sich bis zuletzt als «Todfeind der bürgerlichen Gesellschaft». Rednerinnen wie Clara Zetkin und Rosa Luxemburg standen den großen Männern in nichts nach, auch wenn sie sich den Weg an die Spitze immer wieder erkämpfen mußten.

Dennoch vermochte diese «Stärkste der Parteien» es nicht, den sie umgebenden preußischen Militärstaat ins Wanken zu bringen. Die Frage nach der Revolution machte sie ratlos, spontaner Protest der Massen in wilden Streiks und Unruhen wurde von Vorstand und Funktionärsebene mehr und mehr kritisch beargwöhnt. Dabei war unorganisierter Protest lange Zeit der Normalfall von Arbeiterprotest gewesen. Spätestens seit den 1880ern galt er jedoch als Form von Chaos und Anarchismus – einem Begriff, der in kaum einem anderen Land so sehr zum unverstandenen Schimpfwort wurde wie in Deutschland.

Immer wieder wurden stattdessen Disziplin und Selbstdisziplin beschworen, nicht selten mit militärischen Metaphern. Die Idee des Parteisoldaten stammt nicht von Lenin, sondern wurde von der deutschen SPD geprägt. Bereits im Erfurter Programm traten Bourgeoisie und Arbeiterklasse als «feindliche Heerlager» auf, jede Reichstagswahl galt der SPD als «Heerschau» ihrer proletarischen Armee. Diese Rhetorik symbolisierte Stärke, unausgesprochen gleichgesetzt mit Männlichkeit. Dies paßte jedoch kaum zu einer Partei, die für Demokratie, Frieden und Frauenrechte kämpfen wollte.

Offizielle Begründung für die Forderung nach Disziplin war die Notwendigkeit des einheitlichen politischen Handelns der Arbeiterklasse. Hier wirkte die kraftraubende Erfahrung der Spaltung in Lassalleaner und Eisenacher nach. Aber auch die Erfahrungen der Gewerkschaften bestätigten den Grundsatz «Einigkeit macht stark». Nur durch Organisierung auf immer größerer Stufenleiter konnten sie den Angriffen des Kapitals trotzen. Diese Erfolge der Organisationspolitik wurden jedoch in Partei und Gewerkschaften nicht selbstkritisch reflektiert, über Probleme von Bürokratie und Immobilität nicht geredet. Mit Most und Hasselmann, den Jungen und den Lokalisten waren bereits drei linksoppositionelle Gruppierungen ausgeschlossen worden, ehe unter der theoretischen Führung Rosa Luxemburgs eine offene strategische Debatte über Organisation und Praxis geführt werden konnte.

Luxemburg wurde nicht ausgeschlossen, ihre Initiativen jedoch ausgebremst – wiederum im Namen der Einigkeit. Die leninistische Kritik hat aus der ohnmächtigen Einheit der SPD später die Notwendigkeit einer frühen Parteispaltung abgeleitet. Lenin selbst spaltete bereits 1903 die russische Sozialdemokratie und formierte die Bolschewiki als eigenen Flügel. Hier ging es jedoch um eine illegale Partei mit wenigen tausend Mitgliedern. An eine Spaltung der millionenstarken SPD hätten selbst Rosa Luxemburg und die radikale Linke vor 1914 nie gedacht. Obwohl die Einigkeit innerhalb der SPD mehr und mehr zu einer oberflächlichen «Resolutionseinigkeit» und zum Argument für Disziplinierungen degenerierte – die grundsätzliche Notwendigkeit einer vereint handelnden Arbeiterklasse war gerade den Linken sehr bewußt.

Der Konflikt zwischen den Parteiflügeln drehte sich also niemals um eine Spaltung, sondern um den richtigen Einsatz der Organisation. Die Reformisten wollten sie nur parlamentarisch einsetzen, die Linken wollten sie auf die Straße führen. Das Zentrum wich beidem aus und begünstigte damit die Reformvariante.

Das Zögern des Zentrums war keine Schwäche des Willens der Vorstandsmitglieder und auch nicht die Korruption einer Elite von privilegierten «Arbeiteraristokraten». Auch wenn es solche Phänomene gab – die Ursachen der sozialdemokratischen Krise vor 1914 waren struktureller Natur. Sie beruhten auf der Eigenlogik großer Organisationen, die zwangsläufig Repräsentation, Delegation von Macht und damit Hierarchien hervorbrachten. In der sozialistischen Bewegung wurde dies nicht hinterfragt, stattdessen gab es in der marxistischen Theorie eine starke Neigung, Zentralisierungsprozesse als «fortschrittlich» zu werten.

Hinzu kam die proportional zum eigenen Erfolg steigende Angst vor Repression und Verbot. Anfang der 1890er Jahre hatten die Gewerkschaften noch Kampferfahrung in der Illegalität, waren klein, lokal und flexibel. Nur 15 Jahre später war die Lage völlig verändert: Mit zwei Millionen Mitgliedern, 33 Millionen Goldmark Kassenbeständen und einem enormen Verwaltungs- und Presseapparat gab es bei einem Verbot viel zu verlieren. Der Anpassungsdruck stieg. Wenn man ein kurzes Fazit der Geschichte der SPD in den Jahrzehnten vor dem Ersten Weltkrieg ziehen wollte, so wäre das zentrale Paradox daher im Satz «Einigkeit macht stark» zu suchen. Die deutsche Sozialdemokratie kam dem Anspruch einer vereinten klassenbewußten Organisation der Arbeiterklasse näher als alle anderen sozialistischen Parteien und Gruppen ihrer Zeit. Sie vermochte es jedoch nur sehr begrenzt, diese Kraft einzusetzen. Im Tageskampf erzielte sie beeindruckende Erfolge, mittel- und langfristig scheute sie jedoch aus Angst vor Spaltung und Verbot die Machtprobe.

Eine weitere Selbstblockade der Sozialdemokratie war die Trennung von Politik und Ökonomie. Die Tatsache, daß die «eigentliche» Politik immer bei der Partei verortet war, förderte parlamentarische Illusionen und entpolitisierte gleichzeitig die Tätigkeit der Gewerkschaften. Obwohl sie in den Betrieben den eigentlichen Klassenkampf organisierten, wurden die Gewerkschaften zur Triebkraft eines theoriefeindlichen Reformismus. Der Erfolg der Reformpolitik begünstigte dies. Hier waren nicht nur Lohnerhöhungen und Tarifverträge zu nennen, sondern auch die Beteiligung von Gewerkschaftsmitgliedern an den neu eingerichteten Gewerbegerichten und anderen Institutionen.

Die Sozialdemokratie wurde vom Staat offiziell geächtet und ausgegrenzt – so sehr, daß die preußische Regierung 1898 mit der «Lex Arons» eigens ein Gesetz erließ, um einen sozialdemokratischen Physiker (!) die Lehre an der Berliner Universität zu verbieten. Bei Tarifverhandlungen, Sozialversicherung und dem Arbeitsrecht gab es jedoch eine Gegentendenz zur Anerkennung der faktischen Ordnungsmacht der Gewerkschaften durch Staat und Unternehmer. Diese Anerkennung bedeutete zunächst keine ideologisch verklärte «Sozialpartnerschaft». Sie führte allerdings dazu, daß die Gewerkschaften eine zunehmende Verrechtlichung der Klassenkämpfe nicht als Behinderung, sondern als Erfolg wahrnahmen. Die anfangs oft kritisierte Rechtsform wurde nicht nur als Mittel anerkannt, sondern zunehmend als Ziel des Klassenkampfes angesehen.

Damit war Rosa Luxemburgs Befürchtung eingetreten: Die Sozialreform hatte sich verselbständigt, stand nicht mehr im Bezug zum sozialistischen «Endziel». Dies bedeutete eine schleichende Integration. Während in anderen Ländern Integrationsprozesse sozialistischer Bewegungen hauptsächlich über Parlamente und Koalitionen stattfanden, verschoben sich diese in Preußen-Deutschland auf den sozial-ökonomischen Bereich. Denn in Preußen gab es weder einen demokratischen Staat noch linksliberale Koalitionspartner. Daher konnte die deutsche Sozialdemokratie im Berliner Parlament besonders marxistisch und prinzipienfest sein: Sie verpaßte nichts mit ihrer Fundamentalopposition. Schon in Süddeutschland sah dies anders aus und in Frankreich erst recht.

Obrigkeitsstaat und fehlender Liberalismus entsprachen auf wirtschaftlichem Gebiet einem gelenkten, organisierten Kapitalismus mit mehr staatlichen Eingriffen und weniger Marktradikalismus. Hier gab es unvermutete Überschneidungen zwischen konservativem Ordnungsstaat und den Sozialismusvorstellungen der Arbeiterbewegung (Hoffrogge 2009). Auch dies begünstigte die Verschiebung von Integrationstendenzen von der politischen auf die soziale und ökonomische Ebene. Langfristig blieben also Bismarcks Sozialgesetze nicht ohne Wirkung.

Neben den ökonomischen und soziologischen Gründen sind auch kulturelle und psychologische Integrationstendenzen nicht zu vernachlässigen. Die Arbeitenden waren in so gut wie allen Lebensbereichen Entrechtung, Willkür und Verachtung ausgesetzt. Im Betrieb hatten sie keine Rechte und keine Repräsentation, als Dienstboten waren sie den Schikanen der bürgerlichen Herrschaften ganz direkt ausgesetzt, in den «Volksschulen» erhielten sie nur eine rudimentäre und national-christlich gefärbte Bildung. Selbst diese mußten sie nach der achten Klasse abbrechen. Insbesondere das Bildungsprivileg des Bürgertums erzeugte nicht nur Klassenhaß, sondern auch einen tiefgreifenden kulturellen Minderwertigkeitskomplex (Lucas 1983: 71ff, Groh 1973: 20f, 62). Autodidaktische Bildung genoß daher einen hohen Stellenwert in allen proletarischen Vereinen. Diese Vereine bildeten ein fast abgeschottetes Gegenmilieu, denn bürgerliche Organisationen bis hinunter zum Sportklub nahmen Arbeiter und Arbeiterinnen nicht auf oder grenzten sie durch hohe Mitgliedsbeiträge aus. An den Universitäten waren die Hürden noch höher – sie waren durch Abitur und Studiengebühren allein den Bürgersöhnen vorbehalten. Frauen und Arbeiter hatten hier nichts zu suchen, auch die Juden wurden zunehmend beargwöhnt und ausgegrenzt.

Der Maßstab für Kultur und Bildung blieb trotz oder gerade wegen des Ausschlusses das Bürgertum. Die Kultur, die ihnen vorbehalten wurde, wollten sich die Arbeiter und Arbeiterinnen aneignen, also wurden auch in sozialistischen Lesegruppen Goethe und Schiller gelesen. Den proletarischen Gegenorganisationen fehlte es lange an einer Gegenkultur. Erst in den 1920er Jahren kam es zu einer fruchtbaren Allianz aus Avantgarde-Kultur und Sozialismus, aber auch deren Produkte stießen nicht selten auf Unverständnis in der sozialistischen Arbeiterschaft.

Die Funktion des Bürgertums als kultureller Maßstab ist ein wichtiger Faktor für viele sonst unverständliche Halbheiten des Sozialismus. Es gab ein Streben der Beherrschten, den Herrschenden möglichst ähnlich zu sein. Bürgerliche Familienideale und damit lange nachwirkender Antifeminismus waren eines der Ergebnisse kultureller Hegemonie des Bürgertums. Aber auch auf ökonomischem Gebiet blieb diese Hegemonie nicht ohne Wirkung. Denn die durch Gewerkschaften vermittelte Verwandlung der ausgegrenzten, ungebildeten Befehlsempfänger in ebenbürtige Verhandlungspartner wurde mehr und mehr zum Selbstzweck. Die Arbeitenden erfuhren Anerkennung in der Gegenwart und nicht erst als Bürger oder Bürgerinnen eines postrevolutionären «Zukunftsstaates» – ein Begriff, der in der Sozialdemokratie längst zum Synonym für «Sozialismus» geworden war (Kautsky 1909: 31).

Die theoretische Ebene, auf der sich die Paradoxie von Radikalismus, Organisationserfolg und politischer Ohnmacht spiegelte, war der spezifisch von Kautsky geprägte «orthodoxe Marxismus». Es wäre eine Verkennung der Realität, diesen als *Ursache* der strukturellen Blockade zu sehen. Wendet man die marxistischen Methoden auf die Geschichte des Marxismus selbst an, so ergibt sich die umgekehrte Perspektive: Die evolutionäre Lesart des sozialdemokratischen Marxismus war ein Produkt der historischen Lage der wilhelminischen SPD. Zweifellos verfestigte sie deren politische Immobilität, denn eine politische Theorie steht immer in Wechselwirkung mit den ihr zugrunde liegenden Verhältnissen. Theorie befördert oder hemmt historische Entwicklungen. Sonst wäre es nutzlos, überhaupt eine revolutionäre Theorie anzustreben.

Das zentrale Merkmal des sozialdemokratischen Marxismus war eine ökonomistische Verkürzung, die den Zusammenhang zwischen Theorie und Praxis, zwischen ökonomischer Struktur und politischem Handeln nicht herstellte. Das marxsche Denken wurde einseitig auf die Ökonomie verkürzt, aus der alle anderen Erscheinungen deterministisch abgeleitet wurden. Im marxschen Original war dieser Zusammenhang flexibler und dialektisch vermittelt. Schon in den «Feuerbachthesen» von 1845 postulierte Marx: «Das Zusammenfallen des Ändern[s] der Umstände und der menschlichen Tätigkeit oder Selbstveränderung kann nur als *revolutionäre Praxis* gefaßt und rationell verstanden werden» (MEW 3: 5). Marx faßte also objektive Umstände und subjektive Praxisformen als Einheit von widersprüchlichen Elementen. Dennoch wurde sein Denken immer mehr auf einen Determinismus der ökonomischen Struktur verkürzt – auf die Behauptung einer eindimensionalen Abhängigkeit des politischen und kulturellen «Überbaus» von der ökonomischen «Basis». Diese ökonomistische Lesart des marxschen Werkes begann in Ansätzen bereits bei Engels und wurde später durch Kautsky zum Standard erhoben. Man muß hinzufügen, daß diese Interpretation einem breiteren Zeitgeist entsprach. Das 19. Jahrhundert war das Jahrhundert des Fortschritts, von dessen unaufhaltsamen Gang sozialistische und bürgerliche Intellektuelle gleichermaßen überzeugt waren. Marx` dialektischer, sich in Widersprüchen, Kämpfen und Niederlagen vollziehender Fortschrittsbegriff war vor diesem Hintergrund kritischer als es heute scheint. Doch gerade diese Widersprüche wurden im orthodoxen Marxismus zunehmend geglättet.

Obwohl Kautsky etwa in seinem Werk «Der Weg zur Macht» aus dem Jahr 1909 die Notwendigkeit der Revolution verteidigte, machte er sich nicht frei vom linearen Wachstums- und Fortschrittsgedanken, den die Revisionisten hochhielten und die Reformisten unausgesprochen praktizierten. Kautsky kritisierte lediglich den Harmonismus dieser Vorstellungen. Es ist eine Ironie der Geschichte, daß der «Weg zur Macht» durch den Parteivorstand kurz nach dem Erscheinen erst einmal aus dem Verkehr gezogen wurde: Man fürchtete einen Hochverratsprozeß (Fülberth 1972). Der Weg zur Macht schien der Sozialdemokratie durch ein Gesetz versperrt. Es ging ihr wie Kafkas Mann vom Lande in der Erzählung «Vor dem Gesetz»: Nur die eigene Tatenlosigkeit verhinderte, daß der Landmann zu seinem Recht kam.

Diese bittere Ironie war jedoch für die Mehrheit der Zeitgenossen nicht erkennbar. Während Rosa Luxemburg und die

Linke zumindest ahnten, daß die SPD in einer fatalen Selbstblockade steckte, folgte selbst Lenin bis 1914 ohne größere Kritik der politischen Linie Karl Kautskys (Fülberth 1972). Wegen ihrer Größe, ihrer Wahlerfolge und der gerade durch Kautsky verkörperten Prinzipienfestigkeit galt die deutsche SPD als marxistische Musterpartei. Erst im August 1914 zersplitterte diese Illusion schlagartig. SPD und Gewerkschaften unterstützten unter Berufung auf die «Landesverteidigung» den Kriegskurs der Regierung. Jetzt zeigte sich schlagartig ihre Immobilität, ihre wachsende Integration in den Staat und ihre inkonsequente Nationalismuskritik. In anderen europäischen Ländern geschah dasselbe. Indem der Weltkrieg nicht verhindert wurde, erlitt der Sozialismus seine erste globale Niederlage. Es folgten Opportunismus, Verratsvorwürfe und Klassenkollaboration. In Deutschland vergingen mehr als zwei Jahre, bis sich eine handlungsfähige Opposition formiert hatte. Als das Morden geendet hatte, standen der Wut von drei Revolutionen in Deutschland, Österreich-Ungarn und Rußland Erschöpfung, Hunger und die Trauer um siebzehn Millionen Tote gegenüber. Der Sozialismus erholte sich niemals vollständig von diesem Trauma. Er blieb gespalten in eine sozialdemokratische und eine kommunistische Richtung, die verschiedene Wege gingen und sich erbittert bekämpften. Gleichzeitig brachte die Auseinandersetzung mit dem Anarchismus neue und bittere Höhepunkte – in der russischen Revolution und im spanischen Bürgerkrieg standen sich erstmals in der Geschichte verschiedene Strömungen des Sozialismus bewaffnet gegenüber.

Dennoch gab es neue Hoffnung: Es war in Sowjetrußland gelungen, das alte Regime zu stürzen und mit dem Aufbau einer sozialistischen Gesellschaft zu beginnen. Die Oktoberrevolution 1917 wurde zum Startpunkt einer ganzen Reihe von sozialistischen Revolutionen, deren Erfolge und tragische Mißerfolge das gesamte 20. Jahrhundert prägen sollten.

## Anspruch und Wirklichkeit einer Bewegung

Was bleibt von Arbeiterbewegung und Sozialismus? Beide begannen getrennt, die eine als unzusammenhängende Serie von lokalen Protesten, der andere als philosophisches Gedankenspiel mit großer Strahlkraft, aber ohne soziale Basis. Erst gemeinsam wurden sie zu einer Kraft, die der Geschichte ihren Stempel aufdrückte.

Die Arbeiterbewegung ist ein Phänomen der Moderne, das langsam aus den jahrhundertealten Traditionen der Volks- und Bauernaufstände sowie des organisierten Handwerkertums herauswuchs. Um sich von einer Ansammlung lokaler Unruhen und Proteste zu einer überregionalen Bewegung zu erheben, brauchte es nicht nur gemeinsame Kommunikationsmittel wie Buchdruck und Flugblätter, sondern auch gemeinsame Interessen und Lebensverhältnisse. Mit der Entstehung des Kapitalismus begann eine Homogenisierung und Entwurzelung breiter Schichten, in deren Folge sich langsam so etwas wie eine Arbeiterklasse herausbildete. Die ersten Arbeiterbewegungen waren jedoch Bewegungen *gegen* die Lohnarbeit. Manufaktur und Fabrik bedeuteten sozialen Abstieg, verbunden mit Dequalifizierung und Lohnsenkungen, Disziplin und Anpassungsdruck. Ein Blick in die Fabrikordnungen der 1840er Jahre zeigt, wie viel Energie die ersten Fabrikanten aufwenden mußten, um die Unangepaßtheit ihrer Arbeiter und Arbeiterinnen zu brechen, um ihnen ein lineares, von den Jahreszeiten unabhängiges Zeitregime anzugewöhnen und sie als Arbeitskraft ohne individuelle Merkmale in einen standardisierten Produktionsprozeß zu zwängen (Wirtz 1982). Nur sehr widerwillig akzeptierten die Arbeitenden dies. Zahlreiche Formen das Alltagswiderstandes wie etwa der «Blaue Montag» hemmten die Disziplinierung.

Das Zusammenfinden von Sozialismus und Arbeiterbewegung fällt in eine Zeit, als die Arbeitenden die Kämpfe gegen das Fabrikregime bereits verloren hatten. Das Ideal des freien Bauern oder Handwerkers gehörte der Vergangenheit an, wenn es denn je in der Realität existiert hatte. Die abwertenden

Begriffe «Arbeiter» und «Arbeiterin» wurden als Eigenbezeichnung übernommen.

Als die Außenseiter zum Massenphänomen wurden, erarbeiteten sie sich ein neues Selbstbewußtsein. Die traditionelle Arbeitsmoral des Handwerkers richtete sich gegen die Nicht-Arbeitenden, den Adel und die Besitzer der Produktionsmittel. Die ursprünglich konservativen Motive von Arbeit und Zunftstolz der Handwerksgesellen radikalisierten sich und fanden Bestätigung durch Intellektuelle, die aus dem Elend der Massen die Unmöglichkeit des Privateigentums ableiteten. Die Stoßrichtung gegen das Privateigentum an Produktionsmitteln wurde zur Kernforderung einer sich sozialistisch wendenden Arbeiterbewegung. Ohne Arbeiterbewegung wäre der Sozialismus eine Utopie geblieben, ohne Sozialismus hätte den Protesten der Arbeitenden die eigene Richtung gefehlt.

Der Sozialismus bedeutete die Trennung der arbeitenden Massen von Bürgertum und Liberalismus. Sie vollzog sich langsam, und gerade in Deutschland prägten auch nach der Gründungsphase der sozialistischen Arbeiterbewegung in den 1860ern liberale Ideen die Vorstellungen vom Sozialismus. Diese Vorstellungen wären eine eigene Geschichte wert – sie schwankten zwischen der Föderation der Kleineigentümer, dem radikaldemokratischen Volksstaat und dem allumfassend planenden Ordnungssstaat. Obwohl der Sozialismus als Bewegung und Utopie den Ausbruch wollte, prägte das Bestehende immer wieder sein Denken und Handeln.

Marx und Engels setzten der Utopie Grenzen und sahen sie allein in der Negation des Privateigentums – die konkrete Organisation der befreiten Gesellschaft sollte erst im Klassenkampf errungen werden. Dies war gegen eine oft religiös ausartende Schwärmerei von der Zukunftsgesellschaft gerichtet und beinhaltete die Kritik an der bereits Mitte des 19. Jahrhunderts langen Liste von gescheiterten Kommunen und Projekten, die durch ihr gutes Beispiel den Rest der Gesellschaft überzeugen sollten. Gegen die Unmittelbarkeit setzten Marx und Engels den Blick auf die Gesamtheit der Gesellschaft. So wurde eine Verbreiterung der Bewegung auf Basis konkreter Kämpfe möglich, aber die Spannung zwischen Utopie und Alltag nicht beseitigt. Die Vogelperspektive der Geschichtsphilosophie führte zur Vernachlässigung individueller Emanzipationswünsche, die

Unterordnung des Einzelnen unter das Kollektiv förderte Autoritarismus in der Bewegung. Marx hatte darüber früh nachgedacht, seine These von der revolutionären Selbstveränderung wurde jedoch eher von seinen Gegnern aufgegriffen: Es waren Anarchisten und Anarchistinnen, die an der Revolutionierung des Privatlebens festhielten und neue Ideen dazu entwickelten.

In der marxistischen Hauptströmung des Sozialismus wurde nicht der Widerspruch zwischen Selbstverwirklichung und Klassenkampf prägend, sondern der Widerspruch zwischen Sozialreformen und Revolution. Reformen bedeuteten weniger Arbeit, mehr Lohn, mehr Nahrung, mehr Freizeit, Gesundheitsversorgung – sie waren überlebensnotwendig. Es blieb allerdings unklar, inwieweit die einzelnen Reformen auf die sozialistische Transformation hinarbeiteten. So erfolgreich die deutsche Sozialdemokratie darin war, die Arbeiterklasse als politische Kraft zusammenzufassen – so unfähig war sie, offen und strategisch über den Gebrauch dieser Macht zu diskutieren. Obwohl sie als prinzipienfesteste Vertreterin des Marxismus in der Sozialistischen Internationale galt, konnte sie ihre eigene Integration nicht verhindern. Diese Integration des Widerstands vollzog sich in England und Frankreich über die Parlamente, in Deutschland auf dem Gebiet des Sozialen, bei Tarifverträgen und Sozialgesetzen. Der Kurswechsel blieb somit unausgesprochen, lange herrschte ein Nebeneinander von revolutionärer Theorie und reformistischer Praxis.

Die Frage der Verbindung von Theorie und Praxis ist für jede Epoche neu zu stellen, wobei festzustellen ist, daß die Sozialdemokratie vor 1914 hier weiter war als heutige sozialistische Kräfte. Denn sie verfügte über eine grundsätzlich handlungsmächtige Organisation, während die aktuelle antikapitalistische Linke nicht nur in Deutschland gespalten und marginalisiert ist und viele Aktive aus Mangel an Angeboten oder aus Angst vor Integration nur in Teilbereichsbewegungen tätig sind.

Vom Standpunkt aktueller Politik kann man beim Rückblick auf die Vergangenheit mit Erstaunen oder auch Entsetzen feststellen, daß alles schon mal dagewesen ist. Die Frage der Organisation, Wahlkampf oder Bewegung, Reform oder Revolution, Krieg und Frieden, Generalstreiksforderungen.

Gleichzeitig stellt sich die beunruhigende Erkenntnis ein, daß es in der Geschichte weniger darum ging, gegen verführerische Tendenzen von Korruption und Integration als an einer «richtigen Linie» festzuhalten. Kautskys orthodoxer Marxismus deutscher Prägung war nicht fähig, die Prinzipien des Klassenkampfes zu verteidigen und sank auf eine folgenlose «Resolutionseinigkeit» herab. Gleichzeitig war der offene Revisionismus bzw. Reformismus umso fataler, indem er als Kompensation sogar elementare Menschenrechte preisgab: in der Befürwortung des Kolonialismus durch Henri van Kol und Gustav Noske.

Vor dem Hintergrund dieser Bilanz haben die Schriften und Ansätze Rosa Luxemburgs zur Dialektik von Reform und Revolution noch heute große Anziehungskraft. Einen theoretisch wasserfesten «luxemburgistischen» Leitfaden sollte man jedoch nicht erwarten. Luxemburgs Ideen sind wesentlich zeitgebundener als etwa die grundsätzlichen Analysen des «Kapitals», die allerdings durch ihre Abstraktionsebene auch viele konkrete Fragen aussparen. Spannend ist an Luxemburg die Herangehensweise, das undogmatische Zusammendenken von Organisation und Spontaneität, von Tagesforderungen und Endzielen. Beides war für sie kein Dogma, sondern entscheidend war die Entwicklung, die Steigerung der Klassenkämpfe bis zur Machtfrage. Luxemburgs Versuch einer Verbindung von Partei und Bewegung, von organisiertem und unorganisiertem Protest ist hochaktuell angesichts der immer wieder zu beobachtenden Tendenzen zu Verselbständigung und Integration bei Großorganisationen wie Parteien und Gewerkschaften. Luxemburg erkannte die Notwendigkeit der Organisation an, sah sie aber nie als Selbstzweck und forderte in den politischen Auseinandersetzungen ihrer Zeit Rechenschaft darüber, ob diese Organisationen ihren ursprünglichen Zweck noch erfüllen.

Luxemburg wurde 1919 ermordet und konnte daher keine weitergehenden Betrachtungen zum Scheitern der Revolution im Westen anstellen, wie es der italienische Sozialist Antonio Gramsci tat. Er prägte in seinen Gefängnisheften Begriffe wie «Hegemonie» und «Zivilgesellschaft» und kritisierte als einer der ersten den ökonomistisch verkürzten Marxismus, wie er von Kautsky und der deutschen Sozialdemokratie geprägt wurde. Gramsci betonte das subjektive Moment, die Schaffung von Klassenbewußtsein als aktive Organisationsarbeit. Als Gefangener Mussolinis mußte er erleben, daß diese Organisationsarbeit auch von anderen geleistet werden konnte, daß auch faschistische Kräfte fähig zur gesellschaftlichen Hegemonie waren. Das Fehlen dieser traumatischen historischen Erfahrung erklärt zahlreiche heute unverständliche Entwicklungen in der Hochzeit der Sozialdemokratie: ihre Geschichtsphilosophie, ihren Ökonomismus, ihre passive Siegesgewißheit.

Vor dem Hintergrund vergangener Niederlagen sollten die Erfolge der sozialistischen Arbeiterbewegung jedoch nicht übersehen werden. Trotz aller Schwächen repräsentierte sie eine reale Gegenmacht, die Zugeständnisse erzwang. Sie verlor sich nicht in Subkulturen, sondern organisierte generationsübergreifend Klassenbewußtsein. Zweifellos wurde dabei auch Arbeiterfolklore betrieben, dies war vielleicht auch notwendig, um überhaupt Selbstbewußtsein aufzubauen. Interessant ist jedoch, daß die Arbeiteridentität immer Brüche und Konjunkturen hatte. Einerseits bildete der Universalismus ein Gegengewicht zur handwerklichen Männertradition. Andererseits hatte auch der handwerkliche Widerstand eine Vergangenheit als Bewegung *gegen* die geregelte Lohnarbeit und hätte sich wohl weder im Hochlohnkapitalismus der alten BRD noch an den Fließbändern der volkseigenen DDR-Betriebe wohlgefühlt. Im Zeitalter von Produktivkraftexplosion, Massenarbeitslosigkeit und einem vermeintlichen «Ende der Arbeit» bei gleichzeitig massiv erhöhtem staatlich-ideologischen Zwang zur Lohnarbeit durch Jobcenter und Medienpropaganda sind daher auch die Kämpfe der frühen Handwerkerbewegung gegen Disziplinierung und Arbeitszwang als Erfahrungen relevant. Sie sind Teil eines Kampfes, der bis heute nicht abgeschlossen ist. Mehr denn je dominieren die Widersprüche von Kapital und Arbeit das Alltagsleben der Menschen überall auf der Welt, weniger denn je können wir es uns leisten, die Erfahrungen der Vergangenheit in den politischen Auseinandersetzungen der Gegenwart zu vergessen.

# Sozialismus und Arbeiterbewegung in Österreich bis 1914

## *Österreichische Verhältnisse*

**D**ie Arbeiterbewegungen in Deutschland und Österreich entstanden parallel und sind älter als die jeweiligen Nationalstaaten. Ein Wandergeselle wie Wilhelm Weitling durchstreifte in den 1830er Jahren Wien ebenso wie Leipzig, Hamburg und Paris. Seine Lebenswelt war ebenso kosmopolitisch wie seine Theorie. Erst in der europäischen Revolution von 1848 verbanden sich soziale Forderungen mit der Idee des Nationalstaats – als demokratische Alternative zu Monarchie und Imperium. Doch wo lagen die Grenzen einer solchen Staatlichkeit für die deutschsprachigen Gebiete? Da die Revolution in Wien und Berlin gleichermaßen niedergeschlagen wurde, blieb die Frage unentschieden. Noch 1869 rechnete sich der Wiener Arbeiterbildungsverein auf dem Eisenacher Kongreß als der deutschen Sozialdemokratie zu – was seinen Führern einen Hochverratsprozeß einbrachte.

Die deutsche Reichsgründung 1871 erschien der Arbeiterbewegung in Wien und Berlin als ungewollte Spaltung. Denn die «kleindeutsche» Lösung bedeutete einerseits die Vormacht Preußens im Deutschen Reich, andererseits die Konservierung des imperialen Habsburgerstaates. Es entstanden zwei undemokratische Regimes, das eine national-autoritär, das andere imperial-autoritär. Es ist daher kein Wunder, daß sich «großdeutsche» Sympathien bis in die 1920er in Deutschösterreich hielten, obwohl ein «Anschluß» an das Deutsche Reich schon in den 1880ern nicht mehr von Demokraten, sondern von Antisemiten und völkischen Kräften propagiert wurde. Die sozialistische Bewegung in Österreich-Ungarn blickte daher schon früh nach Osten und suchte ihren Ausgleich mit Tschechen, Ruthenen, Polen, Bosniern und allen anderen Gruppen des von der Habsburgerdynastie im laufe der Jahrhunderte zusammengeklaubten Vielvölkerstaats. Die Multiethnische Realität ihres Staates war Hauptherausforderung für linke Politik in Österreich-Ungarn. Sie wurde verstärkt durch das enorme wirtschaftliche Gefälle: nur in

Tschechien und den deutschsprachigen Alpenländern entstanden bald industrielle Kerne, während Ungarn und die Osthälfte des Reiches abgehängte Agrarländer blieben. Die folgende Darstellung beschäftigt sich daher mit der nordwestlichen Reichshälfte diesseits des Flusses Leitha – dem «cisleithanischen» Österreich einschließlich Böhmen & Mähren, heute Tschechien und Slowakei. Diese Gebiete sind gemeint, wenn im folgenden von «Österreich» gesprochen wird, stets im Hinterkopf behaltend, daß ihre Verbindung mit Österreich umstritten war und 1918 endgültig gelöst wurde. Die deutsch-österreichischen Verbindungen aktualisierten sich jedoch durch den Zusammenbruch der Donaumonarchie eher. Figuren wie Kautsky, Hilferding und andere wirkten in SPD und SDAP gleichermaßen – doch dies ist ein anderes Kapitel.

Wegen der ethnischen und ökonomischen Zerrissenheit seines Reiches konnte sich Kaiser Franz-Joseph I. nicht auf einen homogenen Machtblock aus Bürgertum und Landadel stützen wie sein Kollege Wilhelm II. in Preußen. Kaiser Franz regierte stattdessen mit einer schillernden Koalition aus polnischen, ungarischen und deutschen Adelscliquen. Sein Staat drückte Deutsch als Amtssprache durch, war aber nie Nationalstaat, sondern blieb Imperium. Dessen Stützen waren neben dem Adel die katholische Kirche, Bankiers aller Konfessionen sowie das politisch und national zersplitterte Klein- und Großbürgertum. In dieser Vielfalt innerer Gegensätze behauptete sich der Kaiser als Schlichter und konnte von Gottes Gnaden regieren – ein Menschenalter lang, von 1848 bis 1916. Das ging nicht ohne Personenkult, den die katholische Kirche lieferte: Kaiserkult und Höllenfurcht durchtränkten die Gedankenwelt des Proletariats bis weit in die Mitte des 19. Jahrhunderts. Trotz buntscheckiger Religionsvielfalt, die auch orthodoxe Christen, Protestanten, Juden und bosnische Muslime umfaßte, war der Katholizismus zentral für den Bestand der Habsburgermonarchie. Ein «Kulturkampf» gegen Katholiken wie im evangelischen Preußen war hier undenkbar.

Obwohl Vielvölkerstaat, ökonomische Zerrissenheit und Despotismus einander bedingten, schuf die Heterogenität dieses Staatsgebildes unzählige Schlupflöcher und Halbheiten. Victor Adler, Gründer und Übervater der österreichischen Sozialdemokratie, nannte die Donaumonarchie daher eine «Despotie gemildert durch Schlamperei» (Braunthal 1965: 41). Einerseits war das Kräftegleichgewicht fragil und der Kaiser schreckte vor allzu harten Maßnahmen gegen einzelne Gruppen zurück. Anderseits war die im 18. Jahrhundert noch innovativ erscheinende Bürokratie, die erstmals Staat und Kaiserhaus trennte, im Kapitalismus der freien Konkurrenz längst zum Hindernis geworden. Obrigkeitshörigkeit behinderte ihre Effizienz, mangelnde Rechtssicherheit behinderte die industrielle Entwicklung durch das Bürgertum.

Die späte Industrialisierung erhöhte die Vorbildwirkung der deutschen SPD für Österreich, galt diese doch als fortgeschrittene Version der eigenen Bewegung. Allerdings stellten industrielle Rückständigkeit, Multinationalität und Absolutismus im Habsburgerstaat ganz eigene politische Herausforderungen. Schon um 1908 prägte daher der US-amerikanische Soziologe Boudin den Begriff «Austromarxismus» (Möckel 1994). Dies war nach der politischen Trennung beider Bewegungen nach 1871 die theoretische Emanzipation der österreichischen Arbeiterbewegung. Doch obwohl sich der Austromarxismus vor 1914 wesentlich durch das von Otto Bauer geprägte Konzept eines «demokratischen Nationalitätenstaates» auszeichnete, konnte die Sozialdemokratie im Revolutionsjahr 1918 den Zerfall der Donaumonarchie nicht verhindern. Dies war absehbar, denn selbst die eigene Partei war bereits vor 1914 in tschechische, deutsche und polnische Sozialdemokratien zerfallen. Der multinationale Marxismus blieb zu vage, das «Selbstbestimmungsrecht der Völker» hatte sich in den Köpfen durchgesetzt. Das Imperium der Habsburger mußte einer Reihe neuer Nationalstaaten weichen.

## Vormärz

**W**ie auch anderswo liegen die Ursprünge der österreichischen Arbeiterbewegung in lokalen Zusammenschlüssen von Handwerksgesellen. In Wien gab es bereits 1411 eine Gesellenvereinigung, die sich jedoch auf Karitatives beschränkte. Abgesehen vom Bergbau entstanden erst mit den Manufakturen im 17. und 18. Jahrhundert kapitalistische Industrien. Im Rahmen merkantilistischer Wirtschaftspolitik wurden diese durch «Fabrikprivilege» aus dem Zunftwesen herausgelöst, die paternalistische Fürsorge der Meister für die Arbeitenden entfiel somit. Diese Manufakturen entstanden vor allem in der Textilindustrie, die Arbeitszeit betrug hier 12–14 Stunden täglich. Als Zulieferer der Manufakturen dienten Verlagssysteme, wo Rohstoffe in Heimarbeit verarbeitet wurden – oft von Frauen und Kindern zu extrem niedrigen Stücklöhnen. Zählt man diese Heimarbeit mit, kam die Linzer Wollzeugfabrik bereits 1762 auf 50.000 Arbeiterinnen und Arbeiter (Hautmann/Kropf: 17–19; Klenner 1987: 15).

Auch im kleinen Handwerk herrschten bedrückende Verhältnisse. 1722 kam es zu einem Aufstand der Wiener Schuhknechte, der mit Todesurteilen niedergeschlagen wurde. 1731/32 wurde dann in zwei Schritten ein Koalitionsverbot erlassen, das Arbeitenden die Gründung von Vereinen untersagte. Dies traf nicht kämpferische Gewerkschaften, von denen damals noch keine Rede sein konnte, sondern vor allem «unpolitische» Unterstützungsvereine.

Die Abschaffung der Leibeigenschaft 1782 und später die Französische Revolution weckten im Wiener Bürgertum Hoffnungen, eine konstitutionelle Monarchie würde Reformen einleiten. Mit dem Amtsantritt Franz II. zerschlugen sich diese jedoch. Die kleinen Kreise aufgeklärter Demokraten konnten sich nur noch im geheimen treffen. Ein Mitglied dieser «Wiener Jakobiner» war Franz Hebenstreit, der ein Lehrgedicht über die Gegensätze von Arm und Reich verfaßte, in dem er Gütergemeinschaft und die Abschaffung des Privateigentums forderte. Die fünfhundert auf Latein verfassten Hexameter dürften die Arbeitermassen jedoch kaum erreicht haben. Populärer war das ihm zugeschriebene «Eidelpauerlied», dessen erster Vers die Fürsten schon am Galgen sah:

*«S´ ist ja das Volk kein Arschpapier*
*Und darf auf sich wohl denken*
*Wer halt nicht lernen will Manier,*
*Den Lümmel muss man henken.»*

Hebenstreit geriet ins Visier der Polizei, ein Spitzel legte ihm eine Verschwörung zu Last. Diese «bestünde aus Studenten, welche sich in die niedrigsten Biergelage und Schenken verfügen müßten, um dort die Träger, die Krone aller handfesten Revolutionäre, wie er sagt, alle Handwerksgesellen und Tagelöhner unter allerlei Vorwand an sich zu ziehen» (Häusler 1979: 41–43). Hebenstreit wurde 1795 zum Tode verurteilt und öffentlich gehängt. Sein Kopf wurde zur Abschreckung aufbewahrt und erst im Jahr 2012 (!) aus dem Wiener Kriminalmuseum entfernt.

Die Umwandlung des feudalen Personenstaates in einen Verwaltungsstaat im 18. Jahrhundert brachte somit keine demokratischen Reformen, sondern modernisierte lediglich Polizei und Repression. Das Strafgesetzbuch von 1803 erneuerte das Koalitionsverbot, es untersagte die Vereinigung von Gesellen, – aber auch die Vereinigung von Unternehmern zur Preisabsprache. Das 1811 verabschiedete Bürgerliche Gesetzbuch ersetzte die Zünfte ebenso wie die Fürsorgepflicht der patriarchalen Gesindeordnungen. Es schuf ein modernes Arbeitsvertragsrecht – aber keinerlei Arbeitsschutz. Hinter beiden Gesetzen stand die liberale Idee eines freien Marktes für Waren und Arbeitskraft. Sie ersetzte den Merkantilismus mit seinen Staatsbetrieben und Fabrikprivilegien. Der Liberalismus abstrahierte jedoch von den Menschen als Träger der Arbeitskraft, ihre Interessen waren nicht schutzwürdig. Zwar wurden in staatlich betriebenen Manufakturen Ende des 18. Jahrhunderts erste Alters-, Kranken und Invalidenkassen eingesetzt. Arbeiterinnen und Arbeiter privater Betriebe blieben jedoch auf Spenden angewiesen, die sie in sogenannten «Liebesversammlungen» organisierten. Versuche, diese «Liebesgaben» zu institutionalisieren, wurden behindert oder verboten: noch 1845 wurden in Böhmen Fabrikkassen flächendeckend untersagt (Klenner 1981, 14-16).

Die sich bildende Arbeiterklasse im Habsburgerstaat war somit Anfang des 19. Jahrhunderts unorganisiert, jedoch klar erkennbar als Schicht aus Handwerksgesellen, Angelernten und Gelegenheitsarbeiterinnen (Hautmann/Kropf, 21f). Anders als in England gab es in den österreichischen Landen noch keine Maschinenbauindustrie und keine Facharbeiterschaft. Arbeitskraft war ersetzbar, was die Unterdrückung von Organisationen erleichterte. Nur zögerlich entschloß sich der Staat entgegen den liberalen Doktrinen zu ersten Schutzmaßnahmen – so etwa 1842 mit dem Verbot der Kinderarbeit unter zwölf Jahren. Auch wurden einzelne Unterstützungskassen toleriert, wie die der Buchdrucker ab 1824. Politische Regungen wurde jedoch polizeilich unterdrückt. Die Gebrüder Karl und Josef Schestag etwa wurden 1844 in Wien als Mitglieder von Weitlings «Bund der Gerechtigkeit» mit monatelanger Festungshaft bestraft. Nicht zufällig nannten Marx und Engels gleich im ersten Satz des Kommunistischen Manifest den österreichischen Kanzler Metternich neben Papst und Zar als Vertreter der alten Gewalten auf «Hetzjagd» gegen das «Gespenst des Kommunismus». Denn Metternich gab nicht nur in Wien den Ton an, sondern hatte bereits 1819 im Deutschen Bund den Impuls zur «Demagogenverfolgung» gesetzt, mit dem liberale und soziale Bewegungen rigoros unterdrückt wurden.

## *Die Revolution von 1848*

**R**epression konnte jedoch nicht die soziale Ursache der Arbeiterbewegung beseitigen. Die ohnehin schlechte Lage der Arbeitenden verschärfte sich durch die Maschinisierung des Manufakturkapitalismus im 19. Jahrhundert, der in Kombination mit einem Bevölkerungswachstum die Arbeitslosigkeit erhöhte und die Löhne drückte. Die Brotpreise stiegen ab 1825, beschleunigt durch Mißernten ab 1845 – breite Verelendung setzte ein. In Wien, wo seit 1829 eine Verzehrsteuer die Lebensmittelpreise zusätzlich erhöhte, richtete sich die Wut der Hungernden direkt gegen den Staat (Häusler 1979, 88)

Inspiriert von der Februar-Revolution in Frankreich brach am 13. März 1848 der Aufstand aus: Studenten, Bürgertum, Arbeiterinnen und Arbeiter erhoben sich und forderten eine «Verfassung für das ganze Volk». Polizeikanzler Metternich floh nach England, und schon am 15. März mußte der Kaiser eine liberale Verfassung mit Wahlrecht für Bürger und Bauern zugestehen, die am 25. April verkündet wurde. Die Arbeiterschaft war jedoch nicht bereit, sich vom Wahlrecht ausschließen zu lassen – ein zweiter Aufstand am 15. Mai erkämpfte Verbesserungen. Doch obwohl auch Arbeiterinnen auf den Barrikaden standen, ließ das neue Wahlrecht Dienstboten und Frauen außen vor und gestand Arbeitern nicht das passive Wahlrecht zu (Huch 1990: 120ff).

Dennoch war das im Juni 1848 für die westliche Reichshälfte gewählte Parlament die erste demokratische Vertretung, die es im Habsburgerstaat je gegeben hatte. Sie war Ergebnis eines revolutionären Kampfes, der die demokratischen und wirtschaftlichen Forderungen des Bürgertums mit den sozialen Forderungen der Arbeiterschaft vereinte. Auf dem Land und in der östlichen Reichshälfte traten die Bauern hinzu. In Böhmen kam es zu Aufständen, bei denen die Schlösser des Adels gestürmt und die Archive mit den Aufzeichnungen über Dienstverpflichtungen zerstört wurden (Bruckmüller 1985: 349). Meist gaben die Autoritäten jedoch schon früh nach, und nachdem die eigentliche Leibeigenschaft schon 1782 beseitigt worden war, befreite man die Bauern 1848 von den verbleibenden Dienst- und Abgabepflichten.

Rede-, Presse- und Versammlungsfreiheit ermöglichten es den Arbeitenden 1848 erstmals, sich über politische Forderungen zu verständigen und ein Selbstbewußtsein als Klasse auszubilden. In den «Menschenrechten des Arbeiters» formulierte der Arbeiter Brunner: «Ihr nennt uns Gesindel; wir nennen uns von jetzt an Bürger, denn auch der Arbeiter, nicht bloß der Herr, ist konstitutionell geworden». Die Maurer verlangten ähnlichen Respekt – die Poliere sollten ihnen «auf menschenfreundliche Art» begegnen, die Meister sich verpflichten, «die Gesellen anständig zu behandeln und sie mit Sie anzureden» (Klenner 1987, 33). Vermeintliche Kleinigkeiten wie das «Sie» verdeutlichen, daß in der Feudalgesellschaft nichtmal der Schein menschlicher Gleichheit vorhanden war. Die Arbeitskräfte waren keine Herren, man konnte sie duzen wie Kinder. Nicht nur das Elend, sondern auch die allgegenwärtige Demütigung war Triebkraft der Revolution.

Die neuen Freiheiten wurden für erste Organisierungen genutzt. Im Juni wurde in Wien ein Arbeiterverein gegründet, dessen Zweck als «Belehrung durch leicht faßliche Vorträge» sowie «Unterhaltung in würdiger und belehrender Weise» beschrieben wurde. Der Verein gab erstmals eine Arbeiterzeitung heraus – laut Urteil der Historiker Hautmann und Kropf jedoch ein «gemäßigt-frommes, deutschtümelndes Blatt, das nur sechs Nummern erleben sollte» (Hautmann/Kropf: 33f). Neben selbstbewußten Forderungen stand das Vokabular des Obrigkeitsstaates – die Webergehilfen «erflehten» eine Lohnerhöhung vom Kaiser, die Schlossergehilfen beschworen die «Menschenfreunde» unter den Unternehmern, ihre Arbeitszeit zu reduzieren (Klenner 1987: 32). Selbstbewußtsein, Bildungsdrang und Obrigkeitshörigkeit mischten sich 1848 im kurzen Sommer der Redefreiheit, denn nie zuvor hatten die Arbeitenden die Gelegenheit gehabt, sich frei über ihre Interessen zu verständigen.

Die kritisierte «Deutschtümelei» war Teil dieser Willensbildung. Breite Schichten forderten den Anschluß an einen deutschen Nationalstaat. Sie setzten die Wahl von 114 Delegierten aus dem Habsburgerreich zur Frankfurter Nationalversammlung durch. Nicht nur Deutsche waren wahlberechtigt, sondern auch die böhmischen Tschechen. Sie boykottieren jedoch die Wahl, denn für sie war die Revolution eine Bewegung gegen das deutsch-österreichische Kaiserhaus und seinen Beamtenstaat. Während Deutsche, Italiener und Polen den Anschluß an noch zu schaffende Nationalstaaten verlangten, wurde von Tschechen und Ungarn eher Autonomie innerhalb eines föderalen Staates gefordert. Einig waren sich die Nationalbewegungen jedoch in ihrer Forderung nach Demokratie. Dies ermöglichte Solidarisierungen: als im Oktober 1848 aus Wien Truppen gegen die ungarische Revolte gesandt werden sollten, versuchten Studenten, Arbeiter und meuternde Soldaten deren Abmarsch zu verhindern und lynchten Kriegsminister Graf von Latour. Wo Ansprüche kollidierten, wurde Nationalismus jedoch zum Spaltpilz: aus Protest gegen ungarische Hoheitsansprüche stellten sich kroatische Truppen gegen Ungarn und damit gegen die Revolution (Bruckmüller 1985: 352–356).

Währenddessen ging die Auseinandersetzung um die «sociale Frage» weiter. Die Revolution brachte auch Karl Marx nach Wien, der vom 28. August bis 7. September 1848 dort weilte – in der Hoffnung, Gelder für seine «Neue Rheinische Zeitung» an Land zu ziehen. Er hielt mehrere Vorträge unter anderem zum Thema «Lohnarbeit und Kapital». Doch diese beeinflußten den Lauf der Dinge nicht. Die Industrialisierung steckte selbst in Wien noch in den Kinderschuhen, Hauptfeind blieb der Absolutismus. Man versuchte daher, sich auf Demokratie als gemeinsamen Nenner zu verständigen: das Programm des Wiener Arbeitervereins verlangte die Einsetzung von Arbeitsministerien, gleiche politische Rechte für Arbeiter, feste Arbeitszeiten, Kranken- und Invalidenkassen, unbeschränkte Heiratserlaubnis (Hautmann/Kropf: 32-34).

Umgesetzt wurde davon wenig. Immerhin gab es 1848 Arbeitsbeschaffungsmaßnahmen für 20.000 Menschen in Wien, dazu in einigen Branchen Arbeitszeitverkürzungen. Die Buchdrucker konnten in einem ersten Kollektivvertrag ihre Arbeitsbedingungen verbessern. Doch während die staatliche Arbeitsbeschaffung Frauen einschloß, verboten die neuen Tarifverträge Frauenarbeit. Weitere Verbesserungen wurden durch den Fortschritt der Konterrevolution zerschlagen, möglich geworden nur durch den Bruch der Koalition von Arbeiterschaft und Bürgertum.

Schon der Maiaufstand hatte beim Bürgertum weniger Anklang gefunden als die Märzrevolte. Als es dann im August unter den staatlich beschäftigten Erdarbeiterinnen zu Unruhen kam, weitete sich die Kluft. Die ohnehin geringer als die Männer entlohnten Arbeiterinnen wollten Kürzungen nicht hinnehmen und starteten am 21. August 1848 die erste Frauendemonstration in der Geschichte Österreichs. Als der Konflikt nicht beigelegt wurde, kam es am 23. August zum endgültigen Bruch: in der «Praterschlacht» schoß die von der Revolution geschaffene Nationalgarde in die Menge und tötete 18 Menschen (Huch 1990: 205-209).

Die Angst vor der Masse trieb das Bürgertum zum Arrangement mit dem Absolutismus. Die Oktoberunruhen gegen den konterrevolutionären Aufmarsch gegen Ungarn wurden von Studenten, aber nur noch wenigen bürgerlichen Radikalen unterstützt (Klenner 1987: 37). Am 31. Oktober 1848 wurde Wien dann von kroatischen und tschechischen Truppen gestürmt – diese waren ausgewählt, um Solidarisierungen mit der deutschsprachigen Stadtbevölkerung zu verhindern. Die nationalen Gegensätze, die die Revolution angetrieben hatten, halfen nun der Konterrevolution zum Sieg. Im August 1849 wurden mit Hilfe des Zaren auch die ungarischen Revolutionäre geschlagen.

Das Kaiserhaus war dennoch zu Reformen gezwungen. Kaiser Ferdinand dankte ab, als Symbol der Erneuerung trat am 2. Dezember 1848 sein 18-jähriger Neffe als Franz Joseph I. auf den Thron. Er behielt die Grundentlastung der Bauern bei, und auch dem Bürgertum machte der junge Kaiser Zugeständnisse. Eine liberale Wirtschaftspolitik ersetzte endgültig den Merkantilismus, Handelskammern dienten als Wirtschaftsparlamente für Gewerbe und Industrie (Klenner 1987, 38). Der frei gewählte Reichstag dagegen wurde am 7. März 1849 aufgelöst, die Abgeordneten mit Bajonetten aus dem Saal getrieben.

Es begann die Zeit des Neoabsolutismus, in dem das Bürgertum im Gegenzug für die Entfaltung seiner wirtschaftlichen Interessen die Demokratie aufgab, während die Arbeiterschaft auch ihre wirtschaftlich-sozialen Forderungen nicht vertreten durfte. Streiks waren nach dem Strafgesetzbuch von 1852 illegal, die liberale Gewerbeordnung von 1859 schränkte die Arbeit von Kindern und Jugendlichen ein, bestätigte aber das Koalitionsverbot. Fabrik- und Unterstützungskassen wurden nunmehr toleriert, allerdings nur mit behördlicher Genehmigung.

Die neue Politik brachte einen wirtschaftlichen Aufschwung, auch durch die Aufhebung der Zollschranken gegenüber Ungarn sowie staatliche Investitionen ins Eisenbahnsystem. Dennoch blieb die Wirtschaft kleinbetrieblich. Eine Großindustrie etwa im Maschinenbau entwickelte sich nur schleppend und unter starker Abhängigkeit vom Bankenkapital, bei dem wiederum der Adel wesentlicher Teilhaber war (Hautmann/Kropf: 36–40).

## *Erste Arbeitervereine ab 1867*

**D**ie als Neoabsolutismus bekannte Epoche der Reaktion nach 1848 ließ der Arbeiterbewegung kaum Spielraum. Erst in den 1860er Jahren liberalisierte sich das Klima, und 1867 erfolgte mit Gründung des «Wiener Arbeitervereins» eine Neuorganisation. Die Liberalisierung war eine Folge der Kriegsniederlage von 1866, in der Preußen seine Vormacht im Deutschen Bund gegen Österreich-Ungarn durchsetzte. Nur durch eine neue Verfassung, die beide Reichshälften juristisch trennte, konnte Ungarn im Habsburgerreich gehalten werden. Die Schwäche der Monarchie führte zu einer Verfassungsreform und einem neuen Vereinsgesetz – zusammen mit einem industriellen Aufschwung ermöglichte dies einen zweiten Frühling der Arbeiterbewegung. Der Wiener Bildungsverein stellte sich früh auf die Seite der deutschen Lasalleaner. Er forderte staatliche Reformen und verwarf das Konzept der «Selbsthilfler», die den Genossenschaftsideen von Hermann Schulze-Delitzsch anhingen. Stattdessen vertrat er gewerkschaftliche Kämpfe. Bereits im Juni 1868 hatte der Wiener Verein 5.500 Mitglieder, schnell bildeten sich Ableger in anderen Städten. Bereits 1869 zählte die Internationale Arbeiterassoziation (I. Internationale) 13.500 Mitglieder in der österreichischen Reichshälfte. Die neue Bewegung nahm 1869 mit zwei Delegierten am Eisenacher Parteitag der deutschen Sozialdemokratie teil und akzeptierte das Eisenacher Programm auch für Österreich. Im selben Jahr demonstrierten 20.000 Arbeiterinnen und Arbeiter zur Eröffnung des Parlaments in Wien für Gewerkschafts-, Versammlungs- und Pressefreiheit und das allgemeine Wahlrecht. Die Regierung gab zunächst nach und versprach Gewerkschaftsfreiheit. Als die Lage sich jedoch nicht beruhigte, schwenkte sie um zur Repression. Im «Wiener Hochverratsprozeß» vom Juli 1870 wurden Andreas Oberwinder, Heinrich Scheu, Johann Most und andere Führungsfiguren zu Haftstrafen verurteilt. Vereinsauflösungen und Verbote folgten – dies zog jedoch schwere Straßenkrawalle in Wien nach sich, und die Regierung sah sich zu einem Rückzieher gezwungen. Trotz Behinderungen konnten die Arbeitervereine im Herbst 1870 neu gegründet werden (Hautmann/Kropf: 57-61).

## *Krise und Spaltung 1873–1886*

**D**ie schnelle Neugründung der österreichischen Arbeiterbewegung ab 1867 verdankte sich auch der Tatsache, daß Modelle der I. Internationale und aus Deutschland vorlagen, die Richtungsstreits dämpften. Als jedoch 1873 eine schwere Wirtschaftskrise dem schnellen Aufstieg Einhalt gebot, brachen die Streits mit ungeahnter Gewalt aus. Die Krise war die österreichische Variante des in Deutschland als «Gründerkrach» bekannten Absturzes, fiel jedoch deutlich heftiger aus. Hier war der Boom ab 1867 spekulativer, die industrielle Basis schwach. Ein Börsenkrach am 9. Mai 1873 brachte Banken zu Fall, riß die Eisenbahngesellschaften mit sich und entwertete einen Großteil der Ersparnisse des Kleinbürgertums – eine Selbstmordwelle war die Folge (Hautmann/Kropf 1974: 63). Österreich erlebte seine erste kapitalistische Krise nur wenige Jahre, nachdem der Kapitalismus zum Durchbruch gekommen war. Die junge Arbeiterbewegung wurde kalt erwischt, erlitt massive Mitgliederverluste bei Gewerkschaften und Vereinen. Im Kleinbürgertum mehrten sich antisemitische Tendenzen, die die Krise «den Juden» anlasteten – ideologische Konkurrenz von Rechts für den Sozialismus, der gerade erst begonnen hatte, den Liberalismus zu kritisieren. Hinzu kamen Konflikte in der Arbeiterbewegung selbst, wie mit der Krise und der Repression umzugehen sei.

Zunächst stand die Streitfrage an, ob sich die losen Vereine weiter im Bündnis mit dem Liberalismus bewegen sollten, wie Heinrich Oberwinder vorschlug, oder die Gründung einer Arbeiterpartei anstehe. Dieser Konflikt wurde zugunsten der Position von Oberwinders Gegner Andreas Scheu entschieden, und auf einem geheimen Kongreß im österreich-ungarischen Grenzort Neudörfl fand im April 1874 eine Parteigründung statt, die auch die Loslösung von der deutschen Bewegung bedeutete. Es entstand eine «Sozialdemokratische Partei in Österreich» als Dachorganisation von Vereinen und Gewerkschaften im gesamten Habsburgerstaat – eine internationale Partei, die das «nationale Selbstbestimmungsrecht der Völker» anerkannte und ihre Mitglieder zu «brüderlichem Zusammenwirken» aufrief. Sie kämpfte für demokratische Freiheiten und die «Einführung eines Normalarbeitstages», also Arbeitszeitbeschränkung (Konecney 1993: 18). Der Parteitag repräsentierte 25.000 Mitglieder, die Krise brachte jedoch bald Schwund. Schmerzlich machte sich auch das deutsche Sozialistengesetz von 1878 bemerkbar, denn es entfiel nun das importierte Bildungs- und Pressematerial. Zudem machte die österreichische Polizei dem in Neudörfl eingesetzten Zentralkomitee jede Aktion unmöglich, so daß der formellen Einigung keine reale folgen konnte – die sozialdemokratischen Vereine agierten dezentral und zersplittert.

Es kristallisierte sich nun eine Spaltung zwischen «Gemäßigten» und «Radikalen» heraus. Die ersteren orientierten sich an Karl Kautsky und der in Zürich herausgegebenen Zeitschrift «Sozial-Demokrat», letztere an Johann Most und seiner Londoner «Freiheit» (Drosz 1975: 101). Während die «Radikalen», angeführt von Josef Peukert, jede Autorität als Repression ablehnten, den Kampf um das Wahlrecht verwarfen und sofortigen Aufstand forderten, bestanden die «Gemäßigten» auf dem Wahlrecht als Vorbedingung des Sozialismus. Sie nahmen Sozialreformen wie die Einführung von Kranken- und Unfallversicherung 1889 zum Vorbild: Nur durch legales, friedliches Vorgehen und Reformen könne die Partei ihre Ziele erreichen. Durchaus zu Recht kritisierten die Radikalen, daß dieser Legalismus in einem Polizeistaat unmöglich sei. Sie befürworteten die «Propaganda der Tat», es kam ab 1882 zu Attentaten gegen Fabrikanten und Polizeibeamte. Nur mit Mühe konnte daraufhin ein Sozialistengesetz nach deutschem Muster im Wiener Reichsrat verhindert werden. Doch die Regierung rief 1884 den Ausnahmezustand für Wien und Umgebung aus und verschärfte auch anderswo die Repression: Zeitungen wurden verboten, Vereine aufgelöst, Versammlungen fanden nicht mehr statt. Dies gab wiederum den «Gemäßigten» ihren Punkt: Unter solchen Umständen war politische Tätigkeit unmöglich. Die sozialistische Bewegung war von der Bevölkerung isoliert, zersplittert und wirkungslos. Die Historiker Hautmann und Kropf charakterisierten das Dilemma: «Beide Gruppen hatten also gleichermaßen falsche Ansichten, da sie jeweils eine Seite des Kampfes der Arbeiterschaft verabsolutierten und die Dialektik von Reform und Revolution nicht verstanden» (Hautmann/Kropf 1974: 77). Dieses rückblickende Urteil fiel den Zeitgenossen jedoch schwer. Es fehlte eine politische Kraft, die vermittelte, bis mit Victor Adler ein Außenseiter die Bühne betrat.

## *Victor Adler als Übervater der Partei*

**V**ictor Adler (1852–1918) war der Sohn des jüdischen Tuchhändlers Salomon Markus Adler, der sich an der Börse ein Vermögen erworben hatte. Der junge Victor besuchte das Gymnasium in Wien, studierte Medizin und lernte als Arzt das Elend der Arbeiterschaft kennen. Politisch war er der Aufklärung verpflichtet, verteidigte schon 1871 die Pariser Kommune gegen die Vorwürfe des Vaters, es handele sich um «Mörder und Strolche». Allerdings blieb Adler im liberalen Bürgertum verwurzelt und gehörte mit seinem Jugendfreund Engelbert Pernerstorfer zum Gründungskreis der Deutschnationalen Partei, die die Auflösung des Habsburgerstaates und die Gründung einer Deutsch-Österreichischen Republik anstrebte. Als jedoch die Deutschnationalen ihre demokratischen Werte in den 1880ern aufgaben und zum Antisemitismus übergingen, trennte sich Adler von dieser Partei. Er selbst war bereits in jungen Jahren zum Protestantismus übergetreten, verleugnete jedoch seine jüdischen Wurzeln nie und blieb Zeit seines Lebens Zielscheibe für antisemitische Angriffe.

Den Marxismus hatte er durch seine Frau Emma kennengelernt, die aus einer sozialistischern Familie kam. Im Jahr 1883 traf Adler zudem auf einer Studienreise Engels in London. Victor hielt sich jedoch aus Rücksicht auf den konservativen Vater von der Politik fern und bemühte sich um eine Stelle als Gewerbeinspektor, um die Einhaltung der oft ignorierten Arbeitsschutzgesetze zu überwachen. Der Staat hielt ihn jedoch für zu links und verwehrte ihm die Stelle. So wurde Adler in die Politik gedrängt, zu der es ihn kaum hinzog; denn seit frühester Jugend litt er an einem Stottern, das er erst mit 18 Jahren in einer Sprechschule halbwegs überwand. Öffentliche Reden kosteten ihn Überwindung, immer wieder rang er qualvoll ums Wort – entwickelte jedoch deshalb einen präzisen Stil, der von jedem Pathos frei war (Braunthal 1965: 60). Als der Vater 1886 starb und ihm ein Vermögen hinterließ, war Adler frei für neue Aufgaben. Er hatte stets mehr vom Geldausgeben als vom Geldverdienen verstanden, seine Praxis warf wegen der Armut ihrer Patienten kaum etwas ab und auch sonst war Sparen seine Sache nicht – als dem Freund Gustav Mahler das kleine Pianino im Haushalt nicht gefiel, schaffte Adler kurzerhand einen Flügel an. Ebenso freigiebig war Adler für seine neue Leidenschaft, bei der er sein komplettes Vermögen durchbrachte. Als erstes investierte er in die Wochenzeitung «Gleichheit», die er 1886 gründete. Sie vermittelte zwischen Gemäßigten und Radikalen, baute abgebrannte Brücken neu auf. Dies gipfelte 1889 im Einigungsparteitag von Hainfeld, bei dem Adler zur führenden Figur in der österreichischen Sozialdemokratie aufstieg. Er behielt sein vermittelndes Wesen bei und erklärte Prinzipienfragen gern zu «taktischen» Differenzen, was ihm mitunter den Vorwurf des Revisionismus und des Zurückweichens einbrachte. Es gelang ihm so jedoch, die Partei selbst im Ersten Weltkrieg zusammenzuhalten. Adler starb im Revolutionsjahr 1918.

## *Einigung und Hainfelder Programm 1886–1889*

**E**ine von Pernerstorfer und Adler bereits 1885 organisierte gemeinsame Kundgebung der zerstrittenen Fraktionen gegen ein geplantes Sozialistengesetz ebnete den Weg zur Einigung, die zur Jahreswende 1888/89 in Hainfeld in Niederösterreich stattfand. Das «Hainfelder Programm» wurde 1892 leicht ergänzt, galt bis 1901 und ermöglichte den Aufstieg der «Sozialdemokratischen Arbeiterpartei» (SDAP) zur Massenpartei (Programmtext siehe Konecny 1993: 21–25).

Das Programm erstrebte «für das gesamte Volk ohne Unterschied der Nation, der Rasse und des Geschlechtes die Befreiung aus den Fesseln der ökonomischen Abhängigkeit, die Beseitigung der politischen Rechtlosigkeit und die Erhebung aus der geistigen Verkümmerung». Es verlangte den «Übergang der Arbeitsmittel in den gemeinschaftlichen Besitz der Gesamtheit des arbeitenden Volkes». Gleich im ersten Punkt erklärte sich die SDAP zur «internationalen Partei» und verurteilte alle nationalen Vorrechte, das Wort «Österreich» war bewußt nicht Teil des Parteinamens.

Größter Streitpunkt waren der Parlamentarismus. Die Partei erklärte, daß das Wahlrecht erkämpft werden müsse – jedoch «ohne sich über den Wert des Parlamentarismus, einer Form der modernen Klassenherrschaft, irgendwie zu täuschen». Zur Durchsetzung werde man sich aller dem «natürlichen Rechtsbewußtsein des Volkes entsprechenden Mittel» bedienen. Die SDAP schloss damit illegale Mittel nicht aus, gestand aber ein, daß die Attentate der 1880er nicht das Volk zum Aufstand angestachelt hatten, sondern die Linke von der Bevölkerung isolierten.

Eine Einigungsresolution verpflichtete alle Mitglieder, den Fraktionsstreit ein für allemal zu begraben und «brüderlich» für das Programm einzutreten. Ergänzt wurde es durch eine Resolution über politische Rechte und Sozialreform, die noch einmal Presse und Versammlungsfreiheit sowie Arbeitsschutzgesetze forderte – unter Berücksichtigung der Kritik am Parlamentarismus.

Das Hainfelder Programm atmete den Geist des Kompromisses. Es ist gerade deshalb ein Lehrstück über Widersprüche linker Politik, die «alle Verhältnisse umstürzen» will, jedoch nie die Forderungen des Alltags aus dem Blick verlieren darf, will sie nicht zur lebensfernen Propaganda verkommen.

## *Der 1. Mai 1890*

**D**er 1889 bei Gründung der I. Internationale beschlossene 1. Mai als Kampftag der Arbeiterklasse wurde auf der Konferenz nur vage als «Manifestation» gefordert. Da es in Österreich kein Demonstrationsrecht gab, fürchtete man blutige Zusammenstöße mit der Polizei, weil Saalversammlungen und Petitionen jedoch wirkungslos erschienen, rief die SDAP zu einer eintägigen Arbeitsruhe auf – Radikalität im Alltag, die Streß am Arbeitsplatz mit sich brachte, aber kein Frontalangriff auf das Versammlungsrecht war. Die Regierung schwankte, verbot die Arbeitsruhe nicht, sorgte jedoch dafür, daß Victor Adler gerade jetzt eine aus einem anderen Verfahren rührende Gefängnisstrafe antreten mußte. Er koordinierte die Aktion dennoch durch geschmuggelte Kassiber aus dem Gefängnis – mit Erfolg. Da die Aktion massenhaften Anklang fand, gaben viele Unternehmer im Vorfeld nach und gestanden einen unbezahlten arbeitsfreien Tag zu. Und da die Regierung zwar die Truppen in Bereitschaft versetzte, aber nicht angriff, wurden Versammlungen und als «Nachmittagsspaziergänge» angekündigte Demonstrationen zum Erfolg mit Massenbeteiligung. Adlers Absicht, nach der Organisation auch ein Symbol, einen Mythos des Sozialismus zu schaffen, war aufgegangen. Entsetzt war dagegen Kaiser Franz Joseph, der das schwankende Verhalten seiner Polizei kritisierte. Er beklagte, das Wiener Publikum «welches vormals sehr korrekt und an Gehorsam gewohnt war, wie nirgend anderswo, zeige jetzt einen ordnungswidrigen Sinn und die Renitenz sei schon zu einem Volksvergnügen geworden» (Braunthal 1965: 73). Sein Amtskollege Wilhelm II. hatte solche Probleme in Berlin nicht – die SPD hatte sich gegen Streiks am 1. Mai gewehrt, was in der österreichischen Bewegung empörte Kritik auslöste (Kulemann 1979: 81-84).

## *Partei und Gewerkschaften*

**D**ie SDAP war ein Bündnis von Bildungsvereinen und Gewerkschaften, die Rechtsform «Partei» gab es damals nicht. Stattdessen zahlten die Gewerkschaften eine «Parteisteuer», womit jedes Gewerkschaftsmitglied automatisch Sozialdemokrat war.

Die «Parteisteuer» galt auch für die Abonnenten einiger sozialdemokratischer Zeitungen, bei denen sie im Preis des Abos enthalten war. Die eigentliche Partei bildete eine «Lokalorganisation», welche die verschiedenen Organisationen am Ort zusammenfaßte. Diese fragmentierte, aber pragmatische Organisationform erfaßte immer mehr Arbeiter. Insbesondere die Gewerkschaften legten zu. 1893 gelang es auf einem ersten gesamtösterreichischen Kongreß, die lokalen Vereine nach Berufsgruppen zu überregionale Fachvereinen zusammenzuschließen. Gleichzeitig wurde eine reichsweite Gewerkschaftskommission eingesetzt (Klenner 1987: 101). Diese orientierte sich am deutschen Modell einer Zentrale der Zentralverbände – was jedoch im multinationalen Habsburgerstaat schnell für Konflikte sorgte. Die Tschechen sahen sich in der deutschsprachigen Kommission nicht genügend repräsentiert, denn die Bestellung eines von den tschechischsprachigen Mitgliedern gewählten eigenen Sekretärs wurde abgelehnt. 1897 gründete sich daher eine eigene tschechoslowakische Kommission. Der Konflikt beider Dachverbände führte im Laufe der Jahre auch zur Spaltung der Einzelgewerkschaften, doch blieb an der Basis eine internationalistische Praxis bestehen. Auch nach der endgültigen Trennung 1909 stellten die Tschechen noch ein Viertel der Mitglieder in den Verbänden der «deutschen» Zentrale, auch umgekehrt war die Trennung nie lupenrein (Evers 2010: 64).

Trotz nationaler Spannungen wuchs die Gewerkschaftsbewegung schnell. Für 1900 zählte eine Regierungsstatistik 98.682 Gewerkschaftsmitglieder (Kulemann 1979: 68f). Die Agitation am Arbeitsplatz und erfolgreiche Streiks wie der Wiener Straßenbahnstreik von 1889 sorgten dafür, daß die Gewerkschaften der Partei über den Kopf wuchsen. Sie emanzipierten sich schließlich auf dem Reichenberger Parteitag von 1909, bei dem Gewerkschaft und Partei getrennt wurden und die Gewerkschaften die Parteisteuer einstellten. Durch die späte Trennung und Erfolge wie am 1. Mai 1890 und im Wahlrechtskampf 1905 etablierte sich jedoch in der österreichischen Arbeiterbewegung auch danach nicht dieselbe entpolitisierende Arbeitsteilung zwischen Politik und Ökonomie wie in Deutschland: Die Gewerkschaften Österreichs lehnten den Generalstreik nicht prinzipiell ab und sahen sich als politische Akteure.

## Arbeiterinnenbewegung

**P**olitisches Engagement von Frauen galt im 19. Jahrhundert als Widerspruch zur «weiblichen Natur». In der frühen Arbeiterbewegung kam die Angst vor Frauen als «Lohndrückerinnen» hinzu. Dennoch ließen sich Frauen ihren Platz in der Politik nicht nehmen. In vorindustriellen Unruhen, die soziale Normen durchbrachen, spielten sie eine besondere Rolle. So etwa in der «Katzenmusik», bei der mit schiefem Gesang und Lärm unbeliebten

Unternehmern oder Händlern ein Besuch abgestattet wurde, der oft auch zersplitterte Scheiben hervorrief (Hauch 1990: 179ff). Im Wien des Jahres 1848 gelangte diese Tradition zu neuer Blüte, die aus bürgerlichen Männern bestehende Nationalgarde sah zunächst weg und sympathisierte. Als sie im August 1848 in der «Praterschlacht» jedoch mit Gewalt gegen protestierende Frauen vorging, war dies der Bruch zwischen Bürgertum und Proletariat. Noch am Barrikadenbau im März hatten sich Frauen aller Stände beteiligt, Quellen berichten von «Mädchen und Frauen in Hüten und Schals, Stubenmädchen, Hausmeistersche und distinguierte Damen». Manch eine Bürgersfrau bewirtete gar die Barrikadenkämpfer mit ihrem Tafelsilber (Hauch 1990: 122f). Andere Frauen beteiligten sich im Fahnenstickverein, doch bald gründeten sich auch politische Frauenvereine in Wien und Prag. Der «Wiener Demokratische Frauenverein» von 1848 bestand jedoch nur zwei Monate. Seine Präsidentin Karoline Perin wurde im Zuge der Konterrevolution festgenommen, an den Haaren durch eine Polizeiwache geschleift, ihr Vermögen eingezogen. Ihr Lebensgefährte in «wilder Ehe», Alfred Julius Becher, wurde als Radikaler standrechtlich erschossen. Die Konterrevolution richtete sich nicht nur gegen den demokratischen Aufbruch, sondern auch gegen Aufbrüche in den Geschlechterverhältnissen (Hauch 1990: 144ff, 155–159).

Wo sich die männliche Arbeiterbewegung schon in den 1860ern wieder regte, wirkte die Konterrevolution gegen Arbeiterinnen weit länger. Zwar entstand 1871 ein politischer Arbeiterinnenverein, der jedoch in den folgenden Richtungskämpfen unterging. Erst die 1890er Jahre brachten eine Renaissance (Hauch 2009).

Zwar hatte der Einigungsparteitag sich 1888/89 zum «gemeinsamen Kampf ohne Unterschied der Nation, der Rasse und des Geschlechts» bekannt, doch die Praxis sah anders aus. In Hainfeld war keine Frau vertreten, Anna Altmann, delegiert für Polzental in Böhmen, erhielt gar die Antwort, man solle doch lieber einen männlichen Delegierten schicken (Hauch 1988: 101).

Die Frauen organisierten sich daher selbst. Im Juni 1890 gründete sich im Lokal «Zum goldenen Luchsen» der «Wiener Arbeiterinnen-Bildungsverein». Eine «unpolitische» Satzung umging § 30 des österreichischen Vereinsgesetzes von 1867, der Frauen die Arbeit in politischen Vereinen verbot. Auch

Männer wirkten mit, jedoch kam es schon bald zur Rebellion gegen einen männlich besetzten Beirat (Popp 1912: 10). Der Verein machte am 1. Mai 1891 mit einer eigenen Abteilung bei der Demonstration auf sich aufmerksam und wuchs schnell auf mehrere Hundert Mitglieder. Beim zweiten Parteitag der SDAP in Brünn 1891 konnten die Arbeiterinnen nicht mehr ignoriert werden – es nahmen drei Frauen als Delegierte sowie Adelheid Popp als Gast teil. Der Parteitag erweiterte die Forderung nach dem allgemeinen Wahlrecht um das Frauenwahlrecht und verpflichtete die Gewerkschaften, auch Frauen aufzunehmen – jedoch weigerten sich viele zunächst, diesen Beschluß umzusetzen. Noch 1899 verlangte ein Parteitagsdelegierter, die Frauen möchten durch «geräuschlose und unsichtbare Tätigkeit» die Männer unterstützen (Hauch 1988: 105-107, 111). Doch dies war bereits ein Rückzugsgefecht. Denn beim Wiener Parteitag 1892 wurden im Programm mehrere Formulierungen um den Zusatz «ohne Unterschied des Geschlechtes» erweitert – die formale Anerkennung der Frauen war vollzogen. Die reale Anerkennung erforderte jedoch noch weitere Kämpfe.

Ein Mittel dafür war die im Januar 1892 erstmals erschienene «Arbeiterinnen-Zeitung». Adelheid Popp, gewählte Schriftleiterin und erste weibliche Parteiangestellte der SDAP, bezeichnet ihr Erscheinen als eigentlichen Beginn der Arbeiterinnenbewegung. Popp hatte nur drei Jahre die Grundschule besucht, danach als Heim- und Fabrikarbeiterin geschuftet. Ihre eindrücklichen Memoiren beschreiben, wie sie sich durch planloses, später gezieltes Lesen weiterbildete. Eine Emanzipation im Kampf gegen eigene Minderwertigkeitsgefühle, kirchliche Vorurteile, sexuelle Übergriffe von Vorgesetzten, 11-stündige Arbeitstage und nackten Hunger. Trotz dieser Erfahrungen dominierten Ende des 19ten Jahrhunderts nicht Sozialismus, sondern Kirche und Kaiser die Vorstellungswelt der Arbeiterinnen. Popps größter Kummer war daher, daß ihre Mutter absolut nichts mit der Politik anfangen konnte. Und dies, obwohl Adelheid bei einer Gelegenheit August Bebel und Friedrich Engels persönlich zur Überzeugungsarbeit mit nach Hause brachte – doch die Mutter hielt beide für Verehrer und schimpfte nur: «So Alte bringst du daher» (Popp 1983: 97).

Doch die jüngere Generation rebellierte und zeigte ihr Selbstbewußtsein 1893 in einem Frauenstreik in den Wiener

Appreturfabriken, wo Textilien veredelt wurden. Obwohl berittene Polizei Streikversammlungen auseinandertrieb, konnte dort der Zehnstundentag durchgesetzt werden. Im selben Jahr beschloss der reichsweite Gewerkschaftskongreß, regelmäßige Frauenversammlungen durchzuführen. Hier spielte jedoch die Angst mit, ein «Separatismus» der Frauenvereine würde die Entwicklung der Gewerkschaften hemmen. Politische Vereinsgründungen von Frauen unterblieben daher mancherorts (Popp 1912: 15–17). Die Arbeiterinnenbewegung schwankte zwischen Rücksicht und Konflikt und ging erst in die Offensive, als sie sich offen sabotiert sah: 1895 begann in der Arbeiterinnen-Zeitung eine Kampagne, die mit der Gründung einer branchenübergreifenden Frauengewerkschaft drohte. Ziel war die Durchsetzung von weiblichen Parteitagsdelegierten überall da, wo Frauenorganisationen bestanden. Als dies nicht gewährt wurde, boykottierten Frauen die Parteitage 1896 und 1897. Da ihre Organisationsbestrebungen immer noch mit «Spötteleien und faulen Witzen» kommentiert würden, hielten die Arbeiterinnen 1898 ohne Absprache mit Partei- und Gewerkschaftsführungen eine «Reichsfrauenkonferenz» ab. Hier zeigte sich jedoch, daß der Konflikt zwischen Gewerkschaft und Partei auch die Frauen selbst spaltete. Die Konferenz legte den Vorrang der Gewerkschaften fest und sprach sich gegen neue politische Frauenvereine aus – was jedoch in der Praxis bald ignoriert wurde (Hauch 1988: 108; Popp 1912:18–19).

Dennoch stellte sich die Frage, wie die sozialdemokratische Frauenorganisation in Zukunft aussehen würde.

Neue Vereinsgründungen im Jahr 1902 wiesen den Weg, etwa der «Verein der Heim- und Hausarbeiterinnen» – eine Gewerkschaft, die sich gezielt an Näherinnen und Heimarbeiterinnen wandte. Doch auch eine zweite Reichsfrauenkonferenz 1903 konnte sich nicht durchringen, eine Frauenorganisation zu schaffen. Erst im Wahlkampf 1907 überwanden die Arbeiterinnen die Spaltung in der Gewerkschaftsfrage und beschlossen eine reichsweite Frauenorganisation. Ostern 1908 fand eine dritte Reichsfrauenkonferenz statt, die eine flächendeckende Organisierung samt Landes- und Bezirkskonferenzen beschloß. Der Parteitag der SDAP 1909 mußte dies annehmen und die Frauenorganisation als gleichwertig integrieren (Popp 1912: 19–21). Trotz allen Paternalismus war die Sozialdemokratie die einzige Partei, die Frauen überhaupt eine Rolle zugestand – jedoch blieben die Frauen organisatorisch getrennt. Das Vereinsrecht konnte durch «unpolitische» Bildungsvereine unterlaufen werden. Aber eine Legalisierung politischer Frauenvereine wie in Deutschland 1908 gab es in Österreich erst mit der Revolution 1918.

Daß die österreichische Arbeiterbewegung nun auch eine Arbeiterinnenbewegung war, ist der doppelten Hartnäckigkeit gegen Polizei und Ressentiments der Männer zu verdanken. Adelheid Popp betont in ihren Erinnerungen die Hürden: «... doch schreckte ich auch davor zurück, allein in das Gasthaus zu gehen, um Mitglied zu werden.» – die Räume der Partei waren männlich besetzt, insbesondere die Kneipe. Sie berichtet an anderer Stelle, wie Victor Adler den Frauen empfahl, weniger zu sticken und mehr zu lesen. Popp hielt sich daran: «Einsätze, die ich häkelte und wo ich schon zum vierten gelangt war, ließ ich von da an ruhen, und erst als mir später das ‹Glück› beschieden war, eine Zelle des Wiener Landgerichts bewohnen zu können, häkelte ich sie fertig» (Popp 1912: 7, 11).

Rebellion, gönnerhafte männliche Ermunterung, später langsame Emanzipation und sofort darauf Repression durch einen Polizeiapparat, der jedes «aus der Rolle fallen» von Frauen bestrafte, – dies waren die Widersprüche, in denen sich Arbeiterinnen im Habsburgerstaat politisierten. In dieser Klemme sahen sich auch rebellische Frauen wie Popp zu Kompromissen gedrängt. Sie und ihre Genossinnen stellten im Wahlrechtskampf 1905/06 das Frauenwahlrecht aus «taktischen» Gründen zurück. Dies stieß international auf Kritik, die Differenzen führten zur Einberufung einer ersten sozialistischen Frauenkonferenz im Vorfeld des Stuttgarter Sozialistenkongresses von 1907. Dort erlitt Popp eine Niederlage gegen Clara Zetkin, die die österreichische Taktik verurteilte (Zimmermann 2014).

## Der Kampf um das Wahlrecht

In der westlichen Reichshälfte Österreich-Ungarns galt nicht nur für die Kommunen, sondern auch für den Wiener Reichsrat ein «Kurienwahlrecht» nach Steueraufkommen – Arbeiter waren ausgeschlossen, Frauen auch. Der Kampf gegen dieses Klassenwahlrecht war seit Hainfeld Hauptagitationsfeld der SDAP.

Bewegung in dieser Frage brachte eine Wahlreform des Ministerpräsidenten Taaffe, der für den österreichischen Reichsrat (nicht für Ungarn) sowie die Stadtparlamente das Allgemeine Zensuswahlrecht einführen wollte – männliche Arbeiter hätten wählen dürfen, aber mit weniger Stimmen. Taaffe wollte damit politische Gegner schwächen, aber die Wahl nach Steueraufkommen sollte verhindern, daß die Arbeiterklasse sich zu sehr einmischte. Dieses «halbe Wahlrecht» konnte der SDAP nicht recht sein. Dennoch konnte sie sich nicht einfach wegducken, hatte sie doch im Sommer eine Massenkampagne für allgemeines Wahlrecht durchgeführt. Diese wurde jedoch nun auf Betreiben Adlers abgebrochen. Die halbe Reform wollte man nicht, die ganze schien unerreichbar – also tat man gar nichts (Kulemann 1979: 91f). Zwar verabschiedete die SDAP im Folgejahr eine Resolution für den Massenstreik zur Erkämpfung freier Wahlen. Sie zog damit in der Theorie links an der SPD vorbei, die derartiges ablehnte. In der Praxis jedoch hatten die österreichischen Sozialisten 1893 durch scheinradikale Verweigerung eine Chance verschenkt.

Eine neue ergab sich erst mit der Russischen Revolution von 1905, die in Österreich-Ungarn weit größere Erschütterungen auslöste als in Deutschland – wegen der slawischen Bevölkerungsgruppen, die auf Autonomie drängten. Der Kaiser unternahm nun ein gewagtes Manöver, um das Auseinanderfallen seines Reiches zu verhindern: er versprach den Ungarn das allgemeine Wahlrecht. Dies verursachte jedoch einen Rückstoß in der Westhälfte des Reiches, wo die SDAP ebenfalls freie Wahlen einforderte. Nun wäre die Stunde des Massenstreiks gekommen gewesen, doch die Parteiführung hielt still. Dies wurde von tschechischen Sozialdemokraten auf dem Parteitag Ende Oktober 1905 heftig kritisiert – in Prag gäbe es Bewegung und Streik, wieso nicht in Wien? Noch während die Delegierten stritten, ob die Stunde der Tat gekommen sei, erreichte ein Telegramm die Versammlung: Der russische Zar hatte Wahlen zu einer Staatsduma versprochen. Die Verlesung ging im Jubel unter, eine Massenversammlung vor dem Parlament wurde improvisiert, Hochrufe forderten Generalstreik. Die Wiener SDAP beschloß Arbeitsruhe für den Tag der Parlamentseröffnung, und auch Victor Adler stützte nun den Streik (Kulemann 1979: 95f; ). Am 4. November musste die Regierung das allgemeine Wahlrecht zugestehen. Auch in den Folgemonaten war der Massenstreik als Drohung präsent, mit dem Victor Adler in zähen Verhandlungen die Umsetzung des Versprechens erkämpfte. Am 28. November kam es zu einem ersten Streiktag. Der Kaiser befürchtete ein Übergreifen der Russischen Revolution, Adler wiederum hatte Angst vor einer gewalttätigen Niederschlagung der Bewegung. Er begab sich daher zu einem Geheimgespräch in die Hofburg und teilte Kaiser Franz Joseph mit, daß «derzeit und vorläufig» die Revolution nicht auf der Tagesordnung stünde. Adler, der sich selbst einmal als «Hofrat der Revolution» bezeichnete, blieb Diplomat: die Drohung war da, gleichzeitig die Abwiegelung (Braunthal 1965: 158f). Die SDAP verzichtete auf Eskalation der Streikbewegung, ebenso auf das Frauenwahlrecht. Sie gab sich dennoch nicht staatstragend – nur aus Angst vor den Massen wurde 1906 das allgemeine Männerwahlrecht gewährt.

Das seit Generationen geforderte freie Parlament trat erstmals 1907 zusammen, erwies sich jedoch als Enttäuschung. Obwohl die SDAP so weit ging, nach der Wahl den «Hofgang» beim Kaiser mitzumachen, war das Parlament unfähig zu jeder Reform. Die slawischen Parteien störten und boykottieren nach der Annexion Bosnien-Herzegowinas im Jahr 1908 die Sitzungen, die Deutschnationalen reagierten mit gleichen Mitteln. Die Regierung des Kaisers hatte alle Freiheit, per Notverordnung nach § 14 der Verfassung Gesetze durchdrücken – gegen das gelähmte und entscheidungsunfähige Parlament.

## *Sozialdemokraten, Christsoziale und Antisemitismus*

**A**nders als in Deutschland, wo der Versuch einer antisemitischen «christlich-sozialen» Bewegung nie zum Durchbruch gelangte, wurde ein gleichnamiges Projekt in Österreich zum Konkurrenten der Arbeiterbewegung. Die christsoziale Bewegung entstand in den 1880ern und formierte sich 1893 als Partei. Sie unterschied sich von den ebenfalls antisemitisch gewendeten Deutschnationalen dadurch, daß sie in Verbindung mit dem katholischen Klerus die Einheit Österreich-Ungarns betonte. Die Partei war politische Reaktion auf das Scheitern des Wirtschaftsliberalismus in der Dauerkrise ab 1873, denn Kleinsparer und Kleinunternehmer machten «die Juden» für den Börsenkrach verantwortlich. Die sozialistische Bewegung brachte dagegen immer wieder das Argument, daß trotz der Präsenz jüdischer Bankiers wie Rothschild die übergroße Mehrheit der jüdischen Bevölkerung zum Proletariat zählte. In der Arbeiterbewegung fruchteten solche Argumente nach einiger Zeit – Adelheid Popp berichtet in ihren Memoiren offen darüber, wie die Sozialdemokratie ihr anfängliche Sympathien mit dem Antisemitismus austrieb (Popp 1983: 71f). Nötig war diese Agitation, denn auch in der Arbeiterklasse gab es antisemitische Vorfälle – etwa 1848, als neben Demokratieforderungen auch Hetze gegen «israelitische Fabrikanten» laut wurde (Klenner 1987, 32).

Dieser Antisemitismus Wiener Prägung war eine Mischung aus altem christlichem Judenhaß und einer neuen, reaktionären Kapitalismuskritik. Die Arbeiterbewegung kämpfte aktiv gegen diese Ideologie. Adler und andere hatten die deutschnationale Partei gerade wegen ihres Antisemitismus verlassen. Auch wenn bei einigen Protagonisten, etwa Engelbert Pernerstorfer, immer wieder nicht überwundene Ressentiments durchschienen, war die sozialistische Bewegung als anti-antisemitische Plattform konzipiert. Man bestand auf einem sozialistischen Universalismus und bekämpfte den reaktionären «Antikapitalismus» als Ideologie. Engels berühmter Artikel «Über den Antisemitismus» erschien 1890 nicht zufällig in der «Arbeiterzeitung». Denn in Wien mobilisierten die Antisemiten am erfolgreichsten, hier mußte der Sozialismus sich abgrenzen. Dies erfolgte auch personell durch das Wirken jüdischer Führungspersönlichkeiten wie Adler – weshalb die Sozialisten als «Judenpartei» beschimpft wurden. Adler selbst bekannte sich trotz Taufe zu seiner jüdischen Herkunft. Er überlegte aber bei jedem Ausfall gegen die Christsozialen, «ob nicht auch die Liberalen eine gleich schwere Ohrfeige bekommen müssen». Adler wollte nicht, daß die SDAP als Vertreterin des kapitalistischen Liberalismus erschien. Dies führte teils zur Dethematisierung des Antisemitismus aus taktischen Gründen – etwa wenn Adler auf dem Brüsseler Kongreß der Internationale 1891 den Antisemitismus verurteilte, aber eine Debatte dazu für «überflüssig» erklärte (Braunthal 1965: 142f). Dies ist aus heutiger Sicht eine Unterschätzung des Problems. Es schmälert aber nicht das Verdienst der SDAP, die

die österreichischen Arbeiterinnen und Arbeiter mit einem Programm, daß jede «Diskriminierung nach Rasse» verurteilte, der doppelten Agitation des katholischen und deutschnationalen Antisemitismus entzog.

Außerhalb ihres Milieus konnte die SDAP jedoch einen Dammbruch zugunsten der Antisemiten nicht verhindern. Die antiliberale Agitation führte dazu, daß der Christsoziale Karl Lueger 1897 zum Bürgermeister Wiens gewählt wurde. Lueger war populär, sein Sieg eine Wahlniederlage für die Sozialdemokraten. Doch die SDAP war im Nachteil, da ihre Klientel durch das Zensuswahlrecht nach Steueraufkommen ausgeschlossen war. Lueger wurde, als Kandidat der «Fünfguldenmänner» ins Amt gehoben, Schutzpatron der Kleinbürger gegen das «jüdische» Großkapital. Er setzte die Kommunalisierung der Gas-, Wasser- und Elektrizitätsversorgung durch und verbesserte die Gesundheitsversorgung durch städtische Kliniken (Czeike 1962). Dieses Programm war unglaublich populär, weil Lueger damit auf das Elend reagierte, das die Liberalen ignoriert hatten. Weil er seine Haßbotschaften mit einem sozialen Programm verband, fiel es schwer, ihn wieder loszuwerden – eine Lehre für heutige Linke, Rechtspopulismus und soziale Frage nicht getrennt zu betrachten. Als Karl Lueger 1910 starb, pilgerten Hunderttausende zu seinem Begräbnis – darunter auch der junge Adolf Hitler, der Lueger in «Mein Kampf» zum «gewaltigsten deutschen Bürgermeister aller Zeiten» verklärte.

## *Die kleine Internationale – Sozialismus und Nationalismus*

**I**nmitten der nationalistischen Selbstblockade des Parlaments war die Sozialdemokratie die einzig transnationale Kraft. Ihre Fraktion umfaßte sechs Nationalitäten, die gemeinsam abstimmten – ungeachtet nationaler Partikularismen. Dieser Universalismus war eine beeindruckende Leistung, die jedoch stets prekär war (Mommsen 1962). Bereits 1868 hatte ein Arbeitertag in Wien das Nationalitätenprinzip zum «reaktionären Manöver» erklärt. Die Ablehnung war radikal, entsprach jedoch dem Zeitgeist eines Imperiums, in dem nicht Nationalismus, sondern die katholische Kirche Leitideologie lieferte – Antinationalismus in einer vornationalen Zeit. Doch die einfache Ablehnung der

Nation konnte diese nicht aus der Welt schaffen. Denn Opposition gegen das deutschsprachige Kaiserhaus und die mit ihm verbundenen Eliten brachte die unterdrückten Sprachgruppen zur Forderung nach nationaler Autonomie. Die sozialistische Ablehnung der Nation wurde daher von späteren Historikern auch als «naiver Kosmopolitismus bezeichnet» (Hautmann/Kropf 59f). Ein abwertender Begriff, der jedoch eines klarmacht: die intellektuelle Negation einer Ideologie schafft nicht die ihr zugrunde liegenden Ungleichheiten aus der Welt. Die SDAP brauchte daher ein Programm für einen multinationalen Sozialismus. Sie fand es in zwei Schlüsseldokumenten, dem Brünner Nationalitätenprogramm von 1899 und Otto Bauers Schrift «Die Nationalitätenfrage und die Sozialdemokratie» von 1907.

Das Programm identifizierte die «nationalen Wirren» als Hindernis jeden Fortschritts und Mittel zur Herrschaftssicherung. Es forderte die Umwandlung Österreichs in einen «demokratischen Nationalitätenbundesstaat», in dem die aus dynastischen Zufällen entstandene Einteilung der Kronländer durch nationale Selbstverwaltungskörper ersetzt würde. Minderheitenrechte innerhalb dieser Verwaltungsgebiete müßten per Gesetz geschützt werden. Eine offizielle Staatssprache sollte es nicht geben, nur eine «Vermittlungssprache», die vom Parlament festgesetzt werden müsste. Man bestand jedoch darauf, daß «die Arbeiterklasse aller Zungen» ihren politischen und gewerkschaftlichen Kampf als Einheit führen müsse (Konecny 1993: 26f).

Das Brünner Programm setzte sich somit für den Erhalt des Habsburgerstaates ein. Es erkannte das Recht auf «nationale Existenz und nationale Entwicklung» an, nicht jedoch das Recht auf nationale Loslösung. Darin sah der Historiker Peter Kulemann ein Hauptproblem, denn ohne ein wenigstens formelles Recht auf Loslösung sei auch nationale Autonomie nicht denkbar (Kulemann 1979: 124). Er beruft sich damit implizit auf Lenin, der dieses Recht auf Loslösung forderte und sich damit in der Russischen Revolution die Unterstützung der Randgebiete des Zarenreiches sicherte. Die SDAP argumentierte jedoch parallel zu Rosa Luxemburg, die den Erhalt des russischen Imperiums als Wirtschaftseinheit vorzog.

Ebenso Otto Bauer, der in seiner Schrift von 1907 das Brünner Programm konkretisierte und mit theoretischen Betrachtungen zum Begriff der Nation untermauerte. Letztere sind aus heutiger Sicht fragwürdig, denn Bauer geht im Geist seiner Zeit von körperlichen oder gar «rassischen» Merkmalen einer Nation aus. Er argumentierte jedoch selbst nicht rassistisch oder nationalistisch, da er weder einer Nation Überlegenheit zusprach noch die Vermischung der Gruppen ablehnte. Dennoch wurde sein Konzept schon damals als «mystisch» und «ungreifbar» verworfen. Ein Kritiker war ein junger russischer Sozialist namens Josef Stalin, der 1913 als Exilant in Wien weilte. Er schrieb: «Die französische Nation ist aus Galliern, Römern, Briten, Germanen usw. entstanden. [...] Also ist die Nation keine Rassen- und keine Stammesgemeinschaft, sondern eine historisch entstandene Gemeinschaft von Menschen» (Stalin 1913). In der späteren Sowjetunion galten diese Worte jedoch nichts mehr – russischer Nationalismus dominierte, ethnische Minderheiten, wie etwa die Krimtataren, wurden in der Stalinzeit Opfer von Terror und Umsiedelung.

Bauer hingegen blieb Demokrat. Er forderte für Österreich-Ungarn die schrittweise Einführung nationaler Autonomie durch Einzelgesetze und ging davon aus, daß alle Schichten des Habsburgerstaates ein Interesse an der Verwirklichung dieser Autonomie hatten. Beleg dafür war ihm die Lähmung von Parlament und Staat durch eine ständige Blockade seitens der unterdrückten Nationalitäten. Daran hätte auch die dominierende deutsche Machtgruppe kein Interesse – ihre wirtschaftlich-kulturelle Entwicklung könne den «Stillstand der Gesetzgebung» nicht auf Dauer ertragen. Bauer setzte auf den Erhalt der Habsburgermonarchie durch Reformen. Die SDAP lief damit Gefahr, staatserhaltend zu werden.

Das Autonomieprogramm bedeutete jedoch, daß die Partei schon 1897 föderativ nach nationalen Gruppen, also Sprachgruppen, geordnet wurde – tschechische Arbeiter in Wien waren Teil der tschechoslowakischen Sozialdemokratie, deutschsprachige Arbeiter in Prag Teil der deutschen SDAP. Die Gewerkschaften waren weiter zentral organisiert, diese Einheit erodierte jedoch ebenfalls ab 1897. Die Konflikte wirkten in die Partei zurück. Das nationale Mißtrauen beruhte einerseits auf der Dominanz der Deutschen in Staat, Verwaltung und Wirtschaft. Deutsche Fabrikherren standen oft tschechischen Arbeitern gegenüber. Andererseits war Tschechien industrialisierter als die östliche Reichshälfte, tschechische Vorarbeiter stellten eine vergleichsweise privilegierte Gruppe dar. Auch der tschechische Nationalismus war nicht nur unschuldige Gegenwehr, sondern trug den Keim zum Chauvinismus in sich. Das Festhalten am Habsburgerstaat begünstigte dagegen im deutschsprachigen Teil der SDAP ein Leugnen der eigenen Vorrechte.

Die mit der Gewerkschaftsspaltung begonnene Fragmentierung setzte sich in der Partei fort. 1911 konstituierte sich eine tschechische Sozialdemokratie, die bei Wahlen mit eigenen Listen antrat (Kulemann 1979: 136). Kurz danach spalteten sich weitere Nationalitäten ab. Ergebnis war eine Vielzahl von Parteien statt der transnationalen Sozialdemokratie, die das Brünner Programm vereint hatte. Julius Braunthal resümierte: «So beruhte Victor Adlers Kampf um die Demokratie in Österreich eigentlich auf einer Illusion. Die Demokratie könne die Völker, die geschichtliches Schicksal an den Staat gekettet hatte, den sie haßten, mit dem Staat versöhnen durch seine Umwandlung in einen gemeinsamen Staat aller, einen Bundesstaat der Nationen. Aber die Demokratie war unvereinbar mit den Traditionen eines Staates, dessen Existenz bloß auf der Gewalt beruhte, die ihre Völker gegen ihren Willen aneinanderkettete.» (Braunthal 1965: 173–177).

## Fazit

**D**as Kriegsjahr 1914, in der auch die «Arbeiterzeitung» in nationalistische Töne verfiel, zeigte, daß einige Sozialdemokraten ihre Sympathien mit dem Deutschnationalismus nie ganz abgelegt hatten. So etwa Karl Renner, der sogar noch 1938 den Anschluss Österrreichs an das Deutsche Reich begrüßte – und nur dessen Umstände verurteilte. Jedoch zeigte die SDAP, daß sie auch Radikales in sich barg: angewidert vom Kriegsnationalismus griff Friedrich Adler, Sohn des Parteigründers, am 21. Oktober 1916 zur Waffe und erschoß den Ministerpräsidenten Karl Stürgkh. Ein Akt, der wie ein Rückfall in die «Propaganda der Tat» der 1880er wirkte, aber angesichts Millionen Toter auf den «Feldern der Ehre» die Kriegsgegner aufrüttelte. Die SDAP war von einer Entscheidung über Kriegskredite verschont geblieben – der Kaiser hatte einfach das Parlament geschlossen und regierte per Dekret. Die Zwangspause half, die Partei zusammenzuhalten, die von Karl Renner bis Friedrich Adler eine Spannbreite abdeckte, die in der deutschen SPD verlorengegangen war. Denn die in Hainfeld gestiftete Einheit der Gegensätze in Kombination mit einem reaktionären Staat, der keine Integration erlaubte, und einem schwachen Bürgertum, das als Reformpartner ausfiel, sorgte dafür, daß die SDAP keinen Revisionismusstreit führte. Es gab schlicht keine Grundlage für revisionistische Politik. Das Schwanken und Schaukeln eines Staates, der sich von Kompromiß zu Kompromiß hangelte, färbte dennoch ab auf eine Partei, die sich manche Halbheit leistete – jedoch gerade deshalb auch ihren linken Flügel bei sich behielt.

Die Kommunistische Partei Österreichs, entstanden in der Revolution 1918, blieb eine Splittergruppe, und die SDAP der 1920er hatte mehr Ähnlichkeit mit der deutschen USPD als mit der aus dem «Burgfrieden» hervorgegangenen SPD der Weimarer Republik. Auch die lange Einheit von Partei und Gewerkschaft und gewerkschaftliche Kampferfahrungen von Maistreik und Wahlrechtskampf 1905 sorgten für Politisierung. Jedoch wiederholte sich ein Ausbruch wie 1905 nicht mehr, und das dort erkämpfte Wahlrecht blieb fruchtlos. Denn mit der nationalen Spaltung und Selbstblockade des Parlaments scheiterte die SDAP auch an ihrem zentralen Projekt, der Transformation des Habsburgerstaates in einen multinationalen Sozialismus. Ob, wie Kulemann kritisiert, eine Anerkennung des Rechts auf nationale Loslösung ihr mehr Glaubwürdigkeit gebracht hätte, muss offenbleiben. Sicher ist jedoch, daß das Brünner Programm nie konkret wurde. Formelkompromisse wie die Festlegung einer Amtssprache durch das Parlament ermunterten die Deutschösterreicher, ihre Herrschaftssprache als «universal» zu setzen. Daß die Sprachfrage in den Gewerkschaften an der Basis dennoch gemeistert wurde, wie John Evers betont, mag Beispiel sein für sozialistische Politik in der heutigen Migrationsgesellschaft. Das letztendliche Scheitern gewerkschaftlicher Einheit zeigt jedoch, wie schwer Kompromisse zu erzielen sind, wenn Universalismus zum Vorwand für mangelnde Reflektion eigener Dominanz wird – und Partikularismus zum Desinteresse an gemeinsamen Lösungen mutiert. Doch die Umstände des Habsburgerstaates waren einem Ausgleich nicht förderlich: Wie Braunthal schreibt, Grundlage dieses Staates war nur die Gewalt – und auf dieser ließ sich keine sozialistische Zukunft gründen.

# Literatur zum Weiterlesen

Die historische Literatur zur sozialistischen Bewegung in Deutschland und Österreich ist im ganzen kaum noch überschaubar, weshalb hier nur eine sortierte Auswahl aufgeführt ist. In der Regel sind es Werke, die auch im Text zitiert sind. Im Abschnitt «Bibliographien und Literaturrecherche» finden sich Hinweise zur eigenständigen Literatursuche.

## *Überblicksdarstellungen Deutschland*


**Abendroth, Wolfgang (1985):** Einführung in die Geschichte der Arbeiterbewegung. Band 1: Von den Anfängen bis 1933, Heilbronn *(mitreißender Vorlesungstext, der auch Internationales berücksichtigt, ein zweiter Band existiert leider nicht).*

**Geschichte der deutschen Arbeiterbewegung (1966)**, herausgegeben vom Institut für Marxismus-Leninismus beim ZK der SED, Berlin (Ost) *(offizielle marxistisch-leninistische Darstellung mit Überblick und Quellenbänden).*

**Grebing, Helga (1966):** Geschichte der deutschen Arbeiterbewegung. Ein Überblick, München *(lesenswerter Überblick aus sozialdemokratischer Perspektive, inkl. christliche Arbeiterbewegung).*

**Klönne, Arno (1989):** Die deutsche Arbeiterbewegung. Geschichte, Ziele, Wirkungen, München *(lesenswerter Überblick samt kritischer Aufarbeitung der Kontroversen zwischen DDR- und BRD-Darstellungen).*

**Kuhn, Axel (2004):** Die deutsche Arbeiterbewegung, Stuttgart *(bisher aktuellste Darstellung mit neueren Forschungsansätzen und ausführlichem Quellenteil).*

**Meyer, Thomas (1984):** Lern- und Arbeitsbuch deutsche Arbeiterbewegung, 4 Bände, Bonn *(sehr ausführlich, interessant durch die zahlreichen Quellen und Materialien).*

**Schildt, Gerhard (1996):** Die Arbeiterschaft im 19. und 20. Jahrhundert, München *(kurzes Überblickswerk mit ausführlichen Literaturangaben, das sich hauptsächlich an Studierende richtet).*

**Wachenheim, Hedwig (1971):** Die deutsche Arbeiterbewegung 1844 bis 1914, 2. Auflage, Opladen *(sehr faktenreiche Darstellung mit vielen Einzelheiten, die in anderen Überblicken fehlen).*

**Welskopp, Thomas (2000):** Das Banner der Brüderlichkeit. Die deutsche Sozialdemokratie vom Vormärz bis zum Sozialistengesetz. *(eine Kulturgeschichte der frühen Arbeiterbewegung)*

## *Online-Quellensammlungen*

Eine Auswahl klassischer Texte des Marxismus findet sich online unter:

www.mlwerke.de/me/me_mew.htm
https://www.marxists.org/deutsch/

## *Primärliteratur Deutschland*

**Bernstein, Eduard (1897):** Der Kampf der Sozialdemokratie und die Revolution der Gesellschaft, in: Die Neue Zeit, 16. Jg. 1897/98, 1. Bd., S. 556.

**Bernstein, Eduard (1910):** Die Arbeiter-Bewegung, Frankfurt am Main 1910.

**Internationaler Sozialisten-Kongreß zu Amsterdam 1904**: Protokolle, Berlin 1904.

**Internationaler Sozialisten-Kongreß zu Stuttgart 1907**: Protokolle, Berlin 1907.

**Kautsky, Karl (1890):** Der Alkoholismus und seine Bekämpfung, in: Die Neue Zeit, Jg. 1890 Nr. 30, S.107f.

**Kautsky, Karl (1907):** Rede über die Kolonialpolitik auf dem Internationalen Sozialisten-Kongreß zu Stuttgart. 18. bis 24. August 1907, in: Institut für Marxismus-Leninismus beim ZK der SED (Hg): Dokumente und Materialien zur Geschichte der Deutschen Arbeiterbewegung, Reihe II, Band IV, S. 218ff.

**Kautsky, Karl (1909):** Der Weg zur Macht – politische Betrachtungen über das Hineinwachsen in die Revolution, Berlin (Reprint Frankfurt a. M. 1972, mit identischer Seitenzahl).

**Liebknecht, Wilhelm (1869):** Über die politische Stellung der Sozialdemokratie insbesondere mit Bezug auf den Reichstag. Ein Vortrag, gehalten in der öffentlichen Versammlung des demokratischen Arbeitervereins zu Berlin am 31. Mai 1869, Neuauflage Berlin 1893.

**Luxemburg, Rosa (1898):** Redebeitrag auf dem Stuttgarter Parteitag, in: Rosa Luxemburg, Gesammelte Werke, Bd. 1, 1. Hbd., S. 214–236.

**Luxemburg, Rosa (1899):** Sozialreform oder Revolution, in: Rosa Luxemburg, Gesammelte Werke, Bd. 1.1, Berlin 1970, S. 367–445.

**Luxemburg, Rosa (1906):** Massenstreik, Partei und Gewerkschaften, in: Rosa Luxemburg: Gesammelte Werke, Bd. 2, Berlin 1986, S. 93–170.

Spiegel Online 13.7.2009: Französische Arbeiter drohen mit Sprengung ihres Werkes
http://www.spiegel.de/wirtschaft/0,1518,635803,00.html
(Zugriff: 8.2.2011)

**Weber, Hermann (1991):** Das Prinzip Links: Beiträge zur Diskussion des Demokratischen Sozialismus in Deutschland 1848–1990, Berlin.

**Zetkin, Clara (1889):** Die Arbeiterinnen und Frauenfrage der Gegenwart, Berlin.

**Zetkin, Clara (1928):** Zur Geschichte der proletarischen Frauenbewegung Deutschlands, Neuauflage Frankfurt 1971 (Original Moskau 1928).

## *Sekundärliteratur Deutschland*

**Beer, Max (1932):** Allgemeine Geschichte des Sozialismus und der sozialen Kämpfe, 8. Auflage, Berlin.

**Bernstein, Eduard (1910):** Die Arbeiter-Bewegung, Frankfurt am Main.

**Fülberth, Georg (1972):** Karl Kautskys Schrift «Der Weg zur Macht» und seine Kontroverse mit dem Parteivorstand der SPD 1909, in: Karl Kautsky, Der Weg zur Macht, Neuauflage Frankfurt a. M.

**Groh, Dieter (1973):** Negative Integration und revolutionärer Attentismus – die deutsche Sozialdemokratie am Vorabend des Ersten Weltkrieges, Frankfurt a. M.

**Heinrich, Michael (2004):** Kritik der politischen Ökonomie – eine Einführung, 2. Auflage, Stuttgart.

**Hierlmeier, Josef (2006):** Internationalismus, 2. Auflage, Stuttgart.

**Hofmann, Werner (1970):** Ideengeschichte der sozialen Bewegung des 19. und 20. Jahrhunderts, Berlin.

**Hoffrogge, Ralf (2009):** «Die wirkliche Bewegung, welche den jetzigen Zustand aufhebt» – Sozialismuskonzepte und deutsche Arbeiterbewegung 1848–1920, in: PROKLA 155, Münster.

**Kool, Frits / Krause, Werner (1972):** Die Frühen Sozialisten, 2 Bände, München.

**Lehnert, Detlef (1983):** Sozialdemokratie zwischen Protestbewegung und Regierungspartei 1848–1983, Frankfurt am Main.

**Wehler, Hans-Ulrich (1988):** Das deutsche Kaiserreich 1871–1918, Göttingen.

**Weitz, Eric D. (1997):** Creating German Communism 1890–1990, Princeton.

## *Revolten, Protestkulturen und vorindustrielle Bewegung*

**Blickle, Peter (2006):** Der Bauernkrieg – die Revolution des gemeinen Mannes, 3. Auflage, München.

**Blickle, Peter (2010):** Unruhen in der ständischen Gesellschaft 1300–1800, 2. Auflage, München.

**Henkel, Martin / Taubert, Rolf (1979):** Maschinenstürmer, Frankfurt am Main.

**Hobsbawm, Eric (1964):** The Machine Breakers. in: ders.: Labouring Men, London.

**Höppner, Joachim / Seidel-Höppner, Waltraud (2002):** Der Bund der Geächteten und der Bund der Gerechtigkeit, Teil 1, in: Jahrbuch für Forschungen zur Geschichte der Arbeiterbewegung, Heft 3/2002, S. 70 f.

**Meyer, Ahlrich (1999):** Die Logik der Revolten – Studien zur Sozialgeschichte 1789–1848, Hamburg.

**Roth, Karl Heinz (1974):** Die «andere» Arbeiterbewegung und die Entwicklung der kapitalistischen Repression von 1880 bis zur Gegenwart. Ein Beitrag zum Neuverständnis der Klassengeschichte in Deutschland, München.

**Lucas, Erhard (1979):** Zwei Formen von Radikalismus in der deutschen Arbeiterbewegung, Frankfurt a. M.

**Spehr, Michael (2000):** Maschinensturm. Protest und Widerstand gegen technische Neuerungen am Anfang der Industrialisierung, Münster.

**Warneken, Bernd Jürgen u. a. (1986):** Als die Deutschen demonstrieren lernten. Das Kulturmuster «friedliche Straßendemonstrationen» im preußischen Wahlrechtskampf 1908–1910, Tübingen.

## *Lebenswelten, Alltags- und Sozialgeschichte*

**Evans, Richard J. (1989):** Kneipengespräche im Kaiserreich – Stimmungsberichte der Hamburger Politischen Polizei 1892–1914, Hamburg.

**Hübner, Manfred (1988):** Zwischen Alkohol und Abstinenz. Trinksitten und Alkoholfrage im deutschen Proletariat bis 1914, Berlin.

**Kocka, Jürgen (1990):** Arbeitsverhältnisse und Arbeiterexistenzen – Grundlagen der Klassenbildung im 19. Jahrhundert, Bonn.

**Ritter, Gerhard A. / Tenfelde, Klaus (1992):** Arbeiter im Deutschen Kaiserreich 1871–1914, Bonn.

**Hardach, Gerd (2008):** Altersarbeit, Alterseinkommen und Altersstruktur in Deutschland, In: Jahrbuch für Wirtschaftsgeschichte 1/2008.

**Wirtz, Rainer (1982):** Die Ordnung der Fabrik ist nicht die Fabrikordnung. Bemerkungen zur Erziehung in der Fabrik während der frühen Industrialisierung an südwestdeutschen Beispielen, in: Arbeiteralltag in Stadt und Land, Hamburg.

## *Anarchismus und Linksopposition*

**Bock, Hans Manfred (1969):** Syndikalismus und Linkskommunismus von 1918–1923, Meisenheim.

**Brandstetter, Gerfried (1977):** Sozialdemokratische Opposition und Anarchismus in Österreich 1889–1918, in: Gerhard Botz / Gerfried Brandstetter / Michael Pollack, im Schatten der Arbeiterbewegung – zur Geschichte des Anarchismus in Österreich und Deutschland, Wien.

**Degen, Hans Jürgen / Knoblauch, Jochen (2008):** Anarchismus – eine Einführung, 2. Auflage, Stuttgart.

**Linse, Ulrich (1969):** Organisierter Anarchismus im deutschen Kaiserreich von 1871, Berlin.

**Müller, Dirk H. (1975):** Idealismus und Revolution – Zur Opposition der Jungen gegen den Sozialdemokratischen Parteivorstand 1890 bis 1894, Berlin.

**Müller, Dirk H. (1985):** Gewerkschaftliche Versammlungsdemokratie und Arbeiterdelegierte vor 1918, Berlin.

**Nettlau, Max (1925ff):** Geschichte der Anarchie, 7 Bände, Berlin.

**Schmück, Jochen (2004):** Anarchie – zur Geschichte eines Reiz- und Schlagwortes. Online unter: http://ur.dadaweb.de/anarchie.htm#f51 (Zugriff 8.2.2011).

## *Antisemitismus, Zionismus, Nationalismus*

**Groh, Dieter / Brandt, Peter (1992):** «Vaterlandslose Gesellen» – Sozialdemokratie und Nation 1860–1990, München.

**Heid, Ludger (2009):** Juden in der deutschen Arbeiterbewegung vor, während und nach dem großen Krieg, in: Timm, Angelika (Hg), Spurensuche – Das Vermächtnis Rosa Luxemburgs für deutsche und israelische Linke, Tel Aviv.

**Heid, Ludger / Paucker, Arnold (1992):** Juden und deutsche Arbeiterbewegung bis 1933. Soziale Utopien und religiös-kulturelle Traditionen, Tübingen.

**Herzig, Arno (2006):** Jüdische Geschichte in Deutschland – von den Anfängen bis zur Gegenwart, Bonn.

**Keßler, Mario (1994):** Zionismus und internationale Arbeiterbewegung 1897 bis 1933, Berlin.

**Mendel, Hersch (2004):** Erinnerungen eines jüdischen Revolutionärs, Köln (Original Tel Aviv 1959).

**Rürup, Reinhard (1991):** Sozialdemokratie und Antisemitismus im deutschen Kaiserreich, in: Micha Brumlik (Hg.): Der Antisemitismus und die Linke, Frankfurt a. M.

**Traverso, Enzo (1994):** The Marxists and the Jewish Question – The History of a Debate 1843–1943, New Jersey.

**Volkov, Shulamit (1994)**: Die Juden in Deutschland 1780–1918, München.

## *Geschlechterverhältnisse und proletarische Frauenbewegung*

**Bebel, August (1879):** Die Frau und der Sozialismus, Zürich (zit. nach 62. Auflage, Berlin 1990).

**Leidinger, Christiane (2008):** Keine Tochter aus gutem Hause – Johanna Elberskirchen (1864–1943), Konstanz.

**Lucas, Erhard (1983):** Vom Scheitern der deutschen Arbeiterbewegung, Frankfurt am Main.

**Evans, Richard J. (1979):** Sozialdemokratie und Frauenemanzipation im deutschen Kaiserreich, Bonn.

**Richebächer, Sabine (1982):** Uns fehlt nur eine Kleinigkeit – Deutsche proletarische Frauenbewegung 1890–1914, Frankfurt a. M.

**Wurms, Renate (1995):** Kein einig` Volk von Schwestern. Von 1890 bis 1918, in: Florence Hervé, Geschichte der deutschen Frauenbewegung, 5. Auflage, Köln 1995.

**Zetkin, Clara (1889):** Die Arbeiterinnen- und Frauenfrage der Gegenwart, Berlin.

**Zetkin, Clara (1928):** Zur Geschichte der proletarischen Frauenbewegung Deutschlands, Neuauflage Frankfurt 1971 (Original Moskau 1928).

## *Internationaler Sozialismus, Migration und Globalgeschichte der Arbeit*

**Abendroth, Wolfgang (1965):** Sozialgeschichte der europäischen Arbeiterbewegung, Frankfurt a. M.

**Arrighi, Giovanni (1994):** The Long Twentieth Century, London-New-York.

**Braunthal, Julius (1978):** Geschichte der Internationale. 3 Bände, Berlin und Bonn.

**Conrad, Sebastian / Randeria, Shalini (2002):** Jenseits des Eurozentrismus – Postkoloniale Perspektiven in den Geschichts- und Kulturwissenschaften, Frankfurt am Main.

**Droz, Jacques (1972a):** Geschichte des Sozialismus – Band I: Das utopische Denken bis zur industriellen Revolution, Frankfurt a.M.

**Droz, Jacques (1972b):** Geschichte des Sozialismus – Band II: Der utopische Sozialismus bis 1848, Frankfurt a.M.

**Geary, Dick (1983):** Arbeiterprotest und Arbeiterbewegung in Europa 1848–1939, München.

**Herbert, Ulrich (2001):** Geschichte der Ausländerpolitik in Deutschland: Saisonarbeiter, Gastarbeiter, Zwangsarbeiter, Flüchtlinge, München.

**Kalmring, Stefan / Nowak, Andreas (2004):** Die geographische Expansion des Kapitals und das Problem der global-ungleichen Entwicklung bei Marx, in: Gerlach/Kalmring/Kumitz/Nowak (Hg.), Peripherie und globalisierter Kapitalismus – zur Kritik der Entwicklungstheorie, Frankfurt a. M.

**Nishikawa, Masao (1976):** Zivilisierung der Kolonien oder Kolonisierung durch Zivilisation? – Die Sozialisten und die Kolonialfrage im Zeitalter des Imperialismus, in: Imperialismus im 20. Jahrhundert. Gedenkschrift für Georg W.F. Hallgarten. Hg. von Joachim Radkau und Imanuel Geiss. München.

**Nolte, Hans-Heinrich (2003):** Kleine Geschichte Rußlands, 2. Auflage, Stuttgart.

**Schröder, Hans-Christoph (1968):** Sozialismus und Imperialismus. Die Auseinandersetzung der deutschen Sozialdemokratie mit dem Imperialismusproblem und der «Weltpolitik» vor 1914, Hannover.

**Van der Linden, Marcel (2008):** Workers of the World – Essays toward a Global Labor History, Leiden.

**Wallerstein, Immanuel (2004):** World-Systems Analysis: An Introduction, Durham/NC.

## *Gewerkschaften und Streiks*

**DMV (1932):** Der DMV in Zahlen, herausgegeben vom Deutschen Metallarbeiter-Verband, Berlin (Nachdruck Berlin 1980).

**Limmer, Hans (1986):** Die deutsche Gewerkschaftsbewegung, 11. Auflage, München.

**Marcks, Holger / Seiffert, Matthias (2008):** Die Großen Streiks – Episoden aus dem Klassenkampf, Münster.

**Müller, Dirk H. (1985):** Gewerkschaftliche Versammlungsdemokratie und Arbeiterdelegierte vor 1918, Berlin.

**Schneider, Dieter (1971):** Zur Theorie und Praxis des Streiks, Frankfurt am Main.
**Schneider, Michael (1989):** Kleine Geschichte der Gewerkschaften – Ihre Entwicklung in Deutschland von den Anfängen bis heute, Bonn.
**Tenfelde, Klaus / Volkmann, Heinrich (1981):** Streik – Zur Geschichte des Arbeitskampfes in Deutschland während der Industrialisierung, München.

## *Biographien und Autobiographien*

**Bebel, August (1910):** Aus meinem Leben (zit. nach Neuauflage Bonn 1997).
**Born, Stephan (1898):** Erinnerungen eines Achtundvierzigers, Leipzig (zit. nach Neuauflage Bonn-Berlin 1978).
**Hirsch, Helmut (1968):** Friedrich Engels in Selbstzeugnissen und Bilddokumenten, Hamburg.
**Laschitza, Annelies (1996):** Im Lebensrausch, trotz alledem. Rosa Luxemburg. Eine Biographie, Berlin.
**Laschitza, Annelies (2009):** Rosa Luxemburg – Mit Leidenschaft und Vision für eine bessere Welt, in: Timm, Angelika (Hg), Spurensuche – Das Vermächtnis Rosa Luxemburgs für deutsche und israelische Linke, Tel Aviv.
**Leidinger, Christiane (2008):** Keine Tochter aus gutem Hause – Johanna Elberskirchen (1864–1943), Konstanz.
**Mehring, Franz (1974):** Karl Marx – Geschichte seines Lebens (Original Berlin 1918).
**Puschnerat, Tanja (2003):** Clara Zetkin – Bürgerlichkeit und Marxismus, Essen.
**Schröder, Hans Christoph (1979):** Gustav Noske und die Kolonialpolitik des Deutschen Kaiserreiches, Bonn.
**Schütrumpf, Jörn (2006):** Rosa Luxemburg oder: Der Preis der Freiheit, Berlin.
**Rocker, Rudolf (1974):** Aus den Memoiren eines deutschen Anarchisten, Frankfurt a. M.
**Wilson, Edward (1963):** Der Weg nach Petersburg – Europas revolutionäre Tradition und die Entstehung des Sozialismus, München.

## *Österreich*

**Bauer, Otto (1907):** Die Nationalitätenfrage und die Sozialdemokratie, Wien.
**Braunthal, Julius (1965):** Victor und Friedrich Adler – Zwei Generationen Arbeiterbewegung, Wien.
**Bruckmüller, Ernst (1985):** Sozialgeschichte Österreichs, Wien-München.
**Czeike, Felix (1962):** Liberale, christlichsoziale und sozialdemokratische Kommunalpolitik 1861–1934, München.
**Droz, Jacques (1975):** Geschichte des Sozialismus – Band IV: Die sozialistischen Parteien Europas: Deutschland, Österreich-Ungarn, Skandinavien, Niederlande, Frankfurt a.M.

**Evers, John (2010):** Internationale Gewerkschaftsarbeit im multinationalen Staat der Habsburgermonarchie, Wien.

**Hauch, Gabriella (1988):** Der diskrete Charme des Nebenwiderspruchs, Zur sozialdemokratischen Frauenbewegung vor 1918, in: Wolfgang Maderthaner (Hg.), Sozialdemokratie und Habsburgerstaat, S. 101–18, Wien.

**Hauch, Gabriella (1990):** Frau Biedermeier auf den Barrikaden. Frauenleben in der Wiener Revolution 1848, Wien.

**Hauch, Gabriella (2009):** Frauen bewegen Politik. Österreich 1848–1938, Innsbruck.

**Häusler, Wolfgang (1979):** Von der Massenarmut zur Arbeiterbewegung – Demokratie und soziale Frage in der Wiener Revolution von 1848, München.

**Hautmann, Hans; Kropf, Rudolf (1976):** Die Österreichische Arbeiterbewegung vom Vormärz bis 1945, Wien-München-Zürich (Erstauflage 1974).

**Klenner, Fritz (1987):** Die Österreichische Gewerkschaftsbewegung. Entstehung – Entwicklung – Zukunft, Wien.

**Klenner, Fritz (1981):** Hundert Jahre Österreichische Gewerkschaftsbewegung – Entstehung und Entwicklung, Wien.

**Konecny, Albrecht K. (1993):** Modelle für die Zukunft. Die österreichische Sozialdemokratie und ihre Programme, Wien.

**Kulemann, Peter (1979):** Am Beispiel des Austromarxismus. Sozialdemokratische Arbeiterbewegung in Österreich von Hainfeld bis zur Dollfuß-Diktatur.

**Möckel, Christian (1994):** Austromarxismus, in: Historisch Kritisches Wörterbuch des Marxismus, Bd. 1, Sp. 756–764.

**Mommsen, Hans (1963):** Die Sozialdemokratie und die Nationalitätenfrage im Habsburgischen Vielvölkerstaat, Wien.

**Popp, Adelheid (1983):** Jugend einer Arbeiterin, Bonn (Original 1915).

**Popp, Adelheid (1912):** Gedenkbuch 20 Jahre österreichische Arbeiterinnenbewegung, Wien.

**Stalin, Josef W., (1913):** Marxismus und nationale Frage, Wien.

**Zimmermann, Susan (2014):** A Struggle over Gender, Class and the Vote: Unequal International Interactions and the Formation of the «Female International» of Socialist Women (1905–1907); in: Oliver Janz / Daniel Schönpflug (Hg): Gender History in a Transnational Perspective – Networks, Biographies, Gender Orders; New York.

## *Bibliographien und Literaturrecherche*

«Bibliographie zur Geschichte der deutschen Arbeiterbewegung» der Friedrich-Ebert-Stiftung:
http://library.fes.de/cgi-bin/populo/bizga.pl

Internetportal H-Soz-Kult, Rubrik «Arbeitergeschichte»:
http://www.hsozkult.de/searching/page?q=Arbeitergeschichte

# Daten und Fakten zur Geschichte des Sozialismus

1525 Bauernkrieg

1789 Französische Revolution

1806 Niederlage Preußens gegen Napoleon bei Jena und Auerstädt, Preußen verliert die Hälfte seines Territoriums.

1807 Oktoberedikt: Bauernbefreiung in Preußen als Beginn der preußischen Reformen, Modernisierung von oben als Reaktion auf die Niederlage gegen Frankreich

1810 Gewerbefreiheit in Preußen, Aufhebung des Zunftzwanges

1813/1814 «Befreiungskriege» gegen Napoleon

1814/1815 Wiener Kongreß, Restauration Preußens und Gründung des Deutschen Bundes unter preußischer und österreichischer Dominanz

1817 18.11. Wartburgfest der demokratisch-nationalistischen Bewegung in Deutschland

1818 5.5. Karl Marx in Trier geboren

1819 Karlsbader Beschlüsse – Verfolgung von liberalen und demokratischen Intellektuellen in allen deutschen Staaten

1820 28.11. Friedrich Engels in Barmen-Elberfeld geboren

1830 Julirevolution in Frankreich

1832 27.–30. Mai: Hambacher Fest als Manifestation einer demokratischen Bewegung für nationale Einheit «von unten»

1833 Gründung des Deutschen Zollvereins, Preußen tritt 1834 bei.

1834 Gründung des «Bundes der Geächteten» in Paris, 1836 Spaltung und Umbenennung in «Bund der Gerechtigkeit», Wilhelm Weitling übernimmt die Führung.

1835 Verbot der Gesellenwanderung ins Ausland durch den Deutschen Bund, wird weitgehend nicht beachtet.

1839 Der Bund der Gerechtigkeit wird nach Beteiligung an Blanqui-Putsch in Frankreich verboten, Verlegung der Zentrale nach London.

1840er Erste liberale Arbeiterbildungsvereine in Deutschland entstehen.

1844 Weberaufstand in Schlesien

1846 Rededuell zwischen Karl Marx und Wilhelm Weitling in Brüssel im Rahmen des «Kommunistischen Correspondenz-Kommitee». Marx gewinnt.

1847 Umwandlung des Bundes der Gerechtigkeit in «Bund der Kommunisten», Marx und Engels übernehmen Führung des Bundes in London.

1848 Februar: Veröffentlichung des Kommunistischen Manifestes
März: Sieg der Revolution in Wien und Berlin
September: Gründungskongreß der «Allgemeinen deutschen Arbeiterverbrüderung» in Berlin, gleichzeitig Gründung der ersten Gewerkschaften durch Buchdrucker und Zigarrendreher

1849 Niederlage der Revolution im Deutschen Bund und in Österreich-Ungarn, Preußen wird Verfassungsstaat, Neoabsolutismus in Österreich

1850 Auflösung und Unterdrückung aller Arbeitervereine und der «Arbeiterverbrüderung» in Preußen
Spaltung des «Bundes der Kommunisten»

1852 November: Kölner Kommunistenprozeß, Auflösung des Bundes der Kommunisten, Marx und Engels ziehen sich für ein Jahrzehnt aus der Politik zurück.

1853 Abschaffung der Kinderarbeit in Preußen – nur «Erwachsene» ab 12 Jahren dürfen Fabrikarbeit verrichten.

1854 13. Juli: Vereinsgesetze des Deutschen Bundes verbieten alle Arbeitervereine mit politischen, sozialen und kommunistischen Zielen – einschließlich christlich-sozialer Vereine.

1862–1866 Verfassungskonflikt in Preußen: Bismarck wird Ministerpräsident und regiert ohne Parlamentsmehrheit. Wegen ihrer nachgiebigen Haltung verliert die liberale «Fortschrittliche Volkspartei» Einfluß auf die Arbeitervereine.

1861 Ende des Koalitionsverbotes im Königreich Sachsen

1862 Lassalle verfaßt sein «Offenes Antwortschreiben» auf eine Anfrage des Leipziger Arbeitervereins. Er fordert die Trennung der proletarischen von der bürgerlichen Emanzipationsbewegung.

1863 Mai: Gründung des «Allgemeinen Deutschen Arbeitervereins» (ADAV) in Leipzig, Lassalle wird Präsident mit diktatorischen Vollmachten.
Juni: erster Vereinstag der liberalen Arbeitervereine (VDAV)

1864 3. August: Lassalle stirbt bei einem Duell.
1. November: Gründung der «Internationalen Arbeiter-Assoziation» (IAA, Erste Internationale)

1866 Preußen siegt im Deutsch-Österreichischen Krieg.

1867 Unter preußischer Vormacht wird der Norddeutsche Bund gegründet. Österreich scheidet aus.
Die Erstausgabe von Karl Marx` «Kapital» erscheint. August Bebel wird Präsident des Verbandes deutscher Arbeitervereine.
Verfassungsreform in Österreich-Ungarn.

1868 Auf dem fünften Vereinstag der deutschen Arbeitervereine in Nürnberg erklären sich die Delegierten auf Vorschlag von Wilhelm Liebknecht und August Bebel für den Eintritt in die Erste Internationale – die Spaltung der liberalen von den sozialistischen Arbeitervereinen ist vollzogen.
Gründung des liberalen «Verbandes deutscher Gewerkvereine» (Hirsch-Dunkersche Gewerkschaften), er bleibt während des Sozialistengesetzes legal.
Gründung des Arbeiterbildungsvereins in Wien

1869 Gründung der «Sozialdemokratischen Arbeiterpartei» (SDAP) in Eisenach durch August Bebel und Wilhelm Liebknecht
Ende des Koalitionsverbotes im Norddeutschen Bund

1870 Deutsch-Französischer Krieg bricht aus.

1871 18. Januar: Gründung des Deutschen Reiches in Versailles
18. März – 28. Mai: Aufstand der Pariser Kommune, erste sozialistische Republik, Bebel solidarisiert sich im Reichstag des Norddeutschen Bundes und wandert dafür in Festungshaft.

1872 Leipziger Hochverratsprozeß gegen August Bebel, Wilhelm Liebknecht und Adolf Hepner
Haager Kongreß der IAA, Spaltung zwischen Marxisten und Anarchisten

1873 Die Buchdrucker schließen den ersten Tarifvertrag ab.

1874 Parteitag der österr. Sozialdemokratie in Neudörfl

1875 Die Eisenacher SDAP und der Lassalleanische ADAV vereinigen sich in Gotha zur «Sozialistischen Arbeiterpartei» (SAP).

1876 Auflösung der IAA
Gründung des Sozialdemokratischen Zentralorgans «Vorwärts» in Leipzig, «vorläufige Schließung» der SAP in Preußen.

1878 Sozialistengesetze, Verbot der Arbeiterorganisationen im Deutschen Reich

1879 Beginn der Schutzzollpolitik zugunsten von Großindustrie und Großagrariern – Bündnis von «Roggen und Stahl»
Bebels «Die Frau und der Sozialismus» erscheint in der Schweiz.

1883 Karl Marx stirbt in London.
1883 bis 1886 mildere Praxis des Sozialistengesetzes
Einrichtung der gesetzlichen Krankenversicherung im Deutschen Reich, gemeinsam finanziert durch Arbeiter (2/3) und Unternehmer (1/3) – erstes von drei Sozialgesetzen Bismarcks

1883 Kautskys «Neue Zeit» als marxistisches Theorieorgan erscheint erstmalig.

1884 Einrichtung der gesetzlichen Unfallversicherung, diese wird allein durch die Unternehmer finanziert.

1888 Wilhelm II. wird Deutscher Kaiser.
Hailfelder Parteitag der österreichischen SDAP

1889 Einrichtung der gesetzlichen Rentenversicherung: Rente mit 70, paritätisch durch Arbeitende und Unternehmer finanziert

Großer Bergarbeiterstreik im Ruhrgebiet

14. Juli: Am 100. Jahrestag der Französischen Revolution wird in Paris die Zweite Internationale gegründet.

1890 Entlassung Bismarcks und Fall der Sozialistengesetze, die deutsche Sozialdemokratie nennt sich nun «Sozialdemokratische Partei Deutschlands» (SPD).

Gründung der Generalkommission der Gewerkschaften unter Carl Legien

1891 Verabschiedung des Erfurter Programms der SPD, Ausschluss der «Jungen» als linke Opposition

Rede Georg von Vollmars in der «Eldorado»-Brauerei in München: Der Reformismus wird als Parteiströmung sichtbar.

Mit der Enzyklika «Rerum Novarum» widmet sich der Papst der sozialen Frage. Die Enzyklika behauptet ein angeborenes Recht auf Privateigentum sowie die Harmonie von Kapital und Arbeit.

1892 Kongreß der deutschen Gewerkschaften in Halberstadt: Die «Lokalisten», werden aus den Gewerkschaften (nicht jedoch aus der SPD) ausgeschlossen.

1893 Gründung der österr. Gewerkschaftskommission als Dachverband

1894 Budgetbewilligung durch die SPD in Bayern und Franken

Die «Umsturzvorlage» für ein neues antisozialdemokratisches Gesetz scheitert im deutschen Reichstag.

Die SPD stimmt erstmals einer Regierungsvorlage zu: Sie billigt einen Handelsvertrag mit Rußland, um billigere Lebensmittelpreise zu ermöglichen.

1895 Friedrich Engels stirbt in London.

Scheitern eines SPD-Agrarprogramms zur Gewinnung der Kleinbauern

1896 Bernsteins Artikel zur «Revision» des Marxismus erscheinen in der Neuen Zeit. Ab 1898 folgt darauf eine intensive Debatte – der Revisionismusstreit in der SPD.

1898 «Lex Arons» – der sozialdemokratische Physiker Leo Arons verliert durch ein Sondergesetz seine Habilitation und damit seine Lehrberechtigung als Privatdozent in Berlin.

1899 Die «Zuchthausvorlage» zur Kriminalisierung von Streikposten scheitert im deutschen Reichstag.
Rosa Luxemburgs «Sozialreform und Revolution» erscheint. Ebenso Bernsteins «Die Voraussetzungen des Sozialismus und die Aufgaben der Sozialdemokratie» – beide Titel konzentrieren die Positionen im Revisionismusstreit.

1903 Ablehnung des Revisionismus auf dem Dresdener Parteitag
Ende des Boykotts und erste Beteiligung der SPD an Wahlen zum Preußischen Landtag

1904 «Reichsverband gegen die Sozialdemokratie» gegründet

1905 Massenstreik-Debatte. Der Machtkampf zwischen SPD und Gewerkschaft wird hier erstmals offensichtlich.
Russische Revolution – Gewährung des allg. Männerwahlrechts in Österreich

1906 Mannheimer Abkommen: SPD und Gewerkschaften «konsultieren» sich in wichtigen politischen Fragen – faktisches Vetorecht der Gewerkschaften bei Massenstreik.

1907 Sogenannte «Hottentottenwahlen»: Die SPD verliert trotz gestiegener Stimmenzahl massiv Reichstagsmandate an den «Bülow-Block». Vorangegangen war eine intensive Kampagne gegen die antikoloniale Politik der SPD.
Erste demokratische Parlamentswahl in Österreich

1908 Erstmals erringt die SPD Mandate im Preußischen Landtag. Sie erhält mit 24% der Stimmen 7 Mandate, die Konservativen erhalten mit 14,5% der Stimmen 152 Mandate.
Das neue deutsche Reichsvereinsgesetz erlaubt erstmals politische Vereinstätigkeit von Frauen.

1909 Reichenberger Parteitag – organisatorische Trennung von SDAP und Gewerkschaften

1912 12.1.: Die SPD wird stärkste Fraktion im Reichstag. Erstmals gibt es ein Stichwahlabkommen mit der Fortschrittlichen Volkspartei (Liberale). Das Abkommen wird an der Basis teilweise als opportunistisches Zugeständnis boykottiert.

1913 Tod August Bebels
Die SPD billigt die Wehrbeitragsvorlage im Reichstag.

1914 1. August: Beginn des Ersten Weltkrieges
2. August: Die deutschen Gewerkschaften verzichten freiwillig auf Streiks und Lohnbewegungen.
4. August: Die SPD bewilligt die Kriegskredite im Reichstag.
Die Sozialistische Internationale zerfällt in nationale Blöcke.